COVID 19

PHILIPPE COUCKE

COVID 19

DE LA CRISE AUX OPPORTUNITÉS

MARDAGA

B-1160 Bruxelles (Belgique)
www.editionsmardaga.com

Coordination éditoriale : Cindy Gravier
Illustration de couverture : © Xijan - iStock
Design de couverture : Laura Marion
Maquette intérieure : Carine Thurion - CW Design

Dépôt légal : 2021/0024/58
ISBN papier : 9782804709518
ISBN numérique : 9782804709525

Achevé d'imprimer en France en mars 2021
sur les presses de l'imprimerie Dupliprint à Domont (95).
N° d'impression : 2021023973.

Sommaire

Avant-propos

Notre collection évolue pour vous aider à devenir un acteur clé de votre santé.

Le temps est révolu où le patient n'avait que peu de ressources pour appréhender la maladie dont il souffrait. Même si les rapports entre le monde professionnel de la santé et le patient changent, le temps consacré à l'information manque régulièrement. De plus, sous la pression politique et dans un souci d'efficience économique, les institutions de soins développent des alternatives à l'hospitalisation et aux soins classiques. Il devient donc nécessaire pour toute personne d'acquérir plus d'informations pertinentes et d'autonomie face à la maladie.

Depuis sa création, dans chacun de ses ouvrages, la collection « Santé » des Éditions Mardaga relève le défi d'apporter, sous une forme très accessible, une information médicale de grande qualité. Elle vise à offrir à tout lecteur des ouvrages traitant des questions qui animent aujourd'hui tant la communauté scientifique que la société, autour de la santé dans sa définition la plus large.

Le livre que vous vous apprêtez à lire répond à un seul but : vous aider à devenir cet acteur bien informé et incontournable tant de votre santé que de vos soins médicaux. En effet, face à la multitude de sources d'information consultables sous toutes les formes (réseaux sociaux, blogs, Web, podcast, conférences, télévision, magazines), il est difficile de déterminer si les contenus sont fiables, validés par des experts ou douteux. Retrouver son chemin et un esprit critique dans cette infobésité, qui nous pousse à appréhender beaucoup de données dans un temps de plus en plus court, est parfois bien ardu.

Notre collection se veut être votre fil d'Ariane dans ce labyrinthe de surcharge informationnelle. Vous aider à apprendre et à comprendre tous les éléments utiles, sans pour autant les simplifier à outrance, est notre principale préoccupation.

Dans cet objectif, la collection évolue et évoluera encore avec la volonté d'offrir, si le sujet s'y prête, des approches plus dynamiques telles que des questions-réponses, des entretiens ou encore des controverses, tout en gardant un haut niveau de rigueur académique.

Au nom de toute la maison d'édition, je remercie l'auteur du présent ouvrage pour la qualité et la rigueur mises au traitement du sujet abordé.

Je vous invite maintenant à lire ce livre, à le faire résonner dans votre quotidien et surtout à bien prendre soin de vous !

Professeur Frédéric Thys,
directeur de la collection

Préface

Dans son précédent ouvrage publié aux Éditions Mardaga, Philippe Coucke avait relevé avec brio le défi de nous immerger dans l'univers des nouvelles technologies, facteurs catalytiques de la métamorphose émergente de notre société et de la médecine du futur. Il nous décrivait alors un nouvel écosystème questionnant à l'envi nos futurs choix individuels et démocratiques et donc notre liberté, clef indispensable pour concrétiser une réalité humaine certes augmentée mais désirée meilleure.

Depuis la parution de ce passionnant ouvrage, notre monde a été et reste percuté par une crise sanitaire majeure touchant la totalité de notre planète en éclairant d'une lumière nouvelle nos structures sociétales et notre organisation médico-sociale de la santé. Une épidémie de cette ampleur se distingue d'une catastrophe aigüe avant tout par la difficulté d'une identification précoce et par une cinétique d'installation plus progressive qui nous empêchent de mesurer précocement l'impact réel et potentiel sur la santé du monde et de ses habitants. Il en a découlé ainsi une confusion initiale et un chaos lié à l'impréparation et à l'absence de coordination des différentes nations, bien au-delà des systèmes médico-sociaux de la santé. Aujourd'hui, nous restons sidérés de constater avec de nombreux mois de recul la dimension globale de la crise et ses effets sur tous les composants qui font le vivre ensemble de notre humanité. Ainsi, notre écosystème subit une contrainte majeure qui ne le laissera nullement indemne dans le futur. Même si cette pandémie n'est pas résolue au moment où j'écris ses lignes, il fallait oser faire une pause, s'interroger sans a priori ni complaisance sur cet événement majeur, ses causes, sa gestion et les perspectives offertes. Le choix fait avec l'auteur a été d'arrêter la chronologie de cette analyse à l'automne 2020, ainsi nous invitons le lecteur, instruit par sa propre histoire des événements ultérieurs, à toujours considérer cette temporalité.

Ayant intégré ces prérequis, le lecteur va sans effort être convié à un voyage exceptionnel dans le temps par Philippe Coucke qui, sans sacrifier l'analyse rigoureuse et scientifique, fait preuve d'une pédagogie sans égale pour expliquer les coulisses de cette pandémie liée à un virus à cinq lettres et deux chiffres. Cette épopée débute par une rétrospective exhaustive des différentes pandémies mondiales qui ont agrémenté le chemin menant à la pandémie actuelle, de nombreuses balises historiques, sources souvent insolites d'un enseignement inattendu pour notre compréhension du présent. À l'issue de cette première étape de lecture, il sera utile de faire plus ample connaissance avec la COVID-19, sa singularité et les raisons de son « succès » auprès du genre humain, son appétence à prendre des formes cliniques diverses, des plus légères aux plus extrêmes, sa capacité à atteindre les plus vulnérables. Il sera opportun à ce stade de s'interroger sur les moyens diagnostiques et thérapeutiques, sur leurs limites et leurs efficiences jusqu'au développement des vaccins et de l'attente qu'ils suscitent. Une immersion si précise dans cet univers permettra au lecteur attentif de se prémunir face aux informations contradictoires ou fausses qui trouvent, dans les réseaux sociaux, une résonance dangereuse et fallacieuse.

Sur la terre entière, depuis décembre 2019, la vie quotidienne des individus a été modifiée par la peur de la contagion, les difficultés d'obtenir des informations, du matériel de protection et souvent celle-ci a été frappée de plein fouet par des restrictions et des mesures exclusives variables et parfois contradictoires en fonction des pays ou des situations sanitaires. L'auteur nous propose une analyse assez fine, toujours à juste distance, de la gestion politique avec pour seule préoccupation celle d'apprendre, au-delà de toute critique, à mieux gérer l'avenir. Un futur hautement influencé par les acteurs du « septième continent », à savoir les GAFA, qui sont également soumis à la question quant à leurs potentiels, leurs limites et les espoirs qu'ils suscitent.

De nombreuses interrogations se posent par ce « fait social total[1,2] » qu'est la pandémie de COVID-19, à savoir l'intensité et la durabilité de sa rémanence aux niveaux économique, éthique, environnemental et surtout sur nos libertés individuelles et notre solidarité à une époque où, entre autres actions, le *tracing* est devenu un moyen de lutte contre la propagation du virus. Ces questions sont loin d'être esquivées par l'auteur qui guide pas à pas le voyageur de ce livre vers la nécessité de considérer les enjeux séquellaires et les mutations à attendre à la sortie de cette crise dans le secteur des soins et au-delà, au niveau de notre société.

On ne sort pas indemne de ce périple de lecture qui, page après page, nous apporte la conviction que le monde d'avant est bien révolu et que notre écosystème amorce une transition fondamentale vers un futur à questionner et à construire en citoyens du monde attentifs, non seulement à sa bonne santé individuelle, mais aussi aux balises essentielles que sont désormais l'attention au respect de l'environnement, la santé publique mondiale, la juste innovation technologique, la nécessaire solidarité, le questionnement éthique sans sacrifier nos libertés et atténuer notre créativité...

Frédéric Thys

Je dédie ce livre à mon épouse Linda qui une fois de plus a fait preuve d'une patience sans limites, et qui par ses judicieux conseils me rappelle systématiquement l'importance de la clarté des propos. Je le dédie également à mes enfants et petits-enfants, en espérant qu'ils feront preuve de plus de sagesse que nous.

Introduction

La crise sanitaire mondiale que nous connaissons aujourd'hui devrait nous aider à réfléchir sur notre vivre ensemble, sur nos valeurs et priorités sociétales et sur l'organisation des soins de santé. Le conditionnel est utilisé à dessein car, malheureusement, le genre humain n'a pas vraiment l'air d'apprendre grand-chose au passage d'une crise : « Chassez le naturel, il revient au galop. »

Les médias nous inondent quotidiennement de dépêches alarmantes sur la progression de la maladie à travers le monde. Le nombre de personnes pour qui le test PCR COVID-19[3] s'avère positif ne cesse de croître de façon exponentielle. La courbe de décès, au début de cette crise, est tout aussi croissante, et persistera plusieurs jours après le pic de l'incidence. L'Italie est un des premiers pays à déclarer très rapidement des chiffres dramatiques quant au nombre de victimes, suivi par d'autres qui vont regrettablement battre ce record. Les hôpitaux à travers le monde sont débordés et manquent cruellement de moyens humains et techniques. Aux nouvelles télévisées, nous sommes tous abasourdis, choqués et attristés en voyant ces camions frigos face aux hôpitaux et cet alignement de cercueils impressionnant aux États-Unis et au Brésil, qui contiennent les victimes innombrables de ce virus qui inspire la peur. Ce qui nous déchire, c'est que la plupart des personnes décédées n'ont pas eu l'opportunité de revoir leur famille, ni la possibilité d'avoir des funérailles dignes de ce nom.

Les politiciens de nos contrées – mais pas seulement – ont commencé, avec suffisance et arrogance, par prendre cette infection au coronavirus à la légère. Certains d'entre eux, comme le président américain Donald Trump, le Premier ministre du Royaume-Uni Boris Johnson et le président brésilien Jair

Bolsonaro, peuvent franchement être qualifiés de « covid-sceptiques » et, plus interpellant encore, ils sont parfois restés imprudents quand leur pays a été frappé de plein fouet. Pourtant, des signaux très alarmants nous provenaient dès janvier 2020 de la ville de Wuhan, capitale de la province chinoise du Hubei (province chinoise dite « au nord du lac », qui compte la bagatelle de 60 millions d'habitants).

Par manque de préparation – depuis longtemps – et de prévision, nos gouvernants ont été pris de court et ont dû prendre des décisions dans l'urgence et la précipitation, faisant face à une crise sanitaire galopante et sans précédent. Le sens et la temporalité de certaines de leurs décisions sont parfois difficiles à saisir pour les citoyens. En effet, pas facile de comprendre que, au début de la crise, on autorise des rassemblements de 5 000 personnes dans des lieux publics, puis quelques jours plus tard on réduit ce nombre à 1 000, pour finir par un confinement généralisé. Certains politiciens inconscients vont même ruser en autorisant des événements sportifs, en l'occurrence un match de basket dans une ville côtière, rassemblant tout juste 990 supporters, pour ne pas atteindre la barre fatidique, mais totalement aléatoire, de 1 000. Leurs agissements et décisions sont dictés dans un souci de défendre des intérêts locaux à tout prix et, ne l'oublions pas, pour plaire à leurs électeurs. Cela rappelle le fameux « Liberty Loan Parade » qui a eu lieu le 28 septembre 1918, en plein milieu de la pandémie de grippe espagnole (qui a tué entre 50 et 100 millions de personnes). Ce jour-là, 200 000 Américains se sont entassés dans les rues de Philadelphie pour assister à un défilé militaire, qu'on n'a pas voulu annuler pour des raisons éminemment politiques et patriotiques, bien qu'une période d'isolement ait été mise en place à cause de l'épidémie. Trois jours plus tard, toutes les cliniques de la ville débordaient de cas.

Les réponses gouvernementales ne sont malheureusement ni uniformes ni concertées, même au sein de l'Union européenne, augmentant ainsi la perplexité générale du grand public. Les citoyens incriminés par ces décisions ont d'autant plus de difficultés à se soumettre à des mesures contraignantes de confinement et d'isolement, parce qu'ils ne comprennent pas le manque d'uniformisation transfrontalière. Comment assimiler que le confinement est obligatoire dans la province du Limbourg en Belgique, pendant que les cousins néerlandais, à quelques kilomètres seulement, vaquent librement à leurs occupations, comme si de rien n'était ? Ils ne se préoccupent ni des gestes barrières, ni de la distanciation sociale, des principes assenés de façon répétitive à toute la population du pays par les autorités fédérales et régionales en Belgique, par tous les moyens de communication. Nos concitoyens sont suffisamment intelligents pour comprendre que la frontière géographique n'est pas une barrière étanche et ne peut arrêter la progression du virus. Néanmoins, le monde entier s'est rapidement aperçu que deux mesures en Chine se sont avérées efficaces : le dépistage de masse et le confinement strict des citoyens. Cette cacophonie persistera tout au long de la crise et, là où on attendait une concertation européenne, le déconfinement et la gestion de la recrudescence des cas se feront à nouveau en ordre dispersé, provoquant incompréhension, irritation, voire colère, parmi les citoyens.

Il va falloir distiller des enseignements de ce management laborieux de la crise et réfléchir, afin de ne plus se retrouver aussi démunis et désorganisés. Cette pandémie n'est pas la première dans l'Histoire humaine et ne sera certainement pas la dernière. Cette crise sanitaire mondiale diffère de façon fondamentale des précédentes, même assez récentes, comme celle du syndrome respiratoire aigu sévère (SRAS) en 2003. En presque deux décennies, notre monde a fondamentalement changé. Nous sommes rentrés de plain-pied dans ce qu'on a tendance à appeler la « quatrième révolution industrielle », qui se caractérise par le « tout-connecté ». Cette irruption brutale et son déploiement fulgurant dans nos sociétés se sont faits de façon universelle et exponentielle. Et le monde des soins n'y échappe pas, même si certains font de la résistance acharnée.

Le développement technologique dont nous disposons aujourd'hui peut changer immédiatement et fondamentalement l'écosystème des soins, qui, par ailleurs, a grandement besoin d'être chamboulé au regard de l'inefficience ubiquitaire (42 % du budget annuel des soins de santé sont dépensés en vain). Il est fort probable que la pandémie que nous connaissons aujourd'hui laissera des traces indélébiles sur notre société et notre système de soins. Elle va sans aucun doute accélérer l'adoption d'innovations technologiques afin de pallier les besoins criants qu'elle a mis au jour.

Cet ouvrage n'est pas, et de loin, un ouvrage médical complet destiné aux professionnels de soins, néanmoins évoquer une telle crise sanitaire sans faire allusion à la maladie elle-même serait une erreur. Nous devons prendre conscience que nos connaissances sont lacunaires et, même si elles ont progressé exponentiellement – quasiment aussi rapidement que la pandémie –, beaucoup d'inconnues persistent. Toutefois, la science est évolutive, et certains chapitres mériteront sans aucun doute une lecture critique, particulièrement quand il s'agit de la compréhension du virus et de la vaccination. Pendant les longues heures passées à documenter et rédiger cet ouvrage, il m'a semblé indispensable de faire le point sur les dérives politiques, ainsi que sur les formidables élans de collaboration, en matière de développements industriels, techniques et thérapeutiques, au profit du secteur des soins affaibli.

Il s'agit d'un choix purement pragmatique et arbitraire, toutefois il fallait bien mettre fin à cette chronologie politique-économique-scientifique, et j'ai décidé du début de l'automne 2020. Avant que les premiers vaccins ne soient commercialisés, mais au moment où l'épidémie reprend de plus belle, à la suite d'une accalmie estivale, et où des nouvelles mesures contraignantes sont à nouveau annoncées et mises en application.

Chapitre 1

Historique des grandes pandémies mondiales

Avant notre ère

Contrairement au graphique synoptique très parlant présenté en 2020 et publié par le Forum économique mondial (FEM) et qui remonte à la peste antonine qui a eu lieu entre 165 et 190 apr. J.-C., nous allons commencer l'énumération des grandes épidémies par des événements antérieurs à notre ère.

En juillet 2015, on découvre sur un site préhistorique, dans le nord-est de la Chine (appelé aujourd'hui Hamin Mangha), un village datant de cinq mille ans, dans lequel se trouve une maison qui contient 97 corps entassés pêle-mêle et calcinés. La communauté d'alors a visiblement été frappée par une maladie qui a obligé les survivants à entreposer tous les décédés, sans aucun égard funéraire, dans une bâtisse afin de les brûler. On pense que cette épidémie a concerné plusieurs villages et qu'elle a progressé de façon foudroyante, en touchant toutes les couches de la population, dont l'âge varie de 19 à 35 ans. Elle a évolué tellement rapidement que les survivants ont précipitamment abandonné leur lieu de vie et n'ont pas pu prendre soin de leurs morts selon les rites de l'époque. Le fait que l'on ait localisé des sites similaires dans la région, par exemple à Miaozigou, consolide la thèse d'une épidémie régionale.

On ne peut passer sous silence la peste d'Athènes, qui s'est déclarée peu après le début de la guerre du Péloponnèse (entre 430 et 426 avant notre ère). Cette « peste » a tué approximativement 100 000 personnes, un chiffre cependant contesté.

Le pathogène à l'origine des symptômes ne fait pas non plus l'unanimité, et pour les historiens la liste des candidats potentiels semble longue (typhus, syphilis, méningite, scarlatine, fièvre jaune, peste, dengue méditerranéenne, etc.). L'historien grec Thucydide, qui a d'ailleurs failli en mourir lui-même, offre la meilleure description de l'épidémie dans le deuxième livre dédié à l'histoire de la guerre du Péloponnèse. Les symptômes progressaient rapidement, et la maladie touchait quasiment tous les systèmes. Les survivants ne semblaient toutefois pas rechuter.

À partir de l'an 1 : la peste à l'honneur

Revenons-en à notre ère et commençons par la peste antonine (165-180 apr. J.-C., à l'époque de Galien (129-201), durant les règnes de Marc Aurèle et de Commode). Comme les précédentes, cette maladie n'est pas liée à *Yersinia pestis*, une bactérie identifiée par le médecin d'origine suisse Alexandre Yersin. La description que donne Galien oriente les historiens vers un diagnostic de variole[4]. Les symptômes décrits sont cutanés (exanthème[5]), gastro-intestinaux (haleine fétide, vomissements, diarrhées) et une toux avec expectorations parfois sanguinolentes. Ce fléau aurait fait des ravages parmi la population, et selon Galien le nombre de victimes était « incalculable ».

La « peste de Cyprien », décrite par Saint Cyprien, évêque de Carthage, a eu lieu entre 250 et 271 apr. J.-C. On pense que les agents pathogènes possibles sont le virus de la grippe, la variole ou une fièvre hémorragique de type Ebola (également d'origine virale). Elle a durement frappé l'Empire romain, tuant probablement à Rome 5 000 personnes par jour, sans compter les victimes en dehors de la cité.

Selon certains historiens, ces deux épidémies seraient le résultat de transfert d'un agent pathogène provenant de l'animal vers l'homme (zoonose), une grande première dans l'Histoire humaine. Ce qui est certain, c'est que la « peste de Cyprien » a probablement précipité la fin de l'Empire romain, tout en augmentant de façon significative le nombre d'adhérents à la foi chrétienne.

L'épisode suivant est la « peste Justinienne » (*pestis inguinaria*, 541-767 apr. J.-C.), qui a marqué le début du déclin de l'Empire byzantin (empire romain d'Orient). Elle s'est présentée sous forme d'une vingtaine de poussées successives. Cette fois, il s'agit bien du bacille *Yersinia pestis*, comme en attestent des fouilles effectuées dans une nécropole en Bavière. Les scientifiques ont recherché des éléments génétiques dans la pulpe dentaire de squelettes. C'est une vraie pandémie, dont le point de départ est âprement débattu : Égypte et Éthiopie *versus* Asie centrale. Toutefois, l'analyse génétique plaide fortement pour une origine plutôt asiatique. Quoi qu'il en soit, elle a ravagé le pourtour méditerranéen et les terres intérieures en remontant par les fleuves, frappant les populations vivant dans les bassins du Pô, du Rhône et de la Saône. À cette époque sévissait une guerre dans le nord de l'Italie, pendant laquelle Lombards et Bavarois étaient alliés. Elle a donc certainement accompagné les mouvements militaires, ce qui explique pourquoi on en retrouve des traces dans des contrées transalpines, comme en Bavière. Elle aurait décimé un tiers de la population, certainement au niveau du bassin méditerranéen.

La plus connue des pestes est sans conteste la « Grande Peste », ou peste noire (1346-1353). Elle a probablement débuté dans la région de la mer Noire et au sud de la Russie. Propagée par les rats ou petits mammifères porteurs de puces infectées par la bactérie, la maladie se transmettait aussi par contact direct avec les liquides biologiques d'un animal mort. La « Grande Peste » aurait décimé entre 30 et 50 % de la population européenne (environ 25 millions de personnes). Elle se caractérise par l'apparition d'un syndrome ressemblant à une grippe, avec fortes fièvres et frissons, douleurs articulaires et musculaires, maux de tête et fatigue importante. Mais le premier symptôme dans la forme dite « *inguinaria* », qui apparaît dans les vingt-quatre heures, a l'aspect d'un ganglion douloureux dans la zone où se situe la piqûre de puce (souvent dans l'aine), puis se transforme en une éruption dite « bubonique[6] ». L'autre forme citée est celle qui se propage par l'air (pulmonaire). Certains villages et villes, comme Bruges et Milan, ont été épargnés par la peste noire, car les autorités y ont pris des mesures d'exclusion drastiques : la ville ne laissait rentrer personne de l'extérieur, procédant à une fermeture des « frontières » complète et imperméable ! Ils se sont donc fortement démarqués des réponses somme toute laxistes de mise partout ailleurs. Bien entendu, les villes les plus peuplées sont plus touchées que les campagnes, et la propagation de la maladie a été accélérée par des mouvements de population liés aux famines et aux guerres. Une telle pandémie a laissé des traces indélébiles dans la société médiévale. Comme souvent, de telles épidémies provoquent des changements sociétaux majeurs. Certains historiens estiment que cette peste noire a sonné le glas du servage. Les propriétaires terriens, confrontés à un manque de main-d'œuvre criante et très bon marché, ont dû consentir à des « salaires » plus importants et faire appel à des technologies innovantes, capables d'alléger ou de remplacer la main humaine. La peste noire a eu des impacts majeurs sur toute la société, y compris l'art et la culture. Par le confinement, l'imagination a décuplé : pour les artistes, c'était la seule planche de salut qui permettait d'échapper à la morosité ambiante. L'Église, toute-puissante au Moyen Âge mais impuissante devant la progression du fléau, a certainement vu son influence se réduire de façon significative, et l'affaiblissement du clergé a ouvert les portes à la Réforme et à la Renaissance. Cette pandémie mondiale est l'illustration même d'un changement de société.

Le prochain épisode, ou devrait-on plutôt parler d'une douzaine d'épisodes, est la fièvre hémorragique qui a sévi en Amérique du Sud, avec trois périodes importantes au XVIe siècle (1520, 1548 et 1576). L'épidémie de cocoliztli a fait un nombre de victimes considérable, essentiellement parmi les natifs aztèques (15 millions de personnes). Selon certains historiens, les conquérants espagnols auraient également payé un lourd tribut. Cette épidémie va décimer la population de la Nouvelle-Espagne (le Mexique actuel) et s'étendre sur différents pays avoisinants. Les causes sont probablement doubles : une origine virale et la Salmonella (en particulier *Salmonella typhi*, une bactérie qui se propage par l'ingestion d'eau ou d'aliments contaminés). La répétition d'épidémies a très certainement contribué à la fin de l'Empire maya.

Le XVIe siècle se caractérise par une déferlante d'épidémies qui trouvent leurs origines dans l'arrivée de vagues successives d'explorateurs européens, en premier les conquistadors, qui amènent avec eux une série de maladies comme la variole. Les peuples indigènes (aztèques et incas) n'avaient alors aucune protection immunitaire contre cette maladie virale, courante en Europe. Ce même phénomène est apparu à l'arrivée de colons européens, autres qu'espagnols (les Français, les Anglais et les Hollandais) livrant chaque fois leur lot de maladies infectieuses. La mortalité importante dans les populations originelles a très probablement « facilité » le travail des conquérants fraîchement débarqués sur le continent américain.

En avril 1665, Londres est frappé une fois de plus par la peste. Cette époque noire se terminera par le grand incendie de Londres le 2 septembre 1666. Aux XIVe et XVe siècles, plusieurs épidémies de peste bubonique avaient touché la ville (18, entre 1369 et 1485). Au XVIe siècle, la maladie revient de façon cyclique, approximativement tous les dix ans. L'épisode du XVIIe siècle a provoqué à lui seul 100 000 morts, soit approximativement 20 % de la population de la ville. Selon les historiens, cette peste de 1665 serait venue des Pays-Bas, où sévissait déjà la maladie à Amsterdam en 1663. Les quarantaines imposées dans les ports anglais, en raison de la présence de la maladie à l'étranger, mais accessoirement aussi parce que la guerre sévissait entre les Pays-Bas et l'Angleterre en mars 1665, auraient toutefois été contournées pour les besoins de la famille royale et de la marine anglaise, la Navy – une brèche qui a permis au fléau d'atteindre Londres. Londres n'est pas le seul foyer : des villages entiers sont touchés et connaissent des taux de mortalité jusqu'à 70 %. La peste y a probablement été colportée par les citadins fuyards et fortunés. Cette peste de Londres repart d'où elle est venue, c'est-à-dire vers le continent européen. Le nord de la France n'y échappe pas, mais Jean-Baptiste Colbert (1619-1683), par l'établissement d'un « cordon sanitaire » et la mise en place de vigoureux règlements, parvient à éviter que le fléau n'atteigne Paris. Il est fortement critiqué car les décisions de confinement qu'il prend ont un impact délétère majeur sur l'économie. Déjà à cette époque, on avait du mal à prioriser l'humain avant l'argent.

Ce qui caractérise ces deux épisodes, Londres et le nord de la France, c'est la manière de gérer l'épidémie : d'un niveau de décisions au départ local et régional, l'on passe à un pouvoir national qui instaure des règles de quarantaine pour les personnes et les marchandises des bateaux potentiellement infectés qui arrivent au port.

Le non-respect de ces règles, comme à Londres, va provoquer la fameuse peste de Marseille de 1720 à 1723. En fonction du type de documents délivré au capitaine du bateau, reçus aux différentes escales par les attachés consulaires et les représentants de l'ordre, et en tenant compte de l'état sanitaire de la région, de la provenance des hommes et des marchandises embarquées sur le navire, la durée de la période de quarantaine est déterminée : de dix-huit à cinquante jours pour les personnes, et de trente-huit à soixante jours pour la cargaison. Le bateau incriminé dans la peste marseillaise est le *Grand Saint Antoine* qui, avant son arrivée au port, a déjà compté un certain nombre de décès à bord. Mais les responsables de l'époque vont occulter ce fait et faire passer les intérêts économiques de certains riches négociants et notables de la ville phocéenne avant l'intérêt public. Ils vont donc autoriser le débarquement des hommes, mais surtout de la précieuse marchandise, même si la veille de la fin de la période de « quarantaine de base », c'est-à-dire au dix-septième jour, le gardien de santé du bateau décède à son tour. Les autorités sanitaires portuaires vont attribuer cette mort hautement suspecte à la « vieillesse ». Cacher des faits contraires aux intérêts économiques de certains nantis semble malheureusement toujours d'actualité.

Entre 1768 et 1774, la guerre fait rage entre la Russie et la Turquie. En janvier 1770, les troupes russes sont confrontées en Moldavie à des cas de peste bubonique, endémique dans la région, qui rapidement se propage parmi les militaires, contaminés par les prisonniers de guerre et le butin. Mais cette info est sciemment dissimulée par les autorités de l'Empire russe, et ce, jusqu'au plus haut niveau de l'État, y compris par Catherine II de Russie. L'impératrice a écrit une lettre rassurante à Voltaire (la France était alliée à l'Empire russe), en signalant que « les soldats morts de la peste ressusciteraient pour se battre », sous-entendu qu'ils n'avaient pas succombé puisqu'elle niait – du moins publiquement – l'existence du fléau parmi ses troupes. C'est aussi elle qui avait pris plusieurs décisions en 1767 afin d'assainir Moscou, pour des raisons de salubrité publique (l'exportation des usines, des abattoirs et marchés de poissons, et des cimetières en dehors des confins de la ville). Elle a déclaré illégal le fait de polluer les voies navigables et a demandé qu'on établisse des décharges pour assainir la ville nauséabonde. Moscou était totalement dépassé par une urbanisation galopante et anarchique et par l'amoncellement de détritus. Au début de l'année 1770, l'état d'urgence est déclaré et la ville est mise sous quarantaine. Les usines, églises, magasins, auberges et tavernes sont fermés. La population désœuvrée et désemparée, n'ayant plus aucune échappatoire ni occupation, se révolte le 15 septembre 1771. Catherine II envoie Gregory Orlov à la tête de quatre régiments qui débarquent à Moscou. Il est capable de convaincre le peuple du bien-fondé de la quarantaine et ramène le calme. Il adapte la durée de la quarantaine en fonction des groupes de personnes et les risques d'être contaminés (plus court pour les personnes exposées mais non atteintes par la maladie), et il paie les citoyens pendant la période de quarantaine. Comme chaque fois, l'épidémie provoque des changements sociétaux majeurs, entre autres une réduction d'impôts, ce qui diminue bien entendu significativement les réserves financières et la possibilité de recruter des soldats dans une population disséminée. Impossible par conséquent de maintenir la puissance militaire et de poursuivre les conflits extérieurs.

La période « après-peste »

Philadelphie, à la fin du XVIIIe siècle, abrite le siège du gouvernement, dans l'attente du transfert de celui-ci prévu pour Washington, où le Capitole est en pleine construction. À la fin de l'été, les habitants sont frappés de fièvre jaune, anciennement appelée « fièvre amarile » (caractérisée par des vomissements noirs). Entre le mois d'août et le mois de novembre, la ville comptabilisera 5 000 morts. On n'en comprend ni l'origine, ni la transmission (par piqûres de moustiques vecteurs du virus). Comme la maladie semble provenir de Cap-Français, à Saint-Domingue, on pense que les Noirs sont immunisés. On fera le constat après coup que le taux de mortalité est finalement identique, quelle que soit la couleur de la peau. Les autorités urbaines confinent Philadelphie. Les résidents qui s'aventurent dans les rues utilisent des mouchoirs en guise de masque, imprégnés de camphre et de vinaigre. Ils évitent soigneusement de croiser de près d'autres passants et ne s'aventurent plus à serrer la main. George Washington quitte la ville en septembre pour des vacances planifiées et pour la cérémonie de la première pierre à Washington pour la construction de Capitol Hill. Le maire de la ville, complètement débordé, demande de l'aide au Collège des médecins, qui édicte des recommandations qui provoquent un véritable vent de panique parmi la population. Comme le Pennsylvania Hospital refuse les patients, il est décidé de les confiner dans les dépendances d'une grande propriété appartenant à un Anglais, mais louée par le vice-président de l'époque, John Adams. On fait appel au Free African Society, afin que des infirmières – non rétribuées – soignent ces patients entassés jusqu'à même le sol dans cet hôpital de fortune, persuadés par la prétendue immunité des Noirs africains. En ville, les magasins alimentaires et les boulangeries restent ouverts, tout comme la poste, mais les églises ferment. La situation est chaotique dans l'hôpital de Bush Hill, qui est qualifié d'« abattoir d'humains ». C'est un fabricant de tonneaux et marchand d'origine française, Stephen Girard, qui est nommé à la tête de l'infrastructure, sous la supervision du maire de la ville, et qui relève le défi d'y mettre de l'ordre. Il se fait aider par un médecin également d'origine française, Jean Deveze, épaulé par une équipe d'apothicaires, français eux aussi. Les traitements sont très empiriques et peu efficaces : de l'administration de poudres, sur base entre autres de mercure, à des purges et des saignées. La mortalité atteint 50 % pour les cas hospitalisés. En septembre, une recrudescence de la maladie fait suite à des précipitations importantes. Toutefois, on espère que les gelées nocturnes arrêtent finalement l'épidémie. Ce phénomène a déjà été observé pendant d'autres éclosions de fièvres saisonnières. En effet, l'épidémie cesse à l'arrivée des premiers froids, autour de la mi-octobre. La cause virale et le vecteur ne sont découverts qu'en 1881. La ville décide de nettoyer les rues, d'instaurer la quarantaine pour les bateaux qui arrivent au port. La concentration des cas de fièvre jaune dans les villes, aux abords des fleuves et grands plans d'eau, accélère le mouvement des populations à l'intérieur des terres et modifie en profondeur la société américaine.

À l'ère industrielle : la grippe sous toutes ses formes

On arrive finalement à l'ère industrielle moderne, avec une première pandémie de grippe (1889-1890). Elle prend son origine à Bukhara localisé dans l'Empire russe et un premier cas est signalé à Saint-Pétersbourg en date du 7 décembre 1889. Le pic semble atteint après cinq semaines. La vitesse de propagation du front grippal est de trois cents kilomètres par semaine. Quatre mois après l'éclosion initiale, en janvier 1890, elle atteint les États-Unis. L'agent viral, l'influenza A souche H3N8, provoque 1 million de morts. Aucun traitement n'est efficace et, vu le faible taux de mortalité, les médecins vont s'en désintéresser. Elle apporte toutefois une information primordiale pour l'ère moderne : le développement du transport terrestre sur rails (à l'époque, 125 000 miles de voies ferroviaires sont posées entre les grandes villes européennes) et du transport maritime permet de relier rapidement deux points du globe, et accélère donc la propagation d'une épidémie. Des études démontrent que ce n'est pas le nombre absolu de personnes qui voyagent qui détermine la rapidité de propagation, mais le degré de connexion entre les villes. Dans une publication de *The Lancet*, au XIXe siècle, on évoque que la maladie se propage aussi facilement à travers le monde que la poussière d'un volcan en éruption – allusion à l'éruption du volcan Krakatoa en 1883, situé dans le détroit de la Sonde dans l'océan Indien.

Dans le quartier de Brooklyn, à New York, démarre en 1916 une vague de paralysie infantile, qui touche 27 000 personnes et provoque 6 000 décès. Il s'agit de la vague de poliomyélite américaine qui affectera même le président Franklin D. Roosevelt, qui contracte la maladie en 1921, à l'âge de 39 ans. Le premier cas est annoncé le 17 juin 1916. Il s'agit essentiellement d'enfants en bas âge (moins de 5 ans). Seuls 10 % des patients sont plus âgés. Les autorités sanitaires réagissent promptement et prennent des mesures draconiennes : fermeture des lieux publics et des lieux de divertissement. Les habitants paniquent et ceux qui le peuvent fuient la ville. On désinfecte chimiquement les lieux où des cas ont été signalés. On crée des cliniques *ad hoc*, avec des soignants spécialisés aidés par des équipes itinérantes d'experts. Les rassemblements et réunions sont annulés. On publie même dans les journaux les noms et adresses des personnes atteintes par la maladie : le secret médical et la protection des données personnelles n'étaient alors pas de mise. Des équipes multidisciplinaires, sorte de police sanitaire, sont mises en place pour contrôler si les règles de la quarantaine sont respectées. Il faut attendre le 26 mars 1953 pour que Jonas Salk, fils d'immigrants juifs originaires de Russie, annonce officiellement sa découverte concernant le vaccin contre la poliomyélite. Il prendra la décision de ne pas breveter son invention afin de la mettre à disposition du plus grand nombre de personnes. Cet altruisme vaut quand même, selon certains observateurs, la coquette somme de 7 milliards de dollars. Il l'a préalablement testé sur lui et les membres de sa famille avant de l'utiliser à plus large échelle.

Après la première guerre mondiale sévit la grippe espagnole, qui fera plus de victimes que la guerre elle-même. Elle infecte un demi-milliard d'humains, ce qui représente à l'époque 27 % de la population mondiale. On estime qu'entre 20 et 100 millions succombent. Elle touche plus fréquemment les jeunes adultes entre 20 et 40 ans, comme si les personnes d'un âge avancé étaient partiellement immunisées par une épidémie de grippe précédente. Le premier cas mortel est signalé à Boston, le 19 septembre 1918. Le foyer originel se situe, selon les experts, dans les camps militaires de l'armée américaine au Kansas. Ces camps, qui comptent entre 50 000 et 70 000 individus, regroupent les jeunes hommes pour un entraînement préalable à leur affectation en Europe. On a évoqué une autre origine possible, en l'occurrence des infections respiratoires aigües et mortelles survenues en série dès 1916 dans des complexes hospitaliers érigés par les Anglais à Étaples en France et à Aldershot au Royaume-Uni. On parle à l'époque de la pneumonie des soldats annamites, une ethnie vietnamienne qui aurait rapporté l'agent causal du nord du Vietnam et de la Chine voisine, et qui se sont engagés dans l'armée française. Finalement, les experts s'accordent pour attribuer le foyer originel aux États-Unis, et en particulier à l'État du Kansas. Il s'agit pour les scientifiques soit d'un virus humain préexistant qui aurait muté, soit d'un virus provenant d'un réservoir animal (le canard), qui aurait transité par le porc pour finalement atteindre l'homme. Le syndrome grippal apparaît très rapidement, après une incubation d'un à deux jours. Dans 15 à 30 % des cas, des complications pulmonaires provoquent une détresse respiratoire aigüe. La mortalité est souvent provoquée par une surinfection bronchique d'origine bactérienne. On sait que l'agent causal est le virus influenza H1N1, d'origine aviaire.

Bien que cette grippe trouve son origine sur le territoire nord-américain, la pandémie est affublée de l'adjectif « espagnol ». Les pays belligérants impliqués dans la première guerre mondiale musellent la presse et appliquent une censure stricte : pas question de faire état publiquement d'une pandémie qui affaiblit les forces militaires. Le seul pays qui, par conséquent, mentionne l'épidémie dans la presse, c'est l'Espagne, car à cette époque il s'agit d'un pays neutre. La progression est très rapide, et en quinze jours c'est l'ensemble du territoire nord-américain qui est touché. Comme pour la pandémie de 1889, on incrimine le transport ferroviaire et maritime. Pendant cette éclosion pandémique, un médecin, Max C. Starkloff, de la ville de Saint-Louis dans le Missouri, va instaurer pour la première fois dans l'histoire des épidémies et pandémies humaines, le principe de « distanciation sociale ». Il fait fermer les écoles et limite les regroupements de personnes. Résultat : la ville connaît un taux de mortalité moindre, comparativement aux autres villes touchées. D'autres villes équipent la police de masques. Devant la déferlante de malades, des hôpitaux de campagne sont érigés. L'Australie est épargnée car elle a appliqué une quarantaine sévère, mais elle est frappée de différents foyers lors de la troisième vague.

À l'époque, la priorité est militaire, et finalement peu de données existent sur cette pandémie. Toutefois, on prend conscience de la nature transfrontalière et universelle de telles pandémies. On crée alors la Société des Nations, qui précède l'Organisation mondiale de la santé (OMS).

Plus de 1 million de décès : c'est le triste score de la « grippe asiatique » de 1957-1958. Le foyer initial se situe en Chine et apparaît en janvier 1957. L'agent viral est l'influenza A H2N2. Certains évoquent ce virus comme l'agent infectieux qui a provoqué la grippe russe de 1889. La souche virale H2N2 représente probablement un mixage d'une souche aviaire et humaine. À la mi-été, le virus frappe les États-Unis. Une deuxième vague dévaste l'hémisphère Nord au début de l'hiver 1957. La symptomatologie est extrêmement variable, allant de symptômes anodins à la pneumonie sévère, l'épilepsie, l'insuffisance cardiaque et la mort. Ce A H2N2 a par la suite muté en A H3N2, qui a provoqué une pandémie en 1968-1969, mais pas aussi importante que la grippe asiatique.

Une des questions souvent évoquées est la protection immunitaire faisant suite à l'exposition de souches virales similaires antérieures. On a par exemple observé que les patients exposés au H1N1, qui a circulé entre 1918 et les années 1940, ont été relativement protégés contre la grippe porcine de 2009 (moins de mortalité). Ce serait aussi le cas pour des souches différentes du virus influenza, avec la présence dans la population d'une résistance immunitaire croisée. Le cas contraire se présente également, c'est-à-dire un excès de mortalité pour les personnes jeunes exposées à la souche H3Nx de 1890 et la grippe espagnole. L'explication est inconnue et on appelle cela le « paradoxe pandémique ».

Le sida[7], une pandémie de longue durée et toujours d'actualité

Une infection virale qui a particulièrement marqué l'opinion publique est celle liée au VIH[8]. Si la maladie apparaît au début des années 1980, force est de constater qu'elle sévit toujours aujourd'hui. Au pic de l'incidence, en 1997, on fait face à 3 millions de nouveaux cas par an. Les statistiques publiées par l'OMS montrent qu'en 2018, 37,9 millions de personnes sont infectées, dont 23,3 millions reçoivent un traitement antirétroviral (62 %). Le continent le plus touché est l'Afrique (25,7 millions de cas), suivi par l'Asie du Sud-Est (3,8 millions de cas). Le nombre de nouveaux cas par an est descendu à 2,5 millions mais il reste élevé (baisse de 24 % par rapport au pic). Si on comptabilise le nombre de décès par jour, celui-ci se compare à trois attaques du World Trade Center.

L'origine est africaine (sud-est du Cameroun) et la transmission s'est probablement faite du chimpanzé à l'homme. La maladie est reconnue en 1981 et la souche virale, découverte en 1983, est formellement identifiée comme cause du sida en 2009. Dès 1999, des chercheurs ont mis en évidence chez le chimpanzé un virus SIVcpz[9], quasiment identique au VIH-1 chez l'homme. Ces chimpanzés avaient eux-mêmes été contaminés par deux autres espèces de singes plus petites, qu'ils avaient l'habitude de chasser. Ces espèces étaient porteuses de deux souches différentes de SIV, qui se sont recombinées pour créer le SIVcpz. Ce sont des chasseurs qui ont été contaminés par le sang de chimpanzé, ce qui a permis la transmission vers l'homme et engendré les conséquences dévastatrices que nous connaissons aujourd'hui.

Comme pour toute pandémie, des leçons sont à tirer. Pour le sida, une des plus importantes, c'est l'inégalité qui règne à travers le monde par rapport à la prise en charge. Les pays nantis ont progressivement transformé cette maladie en pathologie chronique en appliquant des traitements antirétroviraux, de plus en plus efficaces et de moins en moins greffés d'effets secondaires. Ce n'est absolument pas le cas des pays du tiers-monde. Le groupe civil et activiste People Living with HIV a protesté, à juste titre, contre les prix exorbitants de certains de ces traitements dès 2000, ce qui a amené des formes génériques nettement moins onéreuses. D'autres organisations internationales, comme le Global Funds for AIDS, l'ONUSIDA, l'Unicef et l'OMS, ont toutes œuvré pour démocratiser les traitements pour les pays les moins privilégiés. Le but d'ONUSIDA vise la cible 90 %-90 %-90 % : 90 % des patients atteints testés, 90 % de cette population traitée avec des antirétroviraux et 90 % des patients traités présentant une réduction significative de la charge virale en 2020. Le but est d'éradiquer la maladie de la surface terrestre d'ici à 2030. Ce principe d'équité est essentiel dans la lutte contre toute pandémie, il sera utile de s'en souvenir.

Au XXIe siècle : la grippe porcine de 2009-2010, l'Ebola et le virus Zika

Tout démarre à Mexico, au printemps 2009. L'épidémie évolue rapidement vers une pandémie, entre autres par la multitude de personnes qui se déplacent en utilisant le transport aérien. Le virus, influenza A H1N1pdm09, est d'origine porcine. Les souches H1N1 et H3N2 sont endémiques chez cet animal. On sait depuis 2018 que le cochon est régulièrement atteint et, comme pour l'homme, on observe des mutations fréquentes. On sait aussi que l'animal peut être touché par des souches aviaires comme H5N1 et H7N9. La transmission entre le porc et l'homme est plutôt rare, mais une petite dizaine d'épidémies sont malgré tout apparues depuis 1918. La transmission se fait essentiellement dans les élevages intensifs de porcs, où les éleveurs sont contaminés par contact direct ou par gouttelettes. La transmission de la maladie entre les hommes se fait de la même façon (dispersion des gouttelettes par toux et éternuements). La meilleure méthode pour réduire la progression rapide de la maladie dans une population, c'est la mise en place des gestes barrières (lavage fréquent des mains avec eau et savon ou gel hydroalcoolique, utilisation des mouchoirs à usage unique que l'on prendra soin de jeter dans des poubelles fermées, éternuement dans la manche et distanciation sociale).

En 2009-2010, les personnes atteintes sont essentiellement jeunes (enfants et jeunes adultes). Les femmes enceintes sont également à risque. Les personnes de plus de 65 ans semblent immunisées. La maladie atteint entre 700 millions et 1,4 milliard d'humains (ce qui représente entre 11 et 21 % de la population globale). On signale de 150 000 à 575 000 morts. Le diagnostic définitif est posé par un test de biologie moléculaire, le test RT-PCR[10]. Il comporte d'abord une retranscription de l'acide ribonucléique (ARN) par l'enzyme transcriptase inverse au laboratoire, ce qui donne l'ADNc (acide désoxyribonucléique complémentaire). C'est un simple brin d'ADN, qui par la suite est amplifié pour en faciliter la détection. Le matériel de prélèvement provient de la muqueuse nasale et/ou buccale.

La plupart des symptômes sont assez banals, mais pour certains la progression est rapide et greffée de complications respiratoires majeures et de surinfections bactériennes. Si un traitement est à envisager, il vaut mieux le démarrer précocement. Aujourd'hui, on considère que l'influenza A H1N1pdm09 fait partie des possibles grippes saisonnières. Dès novembre 2009, le vaccin est disponible.

On a tous en mémoire la crise Ebola, qui a frappé l'Afrique de l'Ouest entre 2014 et 2016. Plusieurs pays ont été touchés mais les plus atteints ont été la Guinée, le Liberia et le Sierra Leone. L'OMS déclare à cette époque que l'épidémie a touché 28 600 personnes et que 11 325 en sont mortes (10 % des décès sont des soignants). Le patient zéro serait un bambin de moins d'un an, qui aurait infecté tous les membres de sa famille. Le réservoir est la chauve-souris. D'autres pays ont été touchés, mais dans une moindre mesure, comme le Sénégal, le Nigeria et le Mali. Quelques cas ont été importés en Angleterre, Italie, Espagne et aux États-Unis. Le nombre de personnes infectées par une seule personne (R0) pour le virus Ebola a été évalué de 1,71 à 2,02 en fonction du pays touché. Pour un R0 égal à 1, l'infection s'arrête. Pour une valeur supérieure à 1, on entre dans une dynamique de croissance exponentielle. Les symptômes démarrent par un état grippal avec une fatigue prononcée, accompagnée de douleurs musculaires et articulaires (souvent des douleurs en ceinture au niveau des épaules), des maux de tête, des vomissements et des diarrhées. Ces derniers provoquent des pertes massives de liquides qui entraînent un choc hypovolémique et le décès du patient. La mortalité en moyenne est de 50 %. Ces liquides corporels sont un véritable danger pour les soignants. Ils doivent se harnacher de matériel de protection personnel encombrant et pesant. Le mettre n'est pas problématique, mais l'enlever requiert environ une demi-heure, et ce, sous haute surveillance. Indéniablement, ce virus a tué beaucoup de personnes infectées, mais le chaos organisationnel, décrit par Médecins sans frontières, a certainement contribué au taux élevé de décès (difficultés de confinement et manque de matériel). Il n'y a pas vraiment de traitements spécifiques, toutefois un vaccin est créé et testé dès 2016 (rVSV-ZEBOV) et approuvé en 2019. Il est aussi intéressant d'observer que 46 à 71 % de la population dans les régions où le virus a frappé le plus fort ont une séroconversion, ce qui veut dire qu'ils ont été en contact avec le virus Ebola sans jamais avoir développé de symptômes. Des médicaments divers ont été testés et, fait marquant, il a été impossible de les évaluer dans le contexte d'une étude randomisée : un tirage au sort entre une molécule potentiellement active et un vulgaire placebo aurait été totalement contraire à l'éthique. La seule alternative, pour évaluer rapidement l'efficacité de la substance testée, a été de déterminer la charge virale sanguine.

Pour cette crise Ebola, l'OMS a déclaré une urgence de santé publique de portée internationale (USPPI). Ce principe a aussi été utilisé pour la grippe porcine, par exemple. Il oblige les États à répondre aux exigences du Règlement sanitaire international, qui stipule qu'ils doivent assister les pays concernés – et c'est une obligation légale – pour lutter contre la propagation internationale, tout en évitant une interférence non nécessaire du… trafic et du commerce. L'état d'urgence sanitaire déclaré par l'OMS a débuté le 8 août 2014 et s'est terminé le 29 mars 2016. Pour rappel, le pic de l'épidémie a été atteint le 29 juin 2014, et le début de l'inflexion le 28 janvier 2015.

Un nouveau vent de panique souffle sur la terre à partir de 2015, depuis l'avènement d'une nouvelle épidémie. Nom de code : Zika. Ce virus est propagé par les moustiques, mais une transmission sexuelle et par voie sanguine ont aussi été décrites. C'est un arbovirus[11] à ARN, de la famille des Flavivirus. On le décrit pour la première fois en 1947, en Ouganda dans la forêt de Zika, chez un singe infecté. Il est formellement isolé et identifié en 1952. L'épidémie débute au Brésil en 2015, même si le Zika Virus avait déjà fait des siennes au préalable (par exemple, 5 000 personnes atteintes sur l'île de Yap, dans le Pacifique, en 2007). Au Brésil, 1,3 million de personnes sont atteintes et le virus se propage rapidement grâce à l'omniprésence de moustiques dans les zones chaudes et humides, et ce, dans cinquante pays. L'OMS lance l'alerte en 2016 et déclare l'USPPI. La maladie est souvent asymptomatique (70 à 80 % des cas). Après des symptômes initiaux (fièvre, éruptions cutanées, douleurs musculaires et articulaires, maux de tête et yeux rouges, œdèmes au niveau des pieds et des mains), certains patients développent un syndrome de Guillain-Barré. Cette forme rare de la maladie se présente alors comme une parésie/paralysie ascendante, qui ultimement peut atteindre les muscles respiratoires. Il s'agit en fait d'une maladie auto-immune qui atteint le système nerveux périphérique de façon symétrique. Le tableau neurologique, hormis la parésie/ paralysie flasque, contient aussi une hyporéflexie (diminution des réflexes) et une hypoesthésie (baisse de la sensibilité cutanée), et dans certains cas la sensation de porter continuellement des gants et des chaussettes. L'infection virale est particulièrement dangereuse pour les femmes enceintes. En effet, le virus est à l'origine de malformations congénitales, comme la microcéphalie accompagnée de retard mental irréversible, mais également d'anomalies aux niveaux musculo-squelettique, oculaire, cranio-facial, génito-urinaire et pulmonaire.

Des vaccins sont en cours de développement. Certains d'entre eux sont déjà en phase 2 clinique (recherche d'efficacité sans groupe contrôle). Le développement d'un vaccin est particulièrement compliqué : les épidémies sont imprévisibles et ont tendance à se faire plus rares ; il faut cibler la complication qu'on essaie de prévenir en priorité (dans le cas de malformations congénitales, cela représente des difficultés supplémentaires puisqu'il faut à tout prix éviter des effets secondaires liés au vaccin pour les femmes enceintes et les fœtus). Des questions éminemment éthiques se posent : peut-on vacciner des patientes enceintes, si l'innocuité du vaccin n'est pas absolument démontrée ? Quel serait le coût du vaccin pour des populations démunies ? Est-il raisonnable de lancer des campagnes de vaccination, qui ont un coût certain, quand on sait qu'une immunité collective s'installe progressivement en deux à trois ans ? Le vaccin le plus avancé semble être celui du National Institutes of Health (NIH), aux États-Unis. Le produit est un fragment d'ADN contenant des gènes qui encodent des protéines de surface du virus, contre lesquels le corps humain est capable de construire une réponse immunitaire. Sur des singes, les chercheurs américains ont déclaré que le vaccin était capable de réduire les anomalies fœtales.

Chapitre 2

Et la couronne appartient au coronavirus

Acte I – Guandong, Chine, novembre 2002

Le 16 novembre 2002, dans la province de Guandong en Chine, meurt un premier patient d'une pneumopathie atypique. Il est démontré par la suite que le patient zéro, vient de Foshan. La capitale régionale Canton verra rapidement se multiplier le nombre de décès. On a pu déterminer par la suite que les vingt premières personnes atteintes travaillent toutes dans des restaurants et des marchés du sud-est de la Chine. Cette éclosion inquiète les autorités locales qui demandent la mise en quarantaine des personnes atteintes. Ce qui au départ semble être une « grippe banale » (une expression qui reviendra…) se complique assez fréquemment en un SRAS, entraînant potentiellement le décès. Même si les responsables locaux essaient de passer sous silence cet évident problème de santé publique, les autorités internationales, en l'occurrence le Global Health Intelligence Network, ont vent de l'affaire dès la fin du mois de novembre 2002. Tout début février 2003, les bureaux de l'OMS à Pékin sont avisés car la population semble paniquer sur place et dévalise les pharmacies. Les autorités chinoises vont tout mettre en œuvre pour garder l'irruption de cette nouvelle maladie la plus discrète possible. Le 10 février, l'ambassade américaine, avertie par un de ses citoyens de passage à Canton, signale le problème au bureau régional du Pacifique occidental de l'OMS. L'information parvient immédiatement au siège mondial, à Genève. Ce n'est que le lendemain que l'OMS reçoit finalement un rapport officiel du ministère de la Santé en Chine, qui fait déjà état de 300 cas, dont 30 % de malades qui appartiennent au personnel médical, et 5 morts à Guangdong. L'OMS lance immédiatement une première alerte sur le réseau ProMED, qui compte des milliers d'abonnés éparpillés dans le monde.

Le 11 février, on diagnostique un premier cas en dehors de la Chine, à Hanoï, au Vietnam. Un médecin de Canton, impliqué dans la prise en charge des premiers malades, se rend à Hong Kong le 21 février pour participer à un mariage. Dans le hall de l'hôtel, il fait un malaise et est aidé par plusieurs personnes dont des ressortissants de Singapour. À son hospitalisation en unité de soins intensifs, il signale que sa région d'origine compte une multitude de cas de pneumopathie atypique fulgurante, mais on y accordera peu de considération. Aucune précaution particulière n'est prise par le personnel soignant, qui par la suite sera lourdement touché. Le médecin chinois meurt le 4 mars. Il est démontré que l'hôtel dans lequel il logeait a été une véritable plaque tournante pour la propagation de la maladie. Le 12 mars, la situation à Hanoï dérape avec l'apparition de 42 cas et l'OMS lance l'alerte mondiale et signale à cette date une forme grave et atypique de pneumonie. Le 15 mars, il y a déjà une centaine de cas à Hong Kong, 16 à Singapour, 7 au Canada et 1 aux États-Unis. La France compte son premier cas le 23 mars.

Au début du mois de mars, les experts de l'OMS arrivés en Chine sont interdits d'accès à la province de Canton. Cette attitude change radicalement le 10 mars, quand les autorités chinoises demandent de l'aide à l'OMS pour identifier la cause de l'épidémie. Treize laboratoires internationaux, sous l'égide de l'OMS, collaborent intensivement pour trouver l'agent infectieux incriminé, développer des tests de diagnostic et coordonner l'étude épidémiologique. L'agent viral est évoqué pour la première fois le 19 mars. L'Agence fédérale composée des Centres de prévention et de contrôle des maladies (CDC[12]) aux États-Unis identifie formellement le coronavirus le 24 mars. Le 16 avril, l'OMS officialise l'information. Le 19 du même mois, le code génétique est identifié, et à partir du 23 avril les voyages sont fortement déconseillés dans les régions du globe atteintes par l'épidémie.

En pleine période de conflit en Irak, l'épidémie de SRAS se fait une place belle dans la presse écrite et les journaux télévisés. Huit mois après son apparition, l'épidémie semble enfin sous contrôle, mais l'OMS a recensé 8 202 cas dans 31 pays, et 725 personnes (soit 8,8 %) en sont décédées. On a retracé son origine : le fameux marché aux poissons de Foshan, où l'on croise des animaux vivants, dont la civette palmiste masquée, petit carnivore rare mais consommé par les Chinois. En amont, la source primaire du virus est toutefois la chauve-souris.

Ce qui mérite d'être relevé, c'est que la réponse internationale a tardé à se mettre en place à cause du manque d'information et de transparence de la part des autorités chinoises. C'est grâce à un réseau d'alerte international que l'information s'est propagée, soulignant l'importance d'une veille sanitaire. Ce type d'épidémie perturbe aussi notre société, avec une réduction massive des voyages et du tourisme, un ralentissement économique dans les régions concernées mais pas seulement, et des possibles perturbations sociales et politiques. Le magazine *Time* estime que cette épidémie a coûté la coquette somme de 30 milliards de dollars. Selon le virologue Johan Neyts, professeur à l'université de Louvain, interviewé en mars 2020, on a perdu une belle occasion de développer à l'époque des médicaments pour combattre le SRAS induit par le coronavirus. Le coût aurait été de 200 à 300 millions d'euros « seulement ».

Bien entendu, on a essayé d'en tirer quelques leçons. La Direction générale de la santé en France rédige, en avril 2004, un plan de réponse contre une menace de SRAS. Mais le vrai problème reste la consommation d'animaux exotiques en Chine. En 2007, les scientifiques déclarent qu'il s'agit là d'une vraie bombe à retardement en matière de santé publique et signalent au moins 36 espèces de coronavirus déjà découvertes. Par ailleurs, le trafic aérien ayant augmenté – il a doublé entre 2003 et 2020 –, la propagation d'un tel virus devient excessivement rapide. Et contrairement à des régions chinoises, caractérisées par des pouvoirs autoritaires et peu démocratiques, des dispositions de quarantaine et de confinement généralisé (*lockdown*) sont difficiles à envisager et à faire respecter en Europe et aux États-Unis. Il est particulièrement ardu de faire comprendre l'ampleur d'une crise sanitaire mondiale et les risques liés au non-suivi des directives et mesures mises en place. Il persiste toujours une poignée d'irresponsables et d'inconscients dans nos sociétés.

Acte II – Le MERS[13] dans la péninsule arabique, 2012

En juin 2012, un citoyen qatari de 60 ans, décède d'une pneumonie aigüe, à l'hôpital de Jeddah en Arabie Saoudite. Jeddah est une ville portuaire et un site de passage pour les pèlerins qui se rendent à La Mecque et à Médine. Devant le nombre de cas qui affluent par la suite, une alerte est lancée sur ProMED. Rapidement, un coronavirus est identifié dans les expectorations des patients atteints. Ceux-là se présentent avec une fièvre et une toux, toutefois la situation peut très rapidement déraper en pneumonie aigüe, avec une insuffisance respiratoire sévère, et dans certains cas également une insuffisance rénale aigüe. Un cas est diagnostiqué à Londres en septembre 2012. Il est établi qu'il s'agit d'une zoonose, avec un transfert du virus des camélidés (en particulier du dromadaire) à l'homme. Cette maladie est connue chez les dromadaires depuis au moins une trentaine d'années, et la séquence génétique du virus qui atteint le dromadaire est identique à la souche qui infecte l'homme. Toutefois, le réservoir du virus est à nouveau la chauve-souris. Les autorités saoudiennes, craignant une explosion des cas, compte tenu de l'approche de la période des pèlerinages, en particulier l'Oumrah et le Hajj, prennent la décision d'interdire la présence des dromadaires auprès des lieux saints, ce qui a très certainement réduit le risque de propagation. En juin 2013, l'OMS signale que la transmission interhumaine est certaine. En février de cette même année, il y a d'ailleurs eu un premier foyer familial à Manchester, au Royaume-Uni, et dans une famille en Arabie Saoudite, 24 % des 79 membres ont été atteints. Un premier cas est diagnostiqué en France le 7 mai 2013. Le bilan mondial, le 29 août 2013, s'élève à 104 personnes infectées, dont 49 sont mortes.

De fin avril 2014 au début mai 2015, on observe une accélération et on passe de 293 cas infectés et 93 décès (essentiellement en Arabie Saoudite) à 937 cas et 341 décès. En mai 2015, l'épidémie explose en Corée du Sud, le deuxième pays le plus touché. On y accumulera 186 contaminations et 36 décès. La maladie a un impact majeur sur l'économie du pays, entraînant une baisse massive des revenus dans le secteur du tourisme. L'OMS a mis en cause le manque de préparation, et en particulier le manque de connaissances des agents hospitaliers comme du grand public concernant les dangers liés au coronavirus.

Entre le premier cas diagnostiqué en 2012 et janvier 2017, l'OMS reçoit les rapports de 27 pays. Le nombre de cas confirmés par un test laboratoire (RT-PCR) est de 1 879, avec 659 décès. La maladie n'a jamais totalement disparu. En juin 2019, on recense un total cumulé de 2 058 cas en Arabie Saoudite. On estime que le coût de la prise en charge médicale par cas hospitalisé dans ce pays varie entre 12 947 et 19 923 dollars. Le taux de mortalité dépasse 30 %.

Les cas sévères se concentrent dans une population qui a plus de 50 ans et qui par ailleurs souffre souvent d'autres pathologies préexistantes, comme l'hypertension, le diabète la bronchopneumopathie chronique obstructive (BPCO), l'obésité, des pathologies cardiaques, les cancers, l'insuffisance rénale. Dans certains cas, il s'agit de patients qui nécessitent un traitement immunosuppresseur (par exemple, après transplantation d'organe). Les enfants et jeunes adultes sont souvent asymptomatiques, mais ils peuvent être vecteurs insoupçonnés de la maladie. Après infection, la séroconversion apparaît dans les deux semaines. Chez certains patients, on a retrouvé le virus dans le sang, les selles et les urines jusqu'à un mois après la primo-infection. La transmission interhumaine se fait par gouttelettes (toux et éternuements). Le virus semble par ailleurs stable dans l'environnement, et il résiste assez bien à des températures et des degrés d'humidité variables – ce qui facilite la propagation par contact entre les mains et les surfaces contaminées. Le seul moyen de se protéger efficacement, sachant qu'il n'y a ni traitement spécifique ni vaccin, est le respect des gestes barrières (lavage des mains, pas de contact direct entre humains donc distanciation physique, tousser et éternuer dans son coude, et éviter de voyager).

Acte III – Journal de bord de la COVID-19

Avant de commenter l'avènement de cette pandémie, il est utile d'en faire le point sur une ligne de temps. Son nom indique clairement que l'épidémie a pris naissance en 2019, même si les premiers rapports officiels la concernant datent de 2020. Faisons le point de certains faits marquants qui expliquent la naissance de cette pandémie, sans pour autant détailler la chronologie des événements pour chaque pays, qui se révélerait fastidieuse.

Date	Lieu	Observations et actions
17-11-2019	Wuhan, Chine	Un premier cas de pneumopathie atypique est observé, mais le diagnostic n'a pas réellement été posé. Il s'agit d'un marchand de poissons du marché de Huanan, à Wuhan.
01-12-2019	Wuhan, Chine	Un premier cas traçable et confirmé de pneumopathie atypique est rapporté. Cette personne n'a pas de lien avec le marché de Huanan, à Wuhan, par la suite incriminé de berceau initial de l'épidémie.
02-12-2019	Wuhan, Chine	Un médecin est atteint et présente une toux et de la fièvre. C'est le premier cas qui nécessite une hospitalisation. Il présente une pneumonie sévère

		et une insuffisance respiratoire aigüe. À nouveau, par l'enquête épidémiologique qui a suivi, le lien direct avec le marché de Huanan n'est pas établi.
15-12-2019	Wuhan, Chine	On fait état de 27 cas. Sur la base des observations précédentes, on est convaincu d'une transmission interhumaine. La plupart des personnes atteintes ont quasiment toutes été en rapport à un moment donné avec le marché de Huanan.
20-12-2019	Wuhan, Chine	La maladie progresse avec 60 cas annoncés. Entre le 20 décembre et le 30 décembre, les scientifiques de l'Institut de virologie de Wuhan identifient un coronavirus sur les lavages broncho-alvéolaires des patients hospitalisés aux soins intensifs.
21-12-2019	Chine	Des épidémiologistes chinois du CDC chinois déclarent la présence d'un cluster de patients atteints d'une pneumonie d'origine inconnue.
26-12-2019	Wuhan, Chine	Sur le scanner thoracique d'un couple âgé présentant des symptômes, les radiologues font la description d'altérations qui ne ressemblent pas vraiment aux aspects d'une pneumonie virale banale. Le fils du couple est soumis au même examen. Il présente des lésions identiques, mais il n'est pas symptomatique.
27-12-2019	Wuhan, Chine	Le gène du virus est séquencé : il ressemble fortement au coronavirus de 2002-2003 responsables du SRAS (80 % de son génome).
29-12-2019	Wuhan, Chine	Un comité de médecins issus de différents départements de l'hôpital provincial du Hubei avertit le CDC local qu'il y a une série de cas inquiétants de pneumonie qui nécessitent une attention particulière. Le CDC local mène l'enquête et découvre d'autres cas avec des symptômes similaires. On identifie chaque fois un lien avec le marché aux poissons de Huanan.
30-12-2019	Wuhan, Chine	Le comité sanitaire de la municipalité de Wuhan publie sur son réseau social qu'il y a eu 27 cas de pneumonie inexpliqués, mais que la situation est totalement sous contrôle.

		Ce même jour, un rapport signale qu'il s'agit du même agent pathogène qu'en 2002, à l'origine du SRAS. Il s'agit d'une information erronée, puisque le virus n'est pas le même. Toutefois, le docteur Li Wenliang, ophtalmologue du Wuhan Central Hospital, ayant pris connaissance de ce rapport, annonce par WeChat avec 7 autres de ses collègues, qu'ils sont confrontés à une éclosion de SRAS dans le service d'ophtalmologie (7 patients hospitalisés). Les médecins seront immédiatement arrêtés par la police locale, accusés de colporter de fausses rumeurs et d'exagérer les dangers liés à cette maladie.
31-12-2019	Canada Chine	La société BlueDot, qui utilise l'intelligence artificielle pour parcourir des centaines de milliers d'articles, afin d'y détecter l'avènement de maladies infectieuses (aux niveaux humain, animal et botanique), avertit ses clients qu'il vaut mieux éviter de voyager à Wuhan. Elle va plus loin et déclare que les prochaines zones à éviter seront Bangkok, Séoul, Taipei et Tokyo. Elle se base sur l'émission des billets d'avion, information traçable et contrôlée dans les compagnies aériennes (contrairement aux informations sur les réseaux sociaux). BlueDot y a d'ailleurs un accès direct. Le même jour, les autorités chinoises avertissent officiellement l'OMS qu'il y a une pneumonie d'origine inconnue qui sévit dans la ville de Wuhan. Un comité d'experts chinois est dépêché sur la ville, et un membre de ce comité déclare d'emblée que, grâce à la veille sanitaire dont dispose le pays, l'urgence avec laquelle la situation a été prise en charge, et les moyens médicaux à disposition, ils seront capables de tuer l'épidémie dans l'œuf.
01-01-2020	Chine	Les autorités chinoises font état de 266 personnes infectées en 2019. Le marché aux poissons de Wuhan est fermé par les autorités sanitaires.
03-01-2020	Wuhan, Chine	Les scientifiques du National Institute of Viral Disease Control ont formellement identifié un nouveau coronavirus : le 2019-nCoV (*novel* coronavirus).

		En même temps, Li Wenliang est sommé par les autorités locales en charge de la sécurité, de signer un document dans lequel il accepte d'être traduit en justice s'il continue à faire des commentaires erronés qui perturbent l'ordre social.
05-01-2020	Department of Zoonosis National Institute of Communicable Disease Control and Prevention, Chinese Center for Disease Control and Prevention, Chine	Les autorités chinoises soumettent pour publication le séquençage du génome du virus.
06-01-2020	Wuhan, Chine	Les autorités locales disent avoir exclu un certain nombre de causes virales, comme la grippe, la grippe aviaire, le SARS et le MERS.
07-01-2020	Chine États-Unis	Le hashtag #WuhanSARS a été censuré par les autorités chinoises et des investigations sont menées contre ceux qui dispersent de l'information erronée sur les réseaux sociaux. Le docteur Li Wenliang déclare publiquement qu'une société en bonne santé devrait avoir plus d'une voix. Le CDC américain émet un avis de voyage négatif pour ceux qui projettent d'aller dans la province du Hubei.
08-01-2020	Chine Corée du Sud	La Chine annonce officiellement la découverte du nouveau coronavirus. Un premier cas est découvert en Corée du Sud. Il s'agit d'une femme de 36 ans qui a voyagé à Wuhan, mais sans avoir eu un contact direct avec le marché de Huanan.
09-01-2020	OMS, Genève, Suisse	L'OMS annonce qu'un nouveau coronavirus a été isolé à partir d'un prélèvement sur un patient hospitalisé en Chine.
10-01-2020	Université Fudan, Shanghai Wuhan	Le séquençage complet du génome de 2019-nCoV est publié en ligne sur virological.org. Le docteur Li Wenliang présente des premiers symptômes et tousse.

12-01-2020	OMS, Genève, Suisse	Des premiers avis sont émis par l'OMS en matière de voyage, de dépistage et d'examens cliniques. Le docteur Li Wenliang développe de la fièvre.
13-01-2020	National Institutes of Health, États-Unis Thaïlande	Le génome du 2019-nCoV a été publié sur la base de données du NIH. Un premier cas en dehors de la Chine est annoncé en Thaïlande – c'est d'ailleurs exactement ce qui avait été prévu par la société canadienne BlueDot.
14-01-2020	OMS Wuhan, Chine	La responsable du programme d'urgence sanitaire de l'OMS, Maria Van Kerkhove, déclare qu'il n'y a pas de transmission interhumaine soutenue, puisqu'on n'observe que de petits foyers familiaux. Le docteur Li Wenliang est hospitalisé, tout comme ses parents à qui il a transmis la maladie.
15-01-2020	OMS, Genève, Suisse ; Berlin, Allemagne États-Unis	Un protocole est publié pour le diagnostic du 2019-nCoV, mis au point par les virologues de l'hôpital de la Charité, à Berlin. Un premier voyageur infecté arrive sur le territoire américain.
16-01-2020	Ministère de la Santé, Japon	Un premier cas est testé positif dans le pays du soleil levant.
18-01-2020	Wuhan, Chine	Les responsables politiques de la ville de Wuhan tiennent un banquet célébrant le nouvel an chinois avec des dizaines de milliers de participants.
19-01-2020	Guandong et Beijing, Chine	On observe les premiers cas en Chine en dehors de Wuhan.
20-01-2020	Guandong, Chine Singapour États-Unis	La Chine annonce enfin officiellement qu'une transmission interhumaine existe. À Singapour se tient une réunion d'une compagnie internationale, à laquelle participent 109 personnes. Cinq d'entre elles tombent rapidement malades car elles ont été en contact avec un délégué en provenance de Wuhan. Un premier cas est confirmé et enregistré par le CDC américain. Le président Trump déclare que tout est sous contrôle.

21-01-2020	Chine OMS, Genève, Suisse	Le pouvoir central en Chine fait pression sur les responsables subalternes afin qu'ils ne parlent pas de l'épidémie. Le bureau central du parti communiste déclare qu'on court le risque de transformer un désastre naturel en désastre provoqué par l'homme. L'OMS démarre un rapport journalier faisant état de la progression de l'épidémie. L'organisation signale des cas confirmés dans plusieurs provinces chinoises, à Taïwan et aux États-Unis (Washington).
22-01-2020	Wuhan, Chine OMS, Genève, Suisse Singapour États-Unis	On annonce que la ville de Wuhan sera mise sous quarantaine, mais des milliers de personnes fuient littéralement la ville juste avant la mise en place de ce *lockdown*. Pendant ce temps-là, les experts de l'OMS sont incapables d'arriver à un consensus concernant la nécessité ou non de lancer une USPPI. En revanche, à Singapour, une *task force* interministérielle est immédiatement mise en place pour faire face à la future crise sanitaire. À l'occasion d'une interview, un journaliste demande à Donald Trump s'il y a lieu de s'inquiéter. Le président répond de nouveau que tout est sous contrôle.
23-01-2020	Wuhan, Chine	La ville de Wuhan est à l'arrêt, sauf le chantier d'un hôpital construit en urgence qui compte 1 000 lits et qui doit ouvrir le 3 février.
24-01-2020	Chine France	En Chine, on ferme les lieux publics, les cinémas, les sites touristiques, dans sept provinces et deux régions autonomes. L'urgence sanitaire de niveau 1 est déclarée pour des dizaines de millions d'habitants. Les trois premiers cas sont signalés en France. Il s'agit d'un couple de touristes chinois et d'un Français également d'origine chinoise, qui ont récemment fait un passage à Wuhan. Toutefois, a posteriori, on estime que certains patients hospitalisés à la mi-novembre 2019 à Colmar présentaient des signes cliniques et radiologiques fortement suggestifs pour la COVID-19. Les cliniciens qui ont pris en charge ces patients aty-

		piques signalaient température, toux, perte de goût et d'odorat, fatigue extrême. La contagion se serait accélérée aux fêtes de fin d'année pour exploser en février à Mulhouse.
25-01-2020	Chine	Xi Jinping, le secrétaire du Parti communiste chinois déclare que le pays est confronté à une situation grave. L'urgence sanitaire est déployée sur d'autres provinces.
26-01-2020	Chine	Selon une source officielle, le CDC chinois démarre le développement de vaccins. Les autorités chinoises interdisent, avec effet immédiat, tout commerce d'animaux sauvages.
27-01-2020	OMS, Genève, Suisse	Pour l'OMS, le risque de pandémie est élevé.
28-01-2020	Chine Italie	La Cour suprême statue que le lanceur d'alerte Li Wenliang n'a pas commis de crime. Ils concluent que la transparence impose que la rumeur prenne fin. Un couple de touristes chinois tombe malade en Italie. Ils sont testés positifs au coronavirus, ce qui amène le gouvernement du pays à des actions immédiates trois jours plus tard.
29-01-2020	Wuhan, Chine OMS, Genève, Suisse	La police de Wuhan laisse tomber les poursuites contre les 8 lanceurs d'alerte. Ils sont qualifiés de « héros » sur les réseaux sociaux chinois. Compte tenu de l'explosion de l'épidémie qui atteint de plus en plus de pays, le secrétaire général de l'OMS décide de planifier une réunion d'urgence dès le lendemain.
30-01-2020	OMS, Genève, Suisse Singapour Italie États-Unis Royaume-Uni	L'organisation déclare un état d'USPPI : tous les pays doivent se préparer à un confinement, une surveillance active, un dépistage précoce et généralisé, une quarantaine et un traçage épidémiologique à titre de prévention. L'OMS a déclaré un état d'USPPI à seulement cinq reprises depuis 2002 : deux fois pour les crises Ebola (2013 en Afrique de l'Ouest, et 2018 en République démocratique du Congo), pour l'épidémie Zika en Amérique centrale en 2016, pour les éclosions de foyers de poliomyélite en zone de guerre en 2014 et pour la grippe porcine en 2009.

		Singapour prend la décision de fournir à chaque ménage 4 masques (opérationnel dès le 1er février). Six mille personnes à bord d'un navire de croisière sont mises en quarantaine en Italie, mais cet isolement sera de trop courte durée. On précise que les personnes malades à bord ont une simple grippe. L'État de Washington déclare une urgence sanitaire de niveau 1. À la conférence de presse du jour, Donald Trump affirme une nouvelle fois triomphalement que la situation est sous contrôle, car seuls 5 personnes sont infectées et qu'elles se rétablissent. Les médecins hygiénistes en chef du Royaume-Uni décident de passer du niveau de « risque faible » au niveau « risque modéré » au niveau national.
31-01-2020	États-Unis Italie Espagne Royaume-Uni	Les États-Unis ferment leurs frontières aux étrangers qui se sont rendus en Chine les deux dernières semaines. Les voyageurs américains en provenance du Hubei sont mis en quarantaine pour une période de quatorze jours. Les autorités Italiennes sont les premières en Europe à interdire tous les vols vers et en provenance de la Chine. Pendant ce temps-là, un touriste allemand est testé positif dans l'archipel des Canaries. Vingt et une personnes revenant de vacances sont mises en quarantaine. En Angleterre, un premier cas importé est identifié. Les autorités lancent une campagne d'information destinée au grand public, avec le slogan *Catch it, Bin it, Kill it*, qui résume bien l'attitude à adopter: utiliser un masque, utiliser des mouchoirs jetables et se laver les mains avec des solutions hydroalcooliques.
04-02-2020	Belgique	Un premier cas est signalé en Belgique. C'est un rapatrié belge qui fait partie d'un groupe d'une dizaine de personnes en provenance du Hubei.
07-02-2020	Wuhan, Chine	Le docteur Li Wenliang meurt. Il sera réhabilité et son honneur rétabli à titre posthume le 20 mars. Les policiers locaux ont été punis, du moins selon les dires officiels. Sa mort provoque une vague d'indignation dans le pays. Sur les réseaux sociaux, il n'est pas question d'oublier ni de pardonner.

08-02-2020	Wuhan, Chine	Un ressortissant américain, de passage dans la province du Hubei, meurt à l'hôpital.
09-02-2020	Wuhan, Chine	L'épidémie a déjà fait plus de morts en Chine que le nombre de décès cumulatif et mondial lié au SRAS en 2002-2003.
11-02-2020	OMS, Genève, Suisse	Le nouveau coronavirus est officiellement baptisé « COVID-19 ».
12-02-2020	Corée du Sud États-Unis	On fait face à une explosion de cas en Corée du Sud. La propagation extrêmement rapide y est expliquée par le cas « 31 » : une adepte du Shincheonji Church of Jesus, qui, bien que malade, a refusé de se faire tester à deux reprises. Elle s'est rendue à 4 offices de cette église. Elle y a côtoyé un millier de fidèles. Le maire de Séoul va d'ailleurs par la suite poursuivre les responsables de cette église controversée pour meurtre. Les autorités décident de mettre en place un dépistage de masse (10 000 par jour). Ils l'organisent sous forme de *drive-in* et le résultat est obtenu en une dizaine de minutes. Grâce à cette politique agressive de dépistage, il y a déjà au 1er avril 420 000 personnes testées. Pendant ce temps-là, Donald Trump prend toujours l'épidémie à la légère et déclare que le corona disparaîtra en avril, grâce à la chaleur.
13-02-2020	Espagne	Un premier décès est signalé.
14-02-2020	France	Un premier décès est enregistré en France. Il s'agit d'un touriste chinois de passage dans le pays.
15-02-2020	Japon	Les autorités japonaises décident du débarquement progressif des personnes confinées sur le *Diamond Princess* : celles-ci doivent terminer leur quarantaine dans une installation touristique en bord de mer. Le nombre de cas testés positifs explose sur le bateau. Les conditions à bord sont comparées à celles d'un véritable incubateur. Le rapatriement des passagers américains commence pourtant à partir du 17 février, donc après une période de quarantaine trop courte.

17-02-2020	Mulhouse, France	À Mulhouse se tient un rassemblement religieux de l'église La Porte Ouverte, qui rassemble 2 000 à 2 500 personnes. Cet événement fait office d'une véritable bombe biologique. On découvrira que la quasi-totalité des membres de l'église a été infectée pendant ce rassemblement qui a duré quatre jours. Le pasteur lui-même a été hospitalisé et s'en sort vivant.
Du 18-02-2020 au 24-02-2020	Milan, Italie	En pleine épidémie mondiale, et même si les autorités italiennes ont pris la décision, fin janvier, d'interdire les liaisons aériennes avec la Chine, la semaine de la mode est maintenue à Milan. Cet événement international qui attire énormément de monde a donc lieu, même si les organisateurs réalisent que les principaux acheteurs – les Chinois – manquent à l'appel. Il sera la plaque tournante pour la dispersion de l'épidémie virale sur la péninsule.
19-02-2020	Bergame, Italie	Ce jour-là se joue le match Bergame contre FC Valence dans un stade bondé (40 000 supporters bergamasques et 2 500 supporters espagnols). On appellera ce match le «match zéro», il sera considéré par la suite comme une véritable bombe biologique.
21-02-2020	Italie	On dénombre 21 cas confirmés en Lombardie.
22-02-2020	Italie	En une seule journée, on comptabilise 60 cas de plus dans le nord de l'Italie, 10 % des personnes infectées sont des soignants.
23-02-2020	Iran Codogno, Italie France	Après avoir tardé pour reconnaître l'épidémie de coronavirus, le pouvoir politique iranien prend la décision de fermer les écoles, les universités, les théâtres et les centres culturels. Les pays voisins, la Turquie et l'Iraq, ferment leurs frontières avec l'Iran. Devant l'ampleur du problème sanitaire, l'Iran appelle à l'aide les Chinois, qui vont envoyer du personnel et du matériel. Ils le feront par la suite également en Italie et en Iraq.

		Codogno, petite ville de 15 000 habitants dans le nord de l'Italie, est déclarée zone interdite, mais peu de barrages de police sont installés. La messe est annulée ainsi que les festivités du carnaval, mais les gens se bousculent pour rentrer dans les magasins alimentaires. En fait, c'est toute la région du nord – entre Milan et Venise – qui est confinée. La France déclenche le plan Orsan, composé de quatre stades. Stade 1 : prendre des mesures pour empêcher le virus de rentrer sur le territoire national. Stade 2 : empêcher le virus de se propager dans le pays. Stade 3 : le virus circule et tout doit être fait pour atténuer la pandémie. Stade 4 : les mesures qui permettent un retour à la normale. Dans la phase initiale, les autorités françaises ont confiné à domicile les soignants qui ont pris en charge les premiers cas et qui, par la suite, sont devenus porteurs du virus.
25-02-2020	Italie États-Unis	L'Union européenne fait pression sur l'Italie afin que les avions chinois en transit puissent à nouveau y atterrir. Pendant ce temps-là, le gouvernement Italien décide des mesures de confinement qui touchent 10 villes dans le nord de la péninsule. Une fois de plus, Donald Trump minimise et déclare qu'il n'y a que 15 cas sur le territoire américain, alors que 60 sont comptabilisés.
26-02-2020	France	Le match de football Olympique Lyonnais contre Juventus de Turin est maintenu. Trois mille supporters italiens font le déplacement. Deux semaines plus tard, il y aura une explosion des cas dans la vallée du Rhône.
27-02-2020	États-Unis Pays-Bas	Le président américain estime que les risques liés à cette maladie sont très faibles pour les États-Unis. Un premier cas est détecté aux Pays-Bas.
28-02-2020	États-Unis Espagne	En pleine campagne présidentielle, Donald Trump déclare que le coronavirus est un canular des démocrates. Un banquet familial, près de Barcelone, réunit des salariés de l'hôpital et des personnes contaminées.

29-02-2020	États-Unis France/ Espagne	Un premier patient décède de la maladie sur le territoire américain. Tous les États américains déclarent un état d'urgence. La France passe au stade 2 du plan Orsan. Le foyer principal se trouve dans l'Oise. Les rassemblements y sont interdits et on invite les citoyens à rester chez eux. Au niveau national, les rassemblements de plus de 5 000 personnes sont interdits. En même temps, à Perpignan, se tient une réunion politique autour du leader catalan indépendantiste Carlos Puigdemont, qui attire plus de 100 000 participants, ils s'y rendent en cars organisés ou par leurs propres moyens.
02-03-2020	États-Unis Royaume-Uni	Selon Donald Trump, un vaccin sera disponible dans les trois à quatre prochains mois. Le Premier ministre anglais, Boris Johnson, après avoir longtemps minimisé l'impact potentiel du coronavirus, va finalement demander à ses concitoyens de se préparer à une expansion très importante du virus dans la population.
03-03-2020	Espagne Royaume-Uni	L'Espagne fait face à une forte augmentation de l'incidence, et en parallèle de la mortalité. À Londres, Boris Johnson dévoile son plan d'action qui vise, comme les Pays-Bas et la Suède, à atteindre un niveau d'immunité collective suffisant pour combattre le virus. Il insiste sur quatre principes: contenir (détecter précocement les patients atteints), retarder (ralentir la propagation de la maladie), rechercher (comprendre le virus et les moyens de le combattre, innover technologiquement pour faire face) et atténuer (pour venir en aide au système de la santé publique (NHS) et aider les hôpitaux à absorber la vague, mais en même temps minimiser les impacts sociétaux et économiques pour le pays).
06-03-2020	États-Unis Pays-Bas	Le président américain annonce que tous ceux qui le désirent pourront se faire tester. Il passe sous silence la pénurie des tests qui font qu'à la même date, la Corée du Sud a déjà effectué 150 fois plus de tests que les Américains. Le docteur Anthony Fauci dénonce cette pénurie de

		dépistage, et demande la création en urgence de la *task force*, établie au moment de la crise Ebola par l'administration Obama et dissoute en 2018 par Donald Trump. Nos voisins du nord font face à un premier décès.
08-03-2020	Italie Espagne	La région du nord de l'Italie est mise en quarantaine. À Madrid, 120 000 personnes sont dans les rues pour défendre les droits de la femme. En même temps, on compte des dizaines de milliers de participants à des manifestations similaires éparpillées dans d'autres grandes villes espagnoles, comme Barcelone et Séville. Ce même jour se tient le congrès de l'extrême droite espagnole Vox. À Valence, des milliers de badauds participent aux feux d'artifice.
09-03-2020	Espagne France	L'épidémie explose avec 1 231 cas et 30 décès. Les autorités de plusieurs villes, dont Madrid, ferment crèches, écoles et universités. On conseille aux personnes de rester chez elles. Les autorités françaises décident d'interdire les rassemblements publics de plus de 1 000 personnes.
10-03-2020	Italie États-Unis	Le gouvernement annonce la veille que le pays entier (60 millions d'habitants) est mis en confinement. Les stations de ski sont fermées, une fin de saison dramatique pour les exploitants des remontées mécaniques et le secteur hôtelier. On sait aussi maintenant que les 8 premiers cas en Suisse ont été contaminés dans le nord de l'Italie. Aux États-Unis, le président appelle au calme et affirme que le virus disparaîtra dès le mois d'avril. Une fois de plus, le docteur Fauci rectifie ses dires devant le Congrès.
11-03-2020	Italie États-Unis France Belgique Royaume-Uni OMS, Genève, Suisse	La politique de confinement se durcit en Italie. Ne restent ouverts que les commerces alimentaires et les pharmacies. Les habitants doivent avoir des autorisations spéciales pour se déplacer. Le pays retient son souffle car on se rend compte que les morts seront plus nombreux en Italie qu'en Chine.

		Le président Trump déclare les ressortissants de l'espace Schengen *persona non grata* sur le territoire américain. Initialement, il exclut de cette liste noire le Royaume-Uni et l'Irlande, mais son administration les réintégrera le 16 mars. Il affirme non sans un certain aplomb que quatre semaines plus tôt, personne ne pensait que ce serait un problème. En France, on craint une hécatombe dans les établissements d'hébergement pour personnes âgées dépendantes (EHPAD). Les visites y sont dorénavant interdites. Certains soignants prennent la décision de se confiner avec les pensionnaires et s'isolent avec eux du monde extérieur. Un premier décès est enregistré en Belgique. La secrétaire d'État à la Santé est confirmée COVID-19 au Royaume-Uni. Le secrétaire général de l'OMS, Tedros Adhanom Ghebreyesus, déclare l'état de pandémie.
12-03-2020	France	Les crèches, écoles et universités sont fermées.
13-03-2020	Rome, Italie États-Unis Espagne France Belgique	Une délégation chinoise constituée de 9 médecins, dont le vice-président de la Croix-Rouge chinoise (Yang Huichan), débarque à Rome. Sur place, il s'étonne que les gens, trop nombreux dans les rues, ne portent pas de masques, et que les mesures de confinement ne soient pas assez strictes. Un état d'urgence sanitaire est déclaré aux États-Unis. À la fin de son intervention, le président qui vient de parler de distanciation sociale serre des mains autour de lui... L'Espagne et ses autorités nationales déclarent l'état d'urgence et demandent aux citoyens de rester chez eux pendant quinze jours. La France interdit tout rassemblement de plus de 100 personnes. En Belgique, la Fédération Wallonie-Bruxelles suspend les cours pour tous les élèves francophones du royaume.

14-03-2020	États-Unis France Belgique Royaume-Uni	Le président américain déclare l'état d'urgence national. La France passe au stade 3 du plan Orsan: toute activité doit s'arrêter si elle n'est pas considérée comme indispensable, y compris les commerces. Certains politiciens en Belgique, par ailleurs en pleine crise car sans gouvernement, plaident pour une coalition d'urgence nationale. Celle-ci sera refusée entre autres par les partis politiques flamands, qui de longue date œuvrent pour une fédéralisation. Ils acceptent toutefois d'accorder plus de compétences au gouvernement national provisoire. En Angleterre, il n'y a toujours pas de confinement, mais les autorités nationales décident d'interdire les rassemblements publics et demandent aux citoyens de rester chez eux (ils lancent la campagne #StayHome).
15-03-2020	France Belgique	Le président Macron maintient le premier tour des élections municipales. La polémique fait rage en Belgique sur le scandale des masques. Un stock stratégique de masques de protection a été détruit dès 2017, sur décision de la ministre de la Santé Maggie De Block. Pour pallier la pénurie, le gouvernement passe commande en urgence à une société turque (5 millions d'unités). Il s'avère que cette société est coupable de fraude et cette livraison n'aura donc jamais lieu.
16-03-2020	État de New York, États-Unis France Pays-Bas	L'État ferme tous ses établissements scolaires et universitaires, ainsi que les cinémas, théâtres, restaurants et bars. Le lendemain des élections municipales, Macron, dans son allocution présidentielle à la nation, déclare l'état de guerre contre la COVID-19. Les frontières sont fermées, y compris pour les ressortissants de l'espace Schengen. Il invite ses concitoyens à limiter les déplacements au strict minimum et à l'indispensable. Les rassemblements de plus de 20 personnes sont interdits. Le Premier ministre néerlandais, comme le gouvernement britannique d'ailleurs, refuse de mettre en place un confinement généralisé. Il estime

		qu'il faut laisser évoluer la maladie dans le pays afin d'atteindre une immunité collective. Il ordonne toutefois la fermeture des écoles, des garderies, des bars, des restaurants, des maisons closes et des *coffee-shops*.
17-03-2020	États-Unis Belgique	Le docteur Anthony Fauci rejoint la *task force* mise en place par l'administration Trump pour gérer la crise. Il faut noter que l'administration Trump a pris soin de démanteler cette *task force* dès son arrivée au pouvoir. Il avait d'ailleurs à maintes reprises fortement critiqué son prédécesseur sur sa gestion de la crise Ebola à l'époque, l'accusant de façon véhémente de laisser rentrer la maladie dans le pays et donc d'être à l'origine de multiples décès potentiels de citoyens américains. Dès l'arrivée du docteur Fauci, le ton commence à changer et le président déclare qu'il a toujours su qu'il s'agirait d'une pandémie. Quand le docteur Fauci, rassurant pour les Américains, n'est pas présent aux conférences de presse, Twitter s'affole. Néanmoins, il subit régulièrement des menaces de mort de la part de groupes extrémistes qui l'accusent de vouloir torpiller la campagne de Trump. En pleine crise politique, la Belgique prend la décision de former un gouvernement d'urgence nationale pour faire face efficacement à la crise sanitaire. Une des premières décisions prises est de demander aux citoyens de respecter la distanciation sociale. Ce principe doit aussi être de mise dans les entreprises. L'inspection du travail fera le constat plus tard que ce principe est bafoué dans 85 % des entreprises inspectées. Elles sont donc susceptibles d'écoper d'amendes, voire de fermer.
18-03-2020	États-Unis	Cette fois c'est officiel, 50 États sont touchés par le virus. Les États-Unis ferment leurs frontières avec le Canada. Seuls sont autorisés des déplacements « essentiels » vers ce pays.
19-03-2020	Italie Californie, États-Unis Pays-Bas Royaume-Uni	Le nombre de décès en Italie dépasse le chiffre officiellement annoncé par la Chine, reste à savoir si le chiffre chinois reflète la réalité du terrain. En Californie, le confinement est mis en place. Elon Musk, le patron de Tesla et SpaceX, s'y

		oppose, suivi d'autres dirigeants dans la Silicon Valley. Il ira même jusqu'à déclarer que la panique autour du coronavirus est stupide. Toutefois, il sera obligé de fermer son usine Tesla, sur ordre du shérif du comté. Les capitaines d'industrie ne sont pas les seuls récalcitrants. Une partie de la droite religieuse refuse également de respecter les règles du confinement. Le ministre néerlandais des Soins médicaux démissionne se disant épuisé par la gestion de la crise sanitaire. La reine Elizabeth II quitte le palais de Buckingham et se retire au château de Windsor.
20-03-2020	Espagne France Belgique	Le fameux banquet qui s'est tenu à Barcelone le 28 février a provoqué une explosion de cas en Catalogne. Devant le non-respect des règles de confinement et le manque de civisme, plusieurs communes en France instaurent le couvre-feu. La Belgique ordonne la fermeture de ses frontières. Ce qui est jugé essentiel par les provinces qui jouxtent les Pays-Bas, où la prise en charge de la crise par les autorités est totalement différente, puisqu'elles tablent sur l'avènement d'une immunisation naturelle et progressive de sa population.
21-03-2020	États-Unis	Le président Trump écrit sur Twitter que la chloroquine et l'azithromycine sont de véritables «*game changers*». Il est convaincu qu'il s'agit de médicaments efficaces. Aucune évidence scientifique ne corrobore ses dires.
23-03-2020	États-Unis France	Le président américain déclare qu'il souhaiterait ouvrir le pays pour Pâques, laissant sous-entendre qu'il veut assouplir les mesures pour relancer l'économie. Il argumente que l'on met des millions de personnes à l'arrêt aujourd'hui, mais on ne fait pas la même chose pour une épidémie de grippe, qui est aussi à l'origine de milliers de victimes. La France déclare l'état d'urgence sanitaire.

24-03-2020	France États-Unis Pays-Bas Royaume-Uni	En France, le confinement est très strict: le citoyen peut sortir de chez lui pour ce qui est indispensable (achats, motif de santé). En dehors de cela, il a droit une sortie autorisée d'une heure quotidienne mais il doit rester endéans d'un rayon d'un kilomètre de son domicile. Le gouvernement néerlandais ajoute à la liste de fermeture obligatoire les casinos, visiblement oubliés lors la première salve de décisions. Il interdit les rassemblements publics et instaure la distanciation sociale. Il n'est pas question de confinement. Boris Johnson, après avoir nié à maintes reprises le bien-fondé du confinement et promu le principe de l'immunité collective – comme les Hollandais et les Suédois –, est finalement rattrapé par l'opinion publique et les critiques de plus en plus sévères des scientifiques. Il décide finalement de mettre en place un confinement national.
25-03-2020	Espagne Belgique	À La Línea de la Concepcíon, véritable plaque tournante pour le trafic de drogues et des armes, des jeunes Espagnoles jettent des pierres sur un convoi d'ambulances qui transportent vingt-huit personnes âgées dans des institutions adaptées et disponibles. Une association de consommateurs (Test-Achats) fait un sondage dans la population belge concernant le respect des règles de confinement: 23 % affirment qu'ils ne suivent pas strictement ces règles, dont 44 % chez les 18-21 ans.
27-03-2020	États-Unis Italie Royaume-Uni	Obnubilé par les dégâts économiques de cette crise sanitaire, Donald Trump signe un plan de relance de 2 000 milliards de dollars et prédit un bond spectaculaire de l'économie américaine. Les Italiens viennent d'enregistrer un triste record de 919 décès en une seule journée. Le Premier ministre anglais, Boris Johnson, est testé positif à la COVID-19.

31-03-2020	Espagne Belgique	Tous les passagers de 5 bus sur 12 (véhicules affrétés pour aller de la comarque de la Cuenca de Òdena à Perpignan pour le rassemblement des indépendantistes) sont tombés malades. Au niveau national, le nombre journalier de décès ne fait qu'augmenter. Au même moment, l'opinion publique belge apprend avec effroi la mort de la plus jeune patiente dans le pays. À 12 ans, elle est également la plus jeune patiente européenne, du moins à ce moment de l'épidémie. L'opinion publique comprend finalement que tout le monde est à risque, et pas simplement les personnes âgées et fragilisées.
01-04-2020	États-Unis Pays-Bas Royaume-Uni France	Le ton change dramatiquement à la Maison Blanche : le président Trump déclare que les deux prochaines semaines seront douloureuses, et que si seuls 100 000 décès sont atteints, son administration aura travaillé efficacement. Les critiques fusent de toutes parts. La presse mentionne que Donald Trump n'a pas écouté ses conseillers, alors que les services de renseignement lui ont signalé la menace depuis le mois de janvier. On évoque de plus en plus une hécatombe car les hôpitaux ne sont pas préparés, le matériel va rapidement manquer et surtout parce qu'une proportion non négligeable de la population américaine n'a pas ou plus d'assurance maladie, les travailleurs perdant leurs droits dès qu'ils sont au chômage. Chronique d'une catastrophe sanitaire et humaine annoncée ! Le gouvernement néerlandais faisant face à une critique de plus en plus virulente sur sa politique d'immunité collective, et motivé certainement aussi par le nombre de décès dans le pays (plus de 1 000, soit 10 % des cas détectés), décide de durcir sa politique et ordonne la fermeture de certains commerces. Pendant ce temps-là, le nombre de décès en Angleterre – autre pays qui a misé sur l'immunité collective – observe une augmentation exponentielle du nombre de décès. On dénombre déjà 2 000 décès en France, décompte fait dans les EHPAD uniquement.

02-04-2020	Belgique	À la demande du gouvernement fédéral, un comité d'experts est établi qui compte en ses rangs des représentants du monde médical, scientifique et économique. Présidé par Erika Vlieghe, professeure de médecine interne et cheffe du service des maladies infectieuses et tropicales à l'université d'Anvers, ce comité a pour rôle de conseiller la cellule de crise gouvernementale sur la sortie progressive du confinement.
05-04-2020	États-Unis France Royaume-Uni	Pendant la conférence de presse, Donald Trump recommande l'utilisation de l'hydroxychloroquine. Le docteur Anthony Fauci rappelle à l'opinion publique que, sans évidence scientifique, le médicament est potentiellement dangereux. L'Académie de médecine française planche sur les procédures de déconfinement à mettre en place. Le rapport insiste sur le maintien des gestes barrières, la poursuite de l'interdiction des rassemblements de plus de 20 personnes. Il signale aussi que le port du masque (médical ou fait maison) doit être rendu obligatoire dans les lieux publics et les transports, afin d'éviter la contamination par projection de gouttelettes. Cet avis, largement suivi, constitue la base de l'intervention télévisée de Macron quelques jours plus tard. À Londres, Boris Johnson atteint par la COVID-19, est hospitalisé.
06-04-2020	Italie États-Unis Royaume-Uni	L'épidémie semble enfin se calmer en Italie. Le pays décompte 16 523 décès. Aux États-Unis, la barre des 10 000 morts est franchie, 3 fois plus que le nombre de victimes des attaques du 11-Septembre. Le nombre de cas confirmés dépasse ceux de la Chine et de l'Italie. Le pays devient l'épicentre mondial de l'épidémie. Boris Johnson est admis aux soins intensifs. Le pays comptabilise plus de 51 000 cas positifs et 5 373 décès. En seulement une semaine, le nombre de décès aura doublé pour passer la barre des 10 000.

07-04-2020	France	Devant l'irresponsabilité de certains citoyens, la préfecture de Paris interdit l'activité sportive à l'extérieur – même si celle-ci est individuelle – entre 10 heures et 19 heures.
08-04-2020	New York, États-Unis Wuhan, Chine	Un triste record est battu avec plus de 1 800 morts en une seule journée. Les hôpitaux entassent les corps dans des camions frigorifiques, en raison du manque de place dans les morgues. Le maire de New York se dit horrifié par le lourd tribut payé à la maladie. Dans la ville de Wuhan où tout a commencé, le *lockdown* est levé et cet événement est fêté en grande pompe. Pour beaucoup, c'est le signal tant attendu pour reprendre les transports en commun, aller voir des proches ou simplement retourner chez soi après avoir été confiné brutalement dans la ville, pris au piège au moment du *lockdown* sans possibilité de la quitter. Ces déplacements de foule font craindre une reprise rapide de la crise sanitaire, même si les autorités disent avoir le contrôle et qu'un « visa sanitaire » est attribué sous forme de code QR sur le téléphone portable de chaque voyageur.
09-04-2020	États-Unis	ABC News annonce que le National Center for Medical Intelligence a avisé les autorités américaines (dont la Maison Blanche et le Pentagone) de l'imminence de la crise dès le mois de novembre. Le Pentagone dément immédiatement.
14-04-2020	États-Unis Chine	Les États-Unis ont enregistré un nouveau triste record mondial : 2 200 morts en une seule journée. Le bilan est de 600 000 cas enregistrés et 25 700 décès. Parmi tous les pays frappés par le coronavirus, ils tiennent la place peu enviable de leader toutes catégories. Et pendant ce temps, sur les ondes, on voit Donald Trump qui accuse les autorités chinoises d'avoir caché la problématique et l'OMS de ne pas avoir contrôlé ce qui se passait en Chine. Il menace même d'arrêter de payer la dîme américaine à l'organisation, et ce, en pleine crise sanitaire mondiale. Il s'agit quand même de 400 millions de dollars.

		Le gouvernement chinois impose de nouvelles restrictions aux scientifiques qui cherchent à expliquer l'origine du virus, afin de faire en sorte que ce soit en phase avec le récit officiel. Chassez le naturel, il revient au galop.

Il fallait bien s'arrêter quelque part dans ce journal de bord éloquent et parfois surréaliste de la première vague de l'épidémie liée au coronavirus. J'ai fait le choix arbitraire de la mi-avril, moment où la plupart des pays européens ont atteint un plateau et réfléchissent aux moyens à mettre en place pour sortir en sécurité de la crise sanitaire. Cela coïncide d'ailleurs avec un déconfinement progressif en Chine et dans la ville-État de Singapour. La sortie du confinement, au départ limitée et sous très haute surveillance, nous apprend immédiatement qu'il va falloir composer encore un temps certain avec le virus. En effet, on observe très rapidement autant en Chine qu'à Singapour une recrudescence de cas. On attribue la reprise du nombre de cas positifs essentiellement à des individus infectés provenant de l'étranger. Cette date du 14 avril illustre aussi le comble de l'irresponsabilité et de la mauvaise foi de certains dirigeants politiques, qui au départ de la crise sanitaire ont délibérément minimisé le problème pour maintenir à tout prix le *business as usual* et qui ont finalement fait volte-face en cherchant désespérément un bouc émissaire à qui imputer la responsabilité de leur conduite désastreuse.

Acte IV – La « fin » d'une pandémie ?

Nous n'y sommes pas encore, mais l'Histoire nous raconte comment les pandémies se terminent habituellement. Le directeur général du Centre national de recherche scientifique Étienne Decroly, interviewé à ce sujet, rappelle que les seules pandémies pouvant être éradiquées sont celles liées à un agent viral dont l'homme est le réservoir (la variole, par exemple).

- L'épidémie de SRAS en 2003 a fléchi grâce à la mise en quarantaine en Chine et à Hong Kong et aux contrôles stricts des voyageurs aux frontières. L'avènement du printemps a probablement aussi joué un rôle. D'ailleurs, les Brésiliens ont démontré que chaque augmentation de la température environnante de 1 °C entre 16,8 °C et 25,8 °C diminue la transmission de 4 %. Au-delà de 25 °C, la transmission se stabilise. (Rappelons que le coronavirus du simple rhume est favorisé par un environnement froid et sec. Logiquement, on a évoqué pour la COVID-19 la possibilité d'une incidence saisonnière, mais ce phénomène sera contredit par la suite, en raison de la présence simultanée de la pandémie autant dans les hémisphères Nord que Sud, à des saisons forcément différentes.) Le SRAS de 2003 s'est éteint « spontanément », ne laissant pas le temps aux chercheurs de développer et de tester un vaccin.
- En ce qui concerne le MERS, la maladie s'est limitée à 27 pays et s'est quasiment éteinte toute seule, même si des cas sporadiquement surviennent encore au Moyen-Orient. Cela s'explique probablement par le fait que la transmission interhumaine est rare.
- Pour l'Ebola, la transmission se fait par des fluides corporels, il est donc de prime abord plus simple de contenir l'épidémie par des mesures d'hygiène très strictes.
- Pour le Zika, la lutte antimoustique a eu raison de la propagation de la maladie.
- Pour le virus de la grippe H1N1 (moins de 20 000 décès dans le monde), le vaccin a été très rapidement disponible, et il existait par ailleurs une immunité croisée dans la population.

Chapitre 3

COVID-19 : focus sur le virus

Quelques généralités sur le SARS-CoV-2

Nous nous contenterons d'évoquer quelques notions générales relatives à ce nouveau virus. Toutefois, les connaissances concernant la COVID-19 changent à une vitesse vertigineuse, et finalement nous devons admettre très humblement que nos connaissances sont faibles et que nous en apprenons tous les jours.

Quel est le réservoir ?

Le réservoir est animal, en l'occurrence la chauve-souris avec un (éventuel) passage par le pangolin. D'ailleurs, le docteur Fauci qualifie d'« idiot » ceux qui affirment le contraire – son président appréciera certainement. En la matière, on aura tout entendu : virus muté, recombiné et fabriqué dans un laboratoire qui a échappé à la surveillance. Cependant, quand on modifie un virus, la manipulation laisse des traces détectables sur son génome (comme des cicatrices), et cela n'a jamais été mis en évidence, confortant son origine naturelle.

Il faut d'ores et déjà signaler que, depuis le début de l'épidémie, six nouveaux coronavirus ont été découverts chez la chauve-souris, ce qui ne présage rien de bon en termes de risques sanitaires à venir. Ils ont été retrouvés dans les excréments de l'animal, qui, en contaminant des fruits et des plantes dans l'environnement, transmet le virus à d'autres espèces animales ou à l'homme.

Selon un groupe d'experts internationaux, la souche responsable de la crise sanitaire actuelle est déjà présente au niveau des chauves-souris depuis quarante à soixante-dix ans. Le SARS-CoV-2[14] n'est pas né d'une recombinaison, et sa capacité à se lier au récepteur ACE2[15], une protéine membranaire présente à la surface des cellules, pour infecter celles-ci est un trait ancestral. Ces mêmes scientifiques estiment que le passage par le pangolin a peut-être facilité la transmission à l'homme, mais cette étape n'est pas obligatoire, car le virus a la capacité de se répliquer dans les voies respiratoires du pangolin et de l'humain. Mais c'est sujet à débat. En effet, des scientifiques, auteurs d'une publication parue dans la revue *Nature*, signalent que les coronavirus identifiés chez les pangolins sont très proches du SARS-CoV-2. En fait, les génomes du coronavirus de la chauve-souris et du pangolin semblent indiquer que le SARS-CoV-2 est né d'une recombinaison entre les coronavirus présents chez les deux espèces hôtes. Ce phénomène de recombinaison a d'ailleurs également été décrit pour le SARS-CoV et le MERS-CoV. Ce n'est donc pas parce que le coronavirus est constitué d'une seule molécule d'ARN que cela empêche la recombinaison.

Le rapprochement artificiel entre le monde animal sauvage et l'homme, par l'exploitation effrénée des surfaces terrestres, la déforestation à tout-va et la destruction systématique de l'habitat naturel, conduit ces zoonoses à se répéter, voire à augmenter. C'est bien l'humain qui, par l'altération de l'écosystème des animaux sauvages, instaure les conditions idéales pour l'émergence de ces nouvelles maladies. C'est aussi la conclusion des chercheurs de l'école vétérinaire de l'université de Californie : en croisant la liste des 142 cas de zoonoses répertoriées depuis 2013 avec la liste des espèces en danger publiée par l'Union internationale pour la conservation de la nature, on identifie divers rongeurs, des primates et des chauves-souris comme principales sources de contagion humaine (75 %). Ces espèces, chassées, braconnées ou menacées par la destruction de leur habitat naturel, semblent plus que les autres héberger des virus capables de nous infecter. Il serait utile à l'avenir de s'en souvenir ! Pourrait-on aussi, une fois pour toutes, mettre fin à des inepties comme le fait de croire que le ragoût de pangolin a des vertus médicinales (une grande majorité de Chinois pensent que les écailles ont un effet curatif sur les maladies rhumatismales) ? Et même si les autorités chinoises, dès 1980, ont mis en place une loi tout à fait louable sur la « conservation de la vie sauvage », il faudrait peut-être que les autorités internationales cosignataires rappellent que son application a pour vocation première de préserver le genre humain de l'avènement de zoonoses mortelles. Même si le pangolin n'est plus présent en Chine à l'état sauvage, il est importé clandestinement par tonnes de Malaisie, d'Inde et des Philippines, et vendu au prix fort sur le marché de Wuhan. Mais, comme partout ailleurs, les politiciens locaux sont sûrement plus attirés par leurs incessantes luttes de pouvoir, et l'humain par l'appât du gain et la corruption.

Quelle est sa singularité ?

Par rapport à son cousin presque homonyme de 2003 (SARS-CoV-1), sa capacité de reproduction est 10 fois supérieure. Des chercheurs de l'université de Hong Kong ont démontré qu'en infectant des échantillons de tissus pulmonaires, il est capable de répliquer 100 fois en quarante-huit heures, là où son cousin n'obtient qu'un piètre résultat, de 10 à 20 fois. En revanche, même si la charge virale qu'il provoque augmente à une vitesse vertigineuse chez la plupart des personnes qu'il infecte, la réponse immunitaire et inflammatoire reste modérée.

Comme tout virus, il a bien entendu la capacité de muter. À chacune de ses divisions, il subit des modifications génétiques, souvent mineures et sans conséquence. Certaines mutations peuvent le rendre plus virulent, d'autres au contraire plus faible. On a décrit, dans la revue *Cell*, la souche G614 (celle qui domine en Europe et aux États-Unis est légèrement différente de celle apparue en Chine). Elle provoque une charge virale nettement supérieure sans pour autant – heureusement – augmenter la gravité de la maladie. Cette souche se caractérise par une seule mutation (un acide aminé change au niveau de la séquence protéique de la protéine S, dite « Spike »), et cela suffit à simplifier la pénétration du virus au niveau de la cellule humaine, du moins *in vitro*, et le rend donc potentiellement plus transmissible.

Il peut aussi se recombiner avec d'autres souches qui circulent localement. Ce qui, forcément, ne va pas simplifier le travail des chercheurs qui essaient de développer une politique vaccinale efficace. Selon certains experts, la souche actuelle est le résultat d'une recombinaison de deux coronavirus qui ont infecté le même animal. Ce genre de phénomène peut aussi avoir lieu chez l'homme. Ils sont reconnus comme plutôt efficaces pour remixer leur génome et voler du matériel génétique de coronavirus apparentés. Si cette recombinaison a effectivement lieu, cela peut tromper le système immunitaire de l'hôte. Si la recombinaison a lieu dans une partie du génome qui est essentielle pour l'identification du pathogène par notre système immunitaire (comme une séquence qui encode une protéine de surface), cela peut remettre en question l'efficacité d'une campagne de vaccination axée uniquement sur cette protéine. En revanche, si la séquence génétique concernée encode une partie interne du virus (par exemple, une enzyme nécessaire pour sa réplication), le vaccin devrait garder son efficacité.

Ces recombinaisons permettent également de suivre temporellement et géographiquement la propagation du coronavirus. L'étude des échantillons de souches virales permet de déceler des informations importantes sur sa provenance géographique et sa manière de voyager à travers le monde. C'est ainsi que les épidémiologistes des universités de Bruxelles et de Louvain ont pu déterminer l'arrivée du virus en Belgique, qui est antérieure au retour des congés de Carnaval des skieurs provenant du nord de l'Italie. C'est aussi ainsi que des chercheurs de l'Institut de technologie du Massachusetts

(MIT[16]) ont pu démontrer que la principale source de contamination dans le Massachusetts a été un congrès organisé par la société Biogen. Ce congrès, qui s'est tenu au début du mois de mars, a réuni des participants provenant du monde entier. Il a été démontré que 40 % des cas de Boston sont liés à cet événement. Cette même souche virale a contaminé plusieurs États américains et d'autres pays, comme la Suède et l'Australie. Cette traque des mutations est d'ailleurs collectée et partagée dans une banque de données internationale qui contient des dizaines de milliers de séquences.

Les saisons ne semblent pas avoir d'impact sur la propagation du coronavirus ; la conjonction d'un virus comme le SARS-CoV-2 avec un virus grippal saisonnier pourrait rendre la situation explosive par un manque de capacités d'accueil de nos systèmes de soins. Et il ne s'agit pas d'une vue de l'esprit ! Certains scientifiques affirment qu'une nouvelle pandémie grippale nous guette déjà : ils ont découvert une nouvelle souche de grippe porcine G4 (H1N1) en Chine, et nous ne serions absolument pas protégés contre elle. Cette souche possède quasiment toutes les caractéristiques requises pour une éclosion pandémique mais pour l'instant, et fort heureusement, il n'y a pas encore eu de transmission à l'homme.

Quels sont ses points d'ancrage chez l'homme ?

Le succès de ce virus auprès du genre humain est lié à deux caractéristiques.

- La protéine S, dite « Spike » : elle lui permet de s'accrocher à un récepteur se trouvant à la surface des cellules humaines, situées au niveau de l'épithélium respiratoire (le récepteur ACE2). Cette protéine Spike, tout le monde arrive à la visualiser, puisqu'elle est souvent représentée par des picots rouges sur sa surface sphérique, qui représente son enveloppe virale. Cette protéine en côtoie d'autres, bien moins connues du grand public (E, N et M). L'enzyme reliée à ce récepteur ACE2, situé à la face externe de la membrane cellulaire, joue un rôle primordial dans le maintien de l'équilibre hydro-sodé[17] de la cellule. On retrouve ces récepteurs ACE2, entre autres, au niveau des cellules pulmonaires, cardiaques, rénales et digestives, ce qui explique les symptômes les plus fréquents. Autrement dit, en temps normal, cette enzyme intracellulaire réduit l'activité de l'angiotensine II, qui agit comme vasoconstricteur. L'activation du récepteur va donc induire une vasodilatation et provoquer un œdème au niveau des tissus atteints.

- La protéine TMPRSS2[18] (protéase transmembranaire à sérine 2) : par sa capacité à couper la protéine Spike, elle facilite l'entrée du virus dans la cellule, mais également sa propagation d'une cellule à une autre, ainsi que sa transmission d'une espèce à une autre.

Des chercheurs, de Harvard, du MIT aux États-Unis, de l'Institut national de la santé et de la recherche médicale (Inserm) et du Centre national de la recherche scientifique en France, ont identifié avec précision les cellules susceptibles d'être infectées : les cellules caliciformes des voies aériennes supérieures, les pneumocytes de type II dans les alvéoles pulmonaires et les entérocytes de la muqueuse intestinale.

- Les cellules caliciformes sont des cellules mucipares (qui produisent du mucus). Elles sont localisées dans les voies aériennes supérieures (trachée, bronches et bronchioles, pas au niveau des alvéoles), mais aussi au niveau de la paroi de l'intestin grêle, du gros intestin et de la conjonctive de la paupière supérieure, les trois portes d'entrée utilisées par le coronavirus.
- Dans les alvéoles pulmonaires, on distingue les pneumocytes de type I, qui assurent les échanges gazeux et forment une barrière contre les polluants et les agents infectieux (des cellules dites « terminales », c'est-à-dire qu'elles n'ont plus la capacité de se diviser), des pneumocytes de type II (grandes cellules alvéolaires), qui

secrètent le surfactant responsable pour la fluidification du mucus. Ces cellules contribuent à l'élasticité du tissu pulmonaire. S'il y a défaut de surfactant, le patient souffre de mucoviscidose (comme le très populaire Grégory Lemarchal, mort de cette maladie à l'âge de 24 ans). Comme ces cellules ne sont pas des cellules terminales, elles peuvent se dédifférencier, se diviser et se transformer en pneumocytes de type I si nécessaire. Les entérocytes sont des cellules qui constituent avec d'autres la muqueuse intestinale. Elles sont localisées à la surface des replis intestinaux, des cryptes et des villosités. Elles produisent par exemple des enzymes capables de digérer du lactose (présent dans les produits laitiers). Les entérites infectieuses ou chroniques (comme la maladie cœliaque ou l'intolérance au gluten) vont donc se traduire en ballonnements, douleurs intestinales et diarrhées.

Les chercheurs ont établi un lien entre inflammation et récepteurs ACE2: quand on stimule les cellules qui tapissent les voies respiratoires par de l'interféron (IFN), on observe une augmentation de l'expression du gène ACE2, qui code pour le récepteur membranaire, et donc la porte d'entrée du virus dans la cellule humaine. L'IFN (historiquement appelé ainsi parce qu'il interfère avec la réplication de l'ARN viral dans les cellules de l'hôte) est produit en réponse à l'attaque virale par les cellules à vocation immunitaire. L'IFN a pour but premier de nous défendre en activant les cellules NK (*natural killer*, lymphocytes tueuses naturelles qui font partie de l'immunité innée) et les macrophages (capables de «manger» des particules considérées comme étrangères). Le virus met donc à profit la réaction inflammatoire initiale pour faciliter son entrée dans les cellules des voies respiratoires de l'hôte.

Il ne se passe pas une semaine sans découvertes scientifiques intéressantes. On recherche activement le talon d'Achille de ce virus. Des équipes se sont penchées sur son point faible, une minuscule région, à quelques nanomètres de la fameuse protéine Spike. Cette région a une charge positive. Nos récepteurs cellulaires ont une charge négative, ce qui facilite l'attraction électrostatique entre le virus et la cellule humaine. Pas étonnant que l'on recherche un moyen de désactiver la charge de cette région proche du Spike. On a aussi observé au laboratoire que les cellules épithéliales humaines infectées développent des tentacules à leurs surfaces. Ces structures appelées « filopodes » sont beaucoup plus longues et ramifiées, par rapport à celles que l'on trouve sur des cellules saines. Ces tentacules sont chargés de virions (particules virales) et donc pourraient faciliter la propagation. Est-ce à nouveau une piste à investiguer pour un éventuel traitement ?

Des moyens informatiques ont été utilisés pour modéliser en 3D la structure de cette protéine de surface, qui capte d'ailleurs toute notre attention, particulièrement quand il s'agit d'efforts consentis pour développer un programme vaccinal. Cette glycoprotéine Spike est entourée d'une couche épaisse de glycans (ensemble composé de polysaccharides), qui sont liés à la protéine de surface à des endroits précis et identifiés (N165 et N234). Ces polymères stabilisent la forme de la protéine Spike, de façon que la région impliquée dans la fusion avec la cellule de l'hôte soit bien exposée et l'infection facilitée. Par ailleurs, ces glycans sont aussi utiles pour protéger la protéine Spike contre les attaques du système immunitaire. Au moment de la contamination cellulaire, la forme du complexe change, afin que le domaine qui interagit avec le récepteur ACE2 soit exposé. Ce type de modélisation est intéressant, car il permet de mettre en évidence des zones de la protéine Spike qui sont moins bien protégées par cette chape de glycans, particulièrement au moment du changement de forme immédiatement avant l'infection. À nouveau, une piste possible en termes de traitement.

Des signes cliniques optionnels

Une majorité de cas asymptomatiques

Les Chinois révèlent, à l'éclosion de l'épidémie, que 4 patients sur 5 ne développent pas de symptômes. Les données italiennes confirment cette observation. Les autorités islandaises, qui ont testé intensivement leur population, estiment que 50 % des personnes testées positives sont totalement asymptomatiques. L'incidence[19] et la prévalence[20] dans la population sont donc plus élevées que ce qui est rapporté par les autorités, puisque, d'une part, les individus ne développent pas forcément de symptômes et que, d'autre part, la grande majorité de ceux qui se présentent avec des signes bénins de la maladie n'est pas testée, et donc le diagnostic n'est pas confirmé.

Un autre moyen que le dépistage existe pour connaître la pénétration de la maladie virale dans notre société. Il suffit de déterminer massivement le taux de séroconversion[21]. Cela nécessite le développement d'un test sensible (peu de faux négatifs) et très spécifique (peu ou pas de faux positifs). Dès le début de la pandémie, cette évaluation de la séroconversion est considérée comme indispensable pour mener à bien une démarche réfléchie, progressive et sécurisée de déconfinement. Toutefois, ce n'est pas aussi évident, car on ne sait pas si la séroconversion s'installe systématiquement, ni quelle en est sa durée. Par ailleurs, il faut préalablement démontrer qu'elle nous protège effectivement contre le virus et qu'elle empêche la rechute de la maladie.

La diversité des symptômes

Seules 20 % des personnes atteintes présentent des symptômes, essentiellement sous forme d'un syndrome grippal d'intensité variable, avec fièvre, céphalées, douleurs musculaires et rhinopharyngite. Dans certains cas, la virémie s'aggrave rapidement autour du sixième jour, plus fréquemment chez les personnes âgées mais pas seulement. À ce stade de la maladie apparaissent des défaillances organiques multiples (on a même utilisé le terme de « septicémie virale »), dont 30 % de SRAS, 10 % de myocardite (atteinte inflammatoire du muscle cardiaque) et 10 % de surinfection bactérienne, pour ne citer que les plus fréquentes.

> *Les sens : la perte du goût et de l'odorat*

Un des premiers symptômes de la maladie semble bien être la perte du goût et de l'odorat (70 % des cas selon une étude belge sur 1 420 patients ; il s'agit de patients plutôt jeunes, dont un tiers sont des professionnels de soins). Une étude aux Pays-Bas menée auprès de soignants atteints montre que d'autres symptômes peuvent précéder la toux, la fièvre, les difficultés respiratoires et les maux de gorge : une fatigue très intense, des courbatures et douleurs musculaires, des céphalées et des douleurs derrière les yeux.

Les symptômes de perte de goût et d'odorat ont rapidement été rapportés de façon plus générale par d'autres équipes à travers le monde, et peut-être davantage chez les sujets européens, car ils ont une expression plus élevée du récepteur ACE2 au niveau de la muqueuse nasale. Certains ont même déclaré qu'un test de dépistage devait être envisagé si vous êtes dans l'incapacité de sentir les oignons ou l'ail que vous faites revenir dans une poêle. Aux États-Unis et au Royaume-Uni, on a d'ailleurs utilisé une application (COVID Symptom Study), qui a été téléchargée par plus de 2 millions d'utilisateurs. Son objectif est double : déterminer quels symptômes surviennent les plus fréquemment chez des patients testés positifs et essayer d'évaluer parmi les utilisateurs non testés la fréquence de certains symptômes précoces, afin d'estimer la proportion de la population probablement infectée.

Pertes de goût et d'odorat seraient l'illustration d'une atteinte du système nerveux central, selon certains médecins. Alors que d'autres signalent que ces symptômes sont des signes classiques et fréquents observés dans un contexte de refroidissement et de rhume, ne serait-ce que par l'obstruction nasale. Par ailleurs, les neurones olfactifs n'expriment pas le récepteur ACE2, contrairement aux cellules sustentaculaires qui soutiennent les neurones. L'infection de ces cellules provoque une inflammation au niveau de la fente olfactive (partie supérieure des fosses nasales). Si celle-ci est trop forte, elle peut endommager les neurones olfactifs.

> *Les céphalées et complications neurologiques*

Quoi qu'il en soit, le neurotropisme[22] des bêta-coronavirus, dont font partie le SARS-CoV-2, le MERS et le SARS-CoV, est un phénomène archiconnu. Les céphalées en sont l'illustration: approximativement 70 % des patients les présentent comme symptomatologie initiale. Seule une minorité de patients (30 %), avec une forme de maladie modérée, souffre de troubles neurologiques (périphériques ou centraux). En revanche, les cas graves en sont souvent régulièrement atteints (de 40 à 80 % des patients hospitalisés en réanimation). Les formes neurologiques graves surviennent plus fréquemment chez ces patients qui présentent également des comorbidités, comme l'hypertension.

Les patients peuvent donc présenter des états confusionnels, des accidents cérébro-vasculaires, de l'épilepsie et des syndromes neurologiques non spécifiques qui ressemblent à des encéphalites, ou un syndrome de Guillain-Barré (avec perte de force musculaire, et éventuellement des paralysies flasques, car le système immunitaire suractivé s'attaque directement aux cellules nerveuses, le liquide céphalo-rachidien restant négatif pour la recherche du virus). Il faut se rappeler que le banal coronavirus (HCoV-OC43), responsable des affections saisonnières comme le rhume, peut induire une encéphalite.

Ce tableau neurologique n'est pas étonnant puisque l'on sait que les cellules endothéliales, qui tapissent la paroi des vaisseaux dans le cerveau, ont des récepteurs ACE2, ce qui facilite l'entrée virale et le passage au-delà de la barrière hémato-encéphalique (une barrière qui protège l'organe noble, le cerveau, de toute influence toxique véhiculée par le sang). L'état confusionnel observé dans le contexte de la COVID-19 peut aussi être expliqué par un manque d'oxygène lié à la détresse respiratoire, mais la confusion ne semble pas proportionnelle au niveau d'atteinte pulmonaire. Il y a même eu des cas, heureusement rares, d'encéphalopathie hémorragique nécrosante aigüe, une maladie neurologique. Deux explications semblent possibles : soit la tempête de cytokines inflammatoires submerge la barrière hémato-encéphalique, envahit le cerveau et l'endommage ; soit il s'agit d'une atteinte directe par le virus, qui se propage le long des cellules nerveuses qui constituent le trajet olfactif (le trajet qui relie le nez au cerveau et qui passe par la lame criblée). Dans un monde idéal, pour y voir plus clair, il faudrait pouvoir analyser le liquide céphalo-rachidien. Faire des ponctions lombaires chez des patients gravement malades n'est pas forcément chose aisée, et l'urgence est clairement ailleurs. Après la sortie des soins intensifs persiste souvent une forme de confusion (40 % des cas), ce qui peut être attribué au passage en réanimation et l'utilisation de multiples médicaments, mais une séquelle de l'infection virale n'est pas à exclure pour autant.

> *Le système gastro-intestinal*

Un tiers des patients présentent des symptômes gastro-intestinaux (diarrhées, vomissements, nausées et douleurs abdominales), qui souvent précèdent les problèmes respiratoires. Il semble que l'entrée en maladie par le biais de tels symptômes prédispose à la forme plus sévère de la COVID-19. On ne peut donc s'empêcher d'évoquer le rôle potentiel du microbiome intestinal, particulièrement parce que les patients les plus à risque sont les diabétiques et les obèses, dont le microbiome intestinal est notoirement altéré. Cette altération de l'équilibre bactérien intestinal est également observée dans d'autres maladies virales comme la grippe. On connaît par ailleurs le rôle fondamental joué par le microbiome dans les pathologies inflammatoires chroniques (maladies inflammatoires de l'intestin, mais aussi polyarthrite rhumatoïde, diabète de type II et obésité morbide, par exemple). Ce microbiome a un rôle immunomodulateur. Les patients souffrant de ces troubles gastro-intestinaux dans un contexte de COVID-19 présentent un taux plus élevé de CRP[23].

> *Les fonctions rénales*

Un tiers des patients arrivent à l'hôpital avec une insuffisance rénale aigüe, ou la développent dans les vingt-quatre heures après l'admission. Une équipe du Northwell Health, à New York, explique que l'insuffisance est plus liée au mauvais état général du patient qu'à un effet direct du virus.

> *Le muscle cardiaque*

Il semblerait que le coronavirus soit capable de léser le muscle cardiaque. Les données provenant de Chine, d'Italie et des États-Unis montrent que 20 % des patients développent des troubles cardiaques, qui peuvent entraîner une insuffisance cardiaque majeure, voire le décès (51 % des patients qui ont des troubles cardiaques secondaires à l'infection virale finissent par décéder). Une étude chinoise mentionne d'ailleurs une élévation des valeurs de la troponine I, une substance protéique que l'on retrouve dans les fibres musculaires y compris cardiaques et qui régule la contraction. Ce taux est multiplié par un facteur 20 chez les patients avec les atteintes cardiaques les plus sévères. Il faudra donc être plus attentif à la prise en charge de patients cardiaques connus, et également prêter attention à d'éventuelles séquelles ultérieures après la phase aigüe de l'infection virale. Il n'a pas encore été clairement établi si ces altérations cardiaques sont directement liées à l'attaque virale de l'organe, ou si finalement elles ne sont que des conséquences indirectes de cette pneumonie massive (comme une myocardite secondaire à l'état inflammatoire généralisé et la tempête de cytokines). Là aussi, nous ne sommes pas tous égaux et certains d'entre nous ont bien plus à craindre que les autres. La société Eko a d'ailleurs obtenu une autorisation d'utilisation en urgence (EUA[24]) de l'Agence américaine du médicament (FDA[25]) pour son application, qui permet de diagnostiquer à base d'un électrocardiogramme la réduction de la fraction d'éjection ventriculaire, et par conséquent d'identifier les patients cardiaques à risque.

> *Les artères*

Les vaisseaux sanguins font aussi l'objet de toutes les convoitises de la part du virus, qui s'attaque directement aux cellules endothéliales. Deux mécanismes ont été évoqués : d'une part, une activation de l'endothélium[26], et donc une inflammation par la tempête de cytokines, ou une atteinte directe virale. C'est aussi une des raisons qui pourrait expliquer pourquoi des patients qui souffrent de maladies chroniques, qui notoirement fragilisent les vaisseaux (hypertension, diabète et maladie cardio-vasculaires préexistantes), sont plus que les autres susceptibles d'être atteints par la forme grave de la maladie. D'autre part, une attaque virale directe, mais les chercheurs préfèrent rester prudents, n'ayant pas réellement mis en évidence la présence de particules virales dans ces fameuses cellules endothéliales.

On a également observé des centaines d'enfants qui ont débarqué aux urgences à travers le monde pour un syndrome inflammatoire qui ressemble à s'y méprendre à la maladie de Kawasaki. Une des caractéristiques de cette maladie, qui touche les plus jeunes, est la vascularite[27]. Ce phénomène a non seulement interpellé les cliniciens, mais le maire de la ville de New York a également exprimé son inquiétude, la ville comptabilisant dès le début du mois de mai déjà 38 cas confirmés et 9 cas suspects. En Belgique aussi, certains enfants ont été hospitalisés avec un tableau plutôt inquiétant regroupant divers symptômes (température élevée, ganglions élargis, nausées et rougeurs cutanées). C'est particulièrement étonnant, puisque les enfants en bas âge sont habituellement porteurs du virus sans développer une symptomatologie marquée. Visiblement, les enfants, essentiellement noirs ou asiatiques, sont un peu plus âgés que ceux qui présentent la maladie de Kawasaki (habituellement moins de 5 ans). Ils présentent aussi, en dehors d'une fièvre persistante (au-delà de 39 °C), des symptômes peu habituels comme diarrhées et vomissements, rash érythémateux et infections conjonctivales.

Une autre maladie pédiatrique montre des points de ressemblance : il s'agit du SAVI[28]. Décrite en 2014 pour la première fois, c'est une maladie génétique très rare qui se présente sous forme d'un syndrome inflammatoire. Les symptômes cliniques classiques font suite à une atteinte sévère des vaisseaux sanguins de la peau (avec un tableau clinique allant d'engelures à la nécrose cutanée) et une atteinte interstitielle pulmonaire, comme si le poumon était chroniquement soumis à une infection virale. Finalement, on a mieux compris ce MIS-C[29] chez les enfants et on a pu démontrer que cet orage inflammatoire est différent de celui observé chez les adultes. S'il ressemble à s'y méprendre au syndrome de Kawasaki, les responsables de dégâts vasculaires qui mènent vers cette atteinte multisystémique ne sont pas les mêmes. En effet, les enfants touchés par le MIS-C n'ont pas d'immunoglobulines G (IgG) – des anticorps – dirigés contre les coronavirus communs mais ils produisent des autoanticorps à l'origine d'une réaction et d'une destruction auto-immunitaire.

> *La peau*

Les dermatologues ont d'ailleurs été alertés par l'apparition de pseudo-engelures violacées des orteils et des doigts, ou des rougeurs persistantes (qui ressemblent à un érythème solaire), des urticaires, des éruptions qui ressemblent à la varicelle, voire des aphtes. Plusieurs explications ont été fournies pour comprendre ces manifestations cutanées. On a évoqué une vascularite localisée ou des troubles de la coagulation. Dans quelques rares cas, l'atteinte est grave et peut mener vers une amputation. Les dermatologues français ont créé un groupe WhatsApp pour discuter de ces fameux signes cutanés, et ils ont participé à l'inventaire COVID Skin, de la British Association of Dermatologists. Les pédiatres ont fait la même observation chez les enfants et adolescents. Les lésions présentes essentiellement sur les membres inférieurs ressemblent à s'y méprendre à des manifestations de varicelle ou de rougeole, ou à des engelures, et disparaissent spontanément. En revanche, chez certains patients qui se présentent aux urgences avec des engelures, on n'a pas trouvé une seule trace de virus. L'anamnèse poussée a permis de mettre en évidence un sédentarisme et un immobilisme exacerbés par le confinement, caractérisés par des heures en position assise devant un écran d'ordinateur. Les engelures chez ces personnes seraient donc liées à une réduction de la perfusion sanguine, par simple manque d'exercice.

> *Symptômes atypiques*

Un autre groupe de patients peut présenter des symptômes atypiques. On décrit chez eux des états de délire, des chutes plus fréquentes, une extrême fatigue, voire un état de léthargie, d'hypotension, des difficultés à la déglutition (douleurs), des pertes de connaissance et des troubles gastro-intestinaux (nausées, vomissements diarrhées et crampes abdominales). Ces mêmes symptômes gastro-intestinaux sont aussi plus fréquents chez les enfants, ce qui semble indiquer une possible transmission féco-orale. On estime d'ailleurs que la présence virale dans les eaux des stations d'épuration peut être le premier signe d'un nouveau foyer épidémique.

Des cas isolés de thyroïdite subaigüe ont été décrits. Ce phénomène apparaît également dans d'autres infections virales (VIH et Epstein-Barr). Cet état clinique est lié soit à l'infection virale directement soit à la réaction inflammatoire post-virale.

Un homme testé positif à la COVID-19 s'est également présenté avec un priapisme, qui a duré largement plus de quatre heures. Cela peut prêter à sourire, sauf qu'il s'agit d'une situation très douloureuse, qui peut laisser des traces au niveau du pénis et provoquer dans certains cas une nécrose. Les cliniciens en charge ont expliqué le symptôme par une réduction du flux vasculaire pénien par une occlusion du flux veineux efférent, avec une stagnation du sang dans les corps caverneux et une thrombose.

Quant à la co-infection bactérienne ou fongique au niveau pulmonaire, elle fait l'objet d'un débat animé. Initialement, on a estimé que cette co-infection semblait assez rare chez les patients atteints par la COVID-19 (moins de 10 % des cas, selon plusieurs études). On s'est donc raisonnablement posé la question de l'utilité des traitements par antibiotiques. Une étude française, menée dans un seul centre, a ravivé le débat. Il s'agit d'une étude observationnelle sur un collectif restreint de patients admis aux soins intensifs, dont 42 % ont reçu une antibiothérapie avant leur admission. Le taux de surinfection bactérienne est de 28 %. Il s'agit uniquement de bactéries, pas de champignon. La confirmation de cette observation par d'autres études confortera le bien-fondé d'un traitement par antibiotiques.

En conclusion, il s'agit d'une maladie aux multiples visages, avec des symptômes très variés et une intensité d'expression dont on suppose qu'elle est déterminée par une prédisposition génétique.

Critères de vulnérabilité, formes graves et séquelles

La susceptibilité accrue à la maladie, et en particularité aux formes graves, est une question en perpétuelle évolution. Nous ne sommes visiblement pas tous égaux face au coronavirus. Quels sont les groupes de personnes les plus à risque ?

Le facteur âge

Pour un certain nombre de patients, l'issue sera fatale. Le taux de mortalité n'est pas définitivement établi, du moins pas au moment où ces lignes sont écrites. On estime qu'il serait en dessous des 5 % initialement rapportés par les études chinoises pour les cas testés positifs, donc rien à voir avec le SARS-CoV-1 (9,6 %) et le MERS-CoV (34,4 %). L'âge est indéniablement un facteur de risque, puisqu'il réduit notre capacité immunitaire à nous défendre contre les infections. Cette mortalité varie très fortement en fonction de l'âge, et les premières données publiées en la matière nous proviennent des études chinoises publiées dans *The Lancet:* le taux de mortalité est de 1,38 % si on a moins de 60 ans, de 6,4 % si on a plus de 60 ans et atteint 13,4 % dès que l'on passe la barre des 80 ans.

Malgré des cas exceptionnels de décès parmi de jeunes enfants, la majorité d'entre eux reste totalement asymptomatique. Le CDC confirme que le taux de létalité dans la tranche d'âge 0-19 ans est de 0,003 %. Il serait possible que les enfants soient beaucoup moins vecteurs et propageraient donc moins la maladie que ce que l'on croyait initialement. Plusieurs pistes sont évoquées pour expliquer ce constat :

- Les enfants pourraient avoir moins de récepteurs ACE2, ou simplement qu'ils soient moins fonctionnels ;
- Les jeunes enfants ne développent pas une réponse immunitaire aussi prononcée que les adultes, car leur système de défense est encore immature. Par conséquent les sur-réactions immunitaires, qui expliquent les décès chez les adultes, sont peu probables chez eux ;
- Il n'est pas impossible non plus que nos jeunes enfants, souvent confrontés à des maladies respiratoires d'origine virale dans les crèches, soient finalement mieux armés par la présence d'une réponse immunitaire croisée qui couvre plusieurs virus.

Les scientifiques de l'Institut Pasteur affirment par ailleurs que les enfants infectés ne le transmettent pas, ni aux adultes ni aux autres enfants. Les moins de 20 ans ont deux fois moins de risque d'être infectés. S'ils sont infectés, seul 1 sur 5 développe des symptômes, alors que ce nombre est nettement plus élevé chez les plus de 70 ans (69 %). Des données récentes font état de différences marquées entre les enfants et les adultes, quand on mesure le taux sérique des cytokines. La réponse immunitaire innée est plus efficace chez les jeunes personnes, ce qui les protège efficacement contre le dérapage vers l'insuffisance respiratoire. Chez les adultes, c'est la réponse cellulaire qui est plus marquée. Les adultes, qui ont plus d'anticorps, ont un risque majoré de forme grave ou de décès. Chez eux, ce taux d'anticorps est significativement plus élevé par rapport à celui que l'on observe dans la population pédiatrique, et c'est assez contre-intuitif.

Toutefois, on ne peut omettre de relayer l'opinion de Christian Drosten, « M. corona allemand », qui lance un pavé dans la mare au moment où, après le pic de la première vague, on envisage d'ouvrir à nouveau les écoles. Il affirme que la charge virale sur le frottis nasopharyngé est identique entre 1 et 100 ans (évalué par tranche de dix ans sur un collectif de quasiment 60 000 frottis). Cela ne prouve pas pour autant que les enfants soient aussi contagieux que les adultes, mais ce constat sème un doute et renforce donc les « certitudes incertaines »...

Qu'en est-il des nouveau-nés ? Les cas d'infection à la COVID-19 sont rarissimes, mais il semble qu'une transmission verticale par le placenta de la mère à l'enfant existe. Dans ce cas, l'enfant naît avec un test RT-PCR positif (sur prélèvement nasopharyngé). En revanche, selon les experts de l'OMS, on n'a jamais trouvé de virus ni dans du liquide amniotique, ni dans le lait maternel. Ce dernier point est particulièrement intéressant, puisque l'immunité encore très immature du nouveau-né pourra donc sans danger être complétée par les différents éléments présents dans le lait maternel (dont des immunoglobulines).

Le facteur genre

Les hommes et les femmes ne sont pas logés à la même enseigne. La maladie est plus mortelle chez l'homme que chez la femme. On évoque à ce propos la prédisposition génétique et le rôle de l'environnement hormonal. Il faut toutefois rester très prudent avec de telles analyses car des biais statistiques ne sont pas exclus. Certains s'orientent vers des explications comportementales générales : les hommes fument plus que les femmes (on augmente le risque de contamination en portant la cigarette à la bouche) et se lavent moins souvent les mains que les femmes. On sait que les femmes vont plus régulièrement voir un médecin et se prennent donc mieux en charge que les hommes, ce qui peut bien entendu pondérer l'effet néfaste de maladies chroniques, généralement mal prises en charge par la gent masculine. D'autres recherchent une explication « biologique » : la réponse immunitaire féminine serait plus efficace que celle de l'homme, car le double chromosome X procure à la femme des gènes reliés à la modulation de la réponse immunitaire contre les infections. Par ailleurs, sur un modèle murin (la souris), les estrogènes ont un rôle protecteur contre le SARS-CoV-1 et le MERS-CoV, car ils réduisent la réaction inflammatoire tissulaire. Ces deux éléments, ensemble ou séparés, modulent probablement la réaction inflammatoire pulmonaire de façon différente entre hommes et femmes, expliquant potentiellement une mortalité plus élevée pour le genre masculin.

Les facteurs sociaux

On sait aujourd'hui que l'évolution de la maladie dépend fortement de caractéristiques propres au patient. Mais des facteurs socio-économiques influencent également la survie, même si on a tendance à scotomiser ces fameux déterminants sociaux de la maladie. Une équipe internationale a regroupé les données provenant des 50 pays au monde les plus touchés par les contaminations. Un lien existe entre revenu national brut et nombre de contaminations et patients critiques. Les facteurs confondants sont bien entendu le nombre de tests effectué et le nombre de voyages par habitant, qui sont forcément plus élevés si les moyens financiers sont élevés. Le niveau de vie élevé y amène plus d'obésité, plus d'hypertension, une moyenne d'âge plus élevée – ce qui explique la majoration des cas graves. Fait étonnant et inexpliqué par les auteurs de l'étude, les pays avec un haut taux de tabagisme rapportent un taux moindre de cas critiques et de décès. Néanmoins, ces études présentent quelques problèmes : d'une part, corrélation n'est pas raison ; d'autre part, le nombre de variables confondantes est tel qu'il est parfois difficile de poser des conclusions concrètes.

Les déterminants sociaux ont rapidement été au centre du débat pendant la pandémie, certaines parties de la population étant particulièrement fragiles. En utilisant les outils disponibles, comme ceux de Microsoft Azure, les autorités ont pu établir des cartographies de vulnérabilité afin de mieux allouer les ressources disponibles. On a dès lors constaté que les personnes de couleur, les personnes âgées et les personnes incarcérées faisaient partie des grands oubliés pendant la pandémie. Ces personnes vulnérables sont exposées à des problèmes de logement, d'alimentation, d'isolement, de transport (obligées de prendre de transport en commun où le risque est forcément majoré) et à des difficultés en matière d'éducation et d'accès à l'information. Selon certains rapports, 11 % des ménages aux États-Unis rencontraient déjà des problèmes pour se nourrir convenablement avant la survenue de la crise sanitaire. Ce chiffre dépasse aujourd'hui plus de 30 %. Dans de telles conditions de fragilités financières, le confinement est tout simplement non envisageable.

Les maladies chroniques : obésité, hypertension et diabète

La surcharge pondérale et l'obésité font souvent partie des caractéristiques des patients qui atterrissent aux soins intensifs. Certaines études font état de 83 % des personnes en réanimation en surpoids ou carrément obèses. Il reste à déterminer si c'est un facteur de risque indépendant, ou s'il confère un risque accru par la présence de multiples autres comorbidités qui caractérisent cette population de patients. Il faut quand même rappeler le lien entre l'obésité et l'immunité humorale (par les lymphocytes B), et que l'obésité altère la réponse inflammatoire car elle modifie la synthèse des médiateurs de l'inflammation et les anticorps. On y verra certainement plus clair quand on étudiera de plus près ces populations majoritairement constituées de personnes en surcharge pondérale. Ce qui reste incontournable, c'est que sept fois plus de patients ventilés sont des personnes souffrant d'obésité sévère. Sans conteste, la détresse respiratoire est plus importante chez ces patients pour des raisons mécaniques (oppression de la cage thoracique par la graisse, limitation des mouvements du diaphragme par un abdomen proéminent, difficultés à les positionner sur le ventre pour les ventiler).

Les autres facteurs de risque systématiquement cités sont le diabète et l'hypertension. Les hypertendus ont un risque deux fois plus élevé de mourir par rapport à la population qui ne souffre pas d'hypertension. Les diabétiques infectés par la COVID-19, et plus particulièrement les patients qui souffrent de la forme non insulino-dépendante (le diabète dit « de type II »), sont nettement plus nombreux dans les unités de soins intensifs (on n'y retrouve que 3 % de diabétiques de type I). Ils sont souvent obèses et présentent un statut inflammatoire chronique, lié à la maladie métabolique sous-jacente. Ils ont d'ailleurs une élévation de plusieurs facteurs pro-inflammatoires, qui sont à l'origine de la tempête de cytokines. La situation est pire encore pour les diabétiques de type II dont l'âge dépasse 75 ans. Ces observations proviennent de l'étude CORONADO, qui inclue 3 000 patients recrutés en un temps record (trois semaines seulement). Ces patients comptabilisent à eux seuls un peu plus d'un tiers des décès à l'hôpital. Selon une analyse groupée de quatre études observationnelles, l'utilisation de l'antidiabétique metformine (biguanide hypoglycémiant) diminue le risque de décès en cas de COVID-19. Néanmoins, selon le diabétologue André Scheen de l'université de Liège, auteur de cette mini-revue, la prudence est de mise car le nombre de facteurs confondants dans ce type d'exercice est important. Quant aux patients avec un diabète insulino-dépendant (de type I), ils n'ont pas un risque majoré d'être hospitalisé, c'est du moins ce qu'ont observé les cliniciens de l'hôpital universitaire à Louvain.

Tabagisme, cigarette électronique, pollution atmosphérique, maladies respiratoires

Selon une étude chinoise, publiée dans le *New England journal of Medicine* et relayée par la Fondation contre le Cancer, les fumeurs sont plus à risque de développer une forme sévère et atterrissent beaucoup plus que les autres aux soins intensifs. Le risque de l'infection initiale ne serait en revanche pas majoré. *A contrario*, des données françaises, rendues publiques fin avril 2020, sont assez déroutantes : seuls 5 % des patients COVID-19 sont des fumeurs, comme si la nicotine empêchait le virus d'agir. Toutefois, la nicotine pourrait agir sur la fameuse tempête médiée par les cytokines, par le biais de son action sur le récepteur nicotinique présent sur les macrophages, cellules qui constituent l'immunité innée et qui produisent des cytokines pro-inflammatoires.

Une étude conduite à l'université Stanford met en évidence que des jeunes adultes qui « vapotent » (cigarette électronique) sont plus susceptibles d'être infectés. Le risque est cinq fois plus élevé par rapport aux jeunes adultes qui n'utilisent pas la cigarette électronique. La FDA a modifié sa position initiale, elle ne sait pas si le vapotage augmente le risque d'être infecté. La question reste ouverte. Quoi qu'il en soit, s'ils combinent cigarette électronique et cigarette classique, le risque est sept fois plus élevé. Ce qui est intéressant, c'est que les données ont été collectées par des enquêtes postées sur les réseaux sociaux et sites de jeux en ligne. On ne peut s'empêcher de rappeler ici un certain parallélisme entre l'épidémie de cette étrange maladie pulmonaire liée au « vapotage » observée en 2019, et la pandémie actuelle de la COVID-19. En effet, la distribution géographique de l'EVALI[30] et de la COVID-19 semble se concentrer dans les États de Californie, du Texas, de la Floride, de New York et de l'Illinois. Pur hasard ou association réelle ?

D'un point de vue épidémiologique, le lien entre mortalité et taux de pollution environnementale a été mis en exergue. Des chercheurs de la Harvard School of Public Health ont mis en lumière une relation entre la concentration des polluants dans l'air et la mortalité par la COVID-19 (étude faite avec des données provenant de 3 000 comtés aux États-Unis).

Les données belges de Sciensano montrent que seulement 8 % des patients COVID-19 de moins de 44 ans ont une maladie pulmonaire chronique associée, 13 % entre 45 et 64 ans, et 19,7 % pour les plus de 64 ans. C'est pour chacun d'entre nous contre-intuitif : on ne comprend pas encore pourquoi le risque infectieux n'est pas plus élevé chez des patients atteints de maladies respiratoires chroniques, comme l'asthme et la BPCO. Plusieurs hypothèses ont été évoquées, certaines plus probables que d'autres :

- Les chiffres issus de l'expérience chinoise ne sont pas plausibles, car les maladies respiratoires chroniques y sont sous-diagnostiquées et rapportées. Néanmoins, les Italiens ont fait exactement le même constat ;
- Il existe une réaction immunitaire différente chez les patients souffrant de maladies respiratoires chroniques, mais cela ne coïncide pas avec une mortalité plus élevée si le patient BPCO est touché par la COVID-19 ;

– On évoque la piste médicamenteuse : ces patients prennent de multiples médicaments, et parmi ces substances certaines pourraient les protéger. On a par exemple évoqué l'effet protecteur des corticoïdes inhalés.

En revanche, si un patient BPCO est atteint, il s'agit plus souvent de la forme grave car, selon une équipe de l'université de la Colombie-Britannique, il y a plus de récepteurs ACE2 à la surface de ces cellules qui composent l'épithélium respiratoire, ce qui constitue une excellente porte d'entrée pour le virus, qui s'y engouffre massivement. Comme pour la BPCO, une autre observation assez étrange a été faite par un médecin ORL de l'université de Caroline du Nord : pour l'asthme, on a constaté, selon certaines données cliniques, que s'ils sont atteints par le virus, ils passent plus de temps sous respirateur. Ce constat reste valable pour d'autres facteurs de risque comme le genre et l'obésité. Mais le risque de contracter la COVID-19 n'est pas plus élevé chez les asthmatiques que dans le reste de la population.

Les résultats, très variables en matière de ventilation assistée pour les patients hospitalisés, font évoquer une tout autre piste, en particulier celle de l'hémoglobine (moyen de transport de l'oxygène). En Allemagne, il a été rapporté que la moitié des patients sous respirateurs vont succomber. Comment l'expliquer ? Les protéines virales pourraient se fixer sur les hèmes (cofacteurs de l'hémoglobine) en libérant l'ion de fer. L'hémoglobine ne serait plus à même de véhiculer l'oxygène et l'hypoxémie se mettrait en place assez brutalement. Si c'est le cas, on comprend finalement mieux pourquoi chez certains patients la ventilation n'est pas utile. En cas d'hypoxémie prolongée, le corps humain essaie de compenser en produisant de l'érythropoïétine (facteur de croissance qui stimule la fabrication des précurseurs des globules rouges au niveau de la moelle osseuse, et qui augmente donc la viscosité du sang). Cela se traduit par une augmentation de l'hémoglobine dans le sang, bien inutile puisque cette dernière ne remplit pas sa fonction de base qui est le transport d'oxygène. Par ailleurs, la libération de fer est aussi incriminée dans le mécanisme inflammatoire pulmonaire, y provoquant un stress oxydatif qui se transforme en fibrose. Si cela est confirmé, on ne s'étonnera plus des taux de mortalité extrêmement élevés des patients sous ventilateurs (au Northwell Health, à New York, une des plus grandes organisations de soins de la ville, ce taux atteint 88 %).

Pour rester dans la problématique pulmonaire et l'inefficience de la ventilation, qui semble plus fréquente chez des patients hospitalisés de la race caucasienne, des chercheurs irlandais ont évoqué une coagulation sanguine anormale chez certains, qui prédispose à la formation de multiples micro-embolies. Il y a par ailleurs une association entre forme grave de COVID-19 et risque de thrombose veineuse profonde (TVP). Ces patients à risque ont un taux élevé de D-dimer (produit de dégradation de la fibrine obtenu par dosage sanguin, et utilisé pour le diagnostic de la TVP et l'embolie pulmonaire) à l'admission hospitalière, et, avec le dosage de la protéine C-reactive (marqueur de la phase aigüe de la réaction inflammatoire) et du fibrinogène, on peut déterminer s'ils sont à risque de se dégrader rapidement. On a finalement pu mettre en évidence que la dégradation respiratoire est liée à la composante de pneumonie dans les alvéoles, mais aussi à la présence de centaines de micro-emboles dans les petits vaisseaux sanguins du poumon.

Considérations liées à la maladie cancéreuse et l'immunothérapie

Ce doublement du risque de décès est aussi observé chez les personnes en traitement pour une maladie cancéreuse. La question a rapidement été posée quant à l'opportunité ou non de continuer le traitement oncologique. Le cancer, malheureusement, ne se confine pas et les oncologues et radiothérapeutes ont donc opté pour la poursuite des traitements entamés (radio- et chimiothérapie), si les patients sont en bon état général. L'immunothérapie a provoqué nombre de débats, que ce soit en oncologie, en rhumatologie ou en gastro-entérologie, domaines de la médecine où on utilise fréquemment ces substances pharmaceutiques capables de modifier le fonctionnement du système immunitaire.

En oncologie, on utilise des médicaments qui ont pour vocation première de stimuler la réponse immunitaire contre les cellules cancéreuses. On comprend dès lors d'autant mieux les inquiétudes des cliniciens.

En gastro-entérologie et en rhumatologie, on est amené à prescrire des immunosuppresseurs dans les maladies inflammatoires chroniques. La maladie inflammatoire chronique intestinale a inquiété les médecins, sachant que l'intestin est une porte d'entrée pour l'infection virale. D'un autre côté, les traitements qui réduisent la réaction immunitaire peuvent aussi potentiellement réduire la réaction exacerbée observée pendant la tempête de cytokines. Les médecins en charge de tels patients ont finalement décidé de maintenir leurs protocoles de traitement, estimant que les avantages seraient supérieurs à une éventuelle majoration du risque d'infection virale. C'est aussi le cas, par exemple, pour des patients atteints de sclérose en plaques ou de neuromyélite optique. Certains médicaments utilisés dans de tels contextes sont bien connus pour altérer la réponse immunitaire et pourraient donc fragiliser les patients, les rendant plus susceptibles d'être infectés. Les données sont encore très partielles en la matière et les biais potentiels sont multiples. Il convient de rester prudent et de ne pas tirer de conclusions hâtives.

Hypothèses sur la prédisposition génétique

Plusieurs observations pointent une possible prédisposition génétique à la forme grave de la COVID-19. Un facteur génétique peut expliquer l'évolution individuelle de l'état clinique dans d'autres affections virales comme le sida, l'herpès ou la grippe. Certaines personnes sont naturellement résistantes au VIH, grâce à une mutation au niveau d'un gène qui encode le récepteur sur les globules blancs qui sert de porte d'entrée au virus. Il n'est donc pas étonnant que les équipes de chercheurs s'intéressent de très près au gène qui encode la porte d'entrée au coronavirus, en l'occurrence le récepteur ACE2. Un projet international (« COVID-19 Host Genetics Initiative ») a été lancé faisant appel à une collaboration entre différentes biobanques pour étudier la relation qui pourrait exister entre notre code génétique et notre susceptibilité de développer la forme grave de la maladie. Des données récentes qui proviennent de cette initiative montrent qu'une région du chromosome 3 prédispose les personnes à développer la forme grave. Ce qui interpelle, c'est que la particularité de cette région chromosomique, qui contient des gènes qui encodent pour les interférons de classe I, est un héritage de la Préhistoire, datant de la période du Néandertal. Cet haplotype (groupe d'allèles de différents loci situés sur un même chromosome et habituellement transmis ensemble, ici il s'agit du génome Vindija) est présent dans 15 % de la population européenne. Rappelons que le Néandertal s'est éteint approximativement trente mille ans avant notre ère. On pense que ce reliquat génétique date de la période où l'*Homo sapiens* a croisé les Néandertaliens, il y a environ soixante mille ans, dans une région située entre la Croatie et le sud du continent européen. La même particularité génétique s'observe chez 50 % de la population du sud de l'Asie, mais elle est quasiment absente en Afrique et dans l'Est asiatique. Quand on croise ces informations avec celles obtenues par des chercheurs franco-américains, on a une piste sérieuse pour expliquer les formes graves. Les chercheurs de l'Inserm en France (université de Paris, Assistance publique-Hôpitaux de Paris (AP-HP) et Centre d'immunologie et des maladies infectieuses à la Sorbonne), en collaboration avec ceux de l'université Rockefeller et du Howard Hughes Medical Institute ont démontré des altérations génétiques particulièrement dans les domaines qui encodent la voie des interférons, qui sont des molécules antivirales. Il s'agit en particulier d'une réduction de fonction qui résulte en une diminution de la production des IFN de type I (dans 3-4 % des cas). En parallèle, chez d'autres patients, ils ont observé des maladies auto-immunes (présence d'auto-anticorps) qui bloquent l'action des IFN de type I dans 10 à 11 % des cas de formes graves de la COVID-19. Cela ouvre des pistes diagnostiques (dosage sérique des IFN de type I par la technique Elisa[31]) et thérapeutiques très intéressantes, comme la plasmaphérèse (prélèvement du plasma sanguin) si vous avez des auto-anticorps, ou la prise précoce d'IFN de type I si vous êtes plutôt touché par la première anomalie génétique.

Une société spécialisée en séquençage du génome (sequencing.com) a même lancé l'initiative d'offrir un test génétique, qui pourrait permettre de déterminer si vous avez cette prédisposition. Ils admettent en être encore au niveau de la recherche, mais cette démarche est appuyée par les généticiens de l'université de Boston, qui estiment plus que probable l'influence de facteurs génétiques et environnementaux dans l'intensité individuelle de l'expression de la maladie. Comme pour toute autre pathologie humaine, la génétique n'explique qu'une petite partie de la maladie et il faut s'intéresser aux facteurs externes qui influencent grandement l'évolution individuelle d'une pathologie, ainsi que sa manière de répondre à un traitement. Les généticiens sont conscients des limites de la génomique comparative, sachant que le virus peut très bien muter, rendant potentiellement caduques les conclusions à un temps donné.

À l'université de Gand, en Belgique, on évoque la piste génétique pour expliquer les variabilités régionales en matière de taux de décès (en particulier, le polymorphisme D du gène ACE1). Le virus utilise l'ACE2 comme porte d'entrée dans la cellule. L'expression de l'ACE2 est modulée par l'allèle D du gène de l'ACE1 (en règle générale, il existe au minimum deux allèles pour chaque gène, et elles peuvent avoir des variations de la séquence nucléotidique). Pourquoi cette piste ? Les chercheurs ont été frappés par le fait que certains pays scandinaves semblent épargnés par la vague de mortalité, tout en ayant appliqué une politique assez laxiste face à l'épidémie. La gravité de l'épidémie paraît aussi diminuer quand on se déplace de l'Europe de l'Ouest vers l'Europe de l'Est, et vers l'Asie. Un élément génétique peut donc ne pas être exclu, en particulier puisque l'équipe observe une corrélation significative entre mortalité et fréquence de l'allèle D du gène de l'ACE1. À ce propos, il est intéressant de relever qu'une fréquence faible de l'allèle D est observée dans les populations chinoises et coréennes, ce qui pourrait justifier un taux de décès plus faible. Tout ne serait donc pas expliqué par le manque de transparence des autorités chinoises...

Qu'en est-il du groupe sanguin ? À l'université de Kiel, en Allemagne, les scientifiques observent que les personnes du groupe A ont 50 % de chance de plus de développer la forme grave, tandis que celles qui appartiennent au groupe O voient leur risque diminuer de 50 %. Cela illustre l'influence génétique possible et ce constat ouvre la possibilité de développement de tests prédictifs.

Au Centre médical de l'université Columbia, les chercheurs suggèrent que certaines mutations au niveau des gènes qui encodent le système de complément, constitué de protéines qui jouent un rôle central dans l'immunité innée, et les facteurs de coagulation expliquent les différences cliniques. On y a d'ailleurs établi un lien entre la dégénérescence maculaire liée à l'âge (pathologie liée à une suractivité du complément) et la sévérité de l'atteinte clinique par la COVID-19.

Aggravation de la maladie

Il semble que la réponse immunitaire non contrôlée fait déraper la situation, en particulier en provoquant une conséquente réaction inflammatoire dans le poumon, ce qui amène le patient en détresse respiratoire aigüe et en dysfonctionnement multi-organique. Ce phénomène, identique à celui observé avec le SRAS et le MERS, est connu sous le terme « tempête médiée par les cytokines ».

Tout commence bien entendu par l'interaction entre le virus et les cellules alvéolaires. Ces cellules ont deux protéines transmembranaires, cibles du Spike viral : la protéine ACE2 (récepteur) et la protéine TMPRSS2. Les cellules alvéolaires infectées relâchent des signaux pro-inflammatoires, ce qui attire localement les cellules de la réponse immunitaire, dont les lymphocytes et les macrophages. Ces cellules immunitaires larguent des cytokines, provoquant ainsi une vasodilatation. Cela permet l'afflux de cellules pro-inflammatoires. Le liquide inflammatoire s'accumule au niveau des alvéoles, ce qui dilue le surfactant (matériel tensioactif sécrété dans les alvéoles par les pneumocytes de type 2, afin de tenir lesdites alvéoles ouvertes). Les alvéoles collapsent, ce qui forcément réduit l'échange gazeux, et donc l'oxygénation sanguine. Des neutrophiles sont appelés à la rescousse afin qu'ils produisent des ROS (Reactive Oxygen Species, dérivés réactifs de l'oxygène, comme les radicaux libres qui sont hautement toxiques) pour détruire les cellules atteintes. Les pneumocytes de types 1 et 2 sont détruites et le syndrome de détresse respiratoire aigüe s'installe.

Quand l'inflammation s'emballe, le liquide riche en protéines s'infiltre dans la circulation sanguine et provoque le syndrome de réponse inflammatoire systémique, provoquant de multiples dysfonctionnements organiques et un choc septique. La tempête de cytokines provoque également des coagulations intravasculaires multiples et disséminées dans les différents systèmes, des œdèmes diffus (par augmentation de la perméabilité vasculaire et par la chute des taux sanguins d'albumine et de protéine) et des réactions inflammatoires multiples.

Après l'été, le rôle central de la tempête de cytokines a été remis en question. Selon une étude publiée dans le *Journal of the American Medical Association*, les cliniciens de l'université Radboud (Nimègue, Pays-Bas) ont comparé les taux de cytokines présentes chez des patients COVID+ en état critique à ceux de patients qui souffrent d'une septicémie, d'un traumatisme ou après un infarctus du myocarde. Le principal investigateur de l'étude souligne que ces taux sont moins élevés dans un contexte de COVID-19 par rapport à d'autres états critiques. Ces observations semblent corroborer des résultats similaires, publiés par des équipes de l'université d'Osaka. Mais les Japonais soulignent que les patients atteints par la forme grave de la COVID-19 ont une insuffisance respiratoire sévère, et que cet état clinique semble différent des patients qui ont une septicémie. L'explication pourrait venir de l'activation de macrophages (cellules appartenant aux globules blancs qui infiltrent les tissus et qui sont capables de phagocytose, c'est-à-dire de détruire des agents infectieux par exemple en les « mangeant ») dans un contexte de septicémie, là où il y a agression directe des cellules endothéliales dans le SRAS. Et les chercheurs concluent que, bien que les taux sériques de cytokines soient plus bas que ceux attendus, ils restent nettement plus élevés par rapport à la normale.

Les patients sont souvent épuisés, tout comme leurs taux de lymphocytes T. Ils présentent des taux très faibles de CD4+ et de CD8+ (sous-classes de lymphocytes T qui constituent l'immunité à médiation cellulaire), ce qui représente pour les cliniciens un signe d'aggravation de la maladie. Ce n'est pas par infection et destruction directe des lymphocytes T, qui n'ont d'ailleurs pas de récepteur ACE2 à leurs surfaces. Mais ces patients ont des taux élevés de cytokines, et cette stimulation continue par les cytokines serait à l'origine de l'épuisement des lymphocytes.

> *La prise de sang, un moyen d'anticiper la forme grave ?*

Des cliniciens de l'université Fudan à Shanghai signalent que la lymphocytopénie (un taux bas de lymphocytes), l'âge et les taux de cytokines permettent de déterminer les patients susceptibles de développer la forme grave de la maladie. En ce qui concerne la lymphocytopénie, il s'agit d'une baisse des cellules T (CD3+), mais des tendances similaires ont été observées pour les cellules T (CD4+ lymphocyte auxiliaire et CD8+ lymphocyte cytotoxique). On a aussi pu montrer un taux plus élevé d'Interleukin-6, dix jours après le début de la maladie, et d'Interleukin-8 entre J-16 et J-20. Coréens et Français signalent que le dosage de l'interféron de type I (qui joue un rôle essentiel dans la cascade inflammatoire) dans le sang peut indiquer qui développera une forme grave de la COVID-19, voire de la grippe. L'activité et la production de l'IFN-I sont fortement diminuées chez les patients qui développent la forme grave de la COVID-19.

Aux États-Unis, les équipes du Ragon Institute à Harvard (Boston) et de l'université de Washington ont identifié une signature constituée de cinq marqueurs de la réponse immunitaire (des anticorps), qui, quand ils sont présents collectivement, permettent de différencier ceux qui vont survivre ou décéder suite à la maladie. Si le patient développe une réponse immunitaire qui répond essentiellement à la protéine Spike, il va survivre ; si la réponse immunitaire dominante est dirigée contre la protéine N du virus, il y a de fortes chances qu'il meure.

Les séquelles de la maladie

Vu l'étendue des dégâts pulmonaires observés sur des images de scanner thoracique (CT), les cliniciens ont exprimé leurs inquiétudes sur de potentielles séquelles à long terme. En analysant les poumons de certains patients gravement atteints, et qui ont passé plusieurs jours aux soins intensifs, les médecins signalent que les poumons sont rendus « méconnaissables » par les dégâts subis. Ils mentionnent que l'infection de longue durée perturbe complètement l'architecture pulmonaire. Chez des patients décédés, on observe à l'autopsie un phénomène appelé « hépatisation » du tissu pulmonaire (la coloration et la densité du tissu rappellent le foie).

Le fait de ne pas avoir été hospitalisé n'est pas pour autant synonyme d'un rétablissement prompt et facile. L'Association néerlandaise des médecins spécialistes en maladies pulmonaires et tuberculose (NVALT) signale d'ailleurs que ces patients ont tendance à se plaindre de symptômes persistants (difficultés respiratoires et fatigue), contrairement aux personnes qui ont été hospitalisées. Quand on compare ces deux cohortes, on observe que la première n'a pas souvent des anticorps, contrairement à ceux qui ont déclaré une forme plus grave et qui ont nécessité une hospitalisation.

La fonction pulmonaire n'est pas la seule à risquer d'être durablement altérée. Le recul est insuffisant pour juger des séquelles éventuellement indélébiles qui atteignent de multiples systèmes (cœur, rein, cerveau, foie). Une longue hospitalisation doublée d'une immobilisation peut en soi déjà causer des dégâts (majoration du risque de TVP, par exemple). Le maintien sous sédation et ventilation assistée provoque en outre un hypermétabolisme qui fait fondre la masse musculaire de façon impressionnante. Ce phénomène impose par la suite une rééducation progressive post-COVID. Plus des trois quarts des patients guéris ont encore des signes cardiaques (inflammation du myocarde) des mois après la phase aigüe, et ce, indépendamment de la gravité de la COVID-19.

Des chercheurs du University College London signalent que de sérieux problèmes cérébraux peuvent survenir après une forme grave de la COVID-19, mais pas seulement. Ils estiment que des complications comme un accident vasculaire cérébral, des hallucinations et délires, et des lésions nerveuses peuvent être plus fréquentes que ce que l'on craignait initialement. En France, un registre NeuroCOVID regroupe déjà un collectif de 189 patients (85,1 %) avec des lésions persistantes du système nerveux central et 29 patients (13,1 %) avec une atteinte périphérique.

Rappelons aussi ces études menées sur des patients atteints du SARS-CoV de 2003, mettant en évidence des séquelles mentales, avec plus d'un tiers des patients qui développent des signes d'anxiété, de dépression et de stress post-traumatique après un passage jugé traumatisant dans les unités de soins intensifs. Plus inquiétant encore, l'atteinte virale qui se manifeste par une cascade de réactions du système immunitaire inné pourrait se solder par la destruction de cellules nerveuses, qui pourraient se traduire en maladies neurodégénératives ultérieures.

À l'Imperial College London, on a signalé l'apparition de plus de nouveaux cas de diabète de type I chez les enfants, comparativement aux années précédentes, en particulier au moment où la pandémie était la plus forte. Le virus s'attaquerait aux cellules bêta du pancréas (la cellule qui sécrète l'insuline).

Dès le début de la deuxième vague, on s'est demandé pourquoi, nonobstant le nombre de contaminations montant en flèche, cette recrudescence d'infections n'était pas suivie en parallèle par une augmentation du taux de décès, du moins dans un premier temps. En effet, à l'issue de l'été, les chiffres des nouvelles contaminations s'emballent et le nombre de tests positifs explose, mais les unités de soins intensifs ne sont pas pour autant débordées. Plusieurs explications sont jugées plausibles. Une mutation du virus qui le rend moins agressif, finalement mieux adapté à son hôte ? Une augmentation, sans conteste, du dépistage par rapport à la première vague, donc un changement du dénominateur ? Au début de l'épidémie, la revue scientifique *The Lancet* a publié un taux de mortalité inquiétant : 5,6 % en Chine et 15,2 % pour le reste du monde. Aujourd'hui, les experts estiment que ce chiffre est de 0,2 à 0,5 %. Après l'été, on observe également que la tranche d'âge la plus touchée au début de la deuxième vague est celle des jeunes adultes, suivie par celle des 10-20 ans. Ces jeunes ne développent pas souvent la forme grave de la maladie. On peut toutefois craindre que, mécaniquement, à un moment ou à un autre, par contamination intergénérationnelle et intrafamiliale, on retrouve à nouveau plus de personnes âgées dans nos structures de soins. Et cette recrudescence plus large de la deuxième vague de l'épidémie met une fois de plus à mal les structures hospitalières dès la fin du mois de septembre.

L'immunité dans la population est-elle plus importante qu'on ne le croit ? Indéniablement, entre le début de la crise sanitaire et l'automne, la prise en charge des patients gravement atteints a aussi fondamentalement changé, particulièrement quand on a mieux compris comment prendre en charge la réaction inflammatoire.

La valeur des modèles prédictifs

Beaucoup d'efforts sont consentis pour déterminer au plus vite les caractéristiques des patients les plus vulnérables. On construit à tout-va des modèles prédictifs censés nous aider dans les décisions thérapeutiques. La vraie question est de savoir s'ils sont fiables.

Les GAFA-BAT[32] s'y engouffrent, à l'image du Chinois Tencent AI Lab, qui a conçu un modèle d'apprentissage pour prédire ces formes graves. Les développeurs l'ont mis en ligne pour que le personnel soignant puisse y accéder. Au milieu de la crise, le Catholic Health Services of Long Island, à New York, annonce publiquement qu'il veut déployer une intelligence artificielle (IA) destinée à déterminer quel patient arrivant aux urgences doit être hospitalisé et quel patient peut être renvoyé chez lui. Or, le modèle n'a pas encore été testé et on appelle à la prudence car, quel que soit le type de « test », il y a toujours des faux positifs et des faux négatifs.

Une équipe de recherche internationale, sous l'égide du Centre médical de l'université d'Utrecht aux Pays-Bas, attire d'ailleurs notre attention sur des études publiées très souvent biaisées et trop optimistes par rapport au modèle établi. Sur base d'une analyse de 27 études, qui font état de 31 modèles prédictifs, ils suggèrent même aux cliniciens de ne pas les utiliser, du moins jusqu'à ce que leur qualité soit démontrée, ce qui est loin d'être le cas aujourd'hui.

Pour pallier les manquements en fiabilité, la Veterans Health Administration invite les équipes de chercheurs à utiliser des dossiers de vétérans mis à leur disposition, pour créer et tester les modèles prédictifs qu'ils proposent. Mais cette « certitude incertaine » n'empêche pas la FDA à octroyer une EUA à la plateforme CLEWICU, pour identifier les patients susceptibles de développer une insuffisance respiratoire ou une instabilité hémodynamique, une fois admis aux soins intensifs. Le modèle a été entraîné avec les données médicales provenant de 100 000 patients.

Sans conteste, le monde médical et scientifique apprend chaque jour à mieux gérer la COVID-19. Un nouvel état des lieux des connaissances sera nécessaire, une fois l'urgence sanitaire passée, pour éclaircir les zones d'ombre que les professionnels de soins n'ont pas eu le temps d'explorer.

Les outils de diagnostic

À la recherche de l'ARN viral

Comme il passe relativement inaperçu, avec peu de symptômes ou un léger syndrome grippal, très souvent on ne prend pas la peine de le dépister. Et pourtant, ce n'est pas si compliqué de le rechercher.

Bill Gates a exprimé sa frustration en matière de dépistage aux États-Unis – gageons que les raisons de cette frustration soient universelles – non parce que les tests ne sont pas fiables (sensibles et spécifiques), mais parce que les délais pour obtenir les résultats sont trop longs. À quoi bon attendre plusieurs jours, quand on fait face à un virus galopant et qu'il faut isoler les individus rapidement si le test s'avère positif ?

Par ailleurs, le directeur de l'OMS a répété à maintes reprises qu'il est important de tester un maximum d'individus. Mais la pénurie en matériel de prélèvement a rapidement rendu cette politique non réaliste : les capacités de tests annoncés par les politiciens sont bien différentes de la réalité.

> *Test sur prélèvement nasopharyngé*

Les tests les plus répandus sont ceux qui détectent la présence virale dans un prélèvement de sécrétions nasales, au moyen d'écouvillons que l'on enfonce profondément dans le nez.

La sensibilité du test ne dépasse pas 70 % en général, le résultat est donc faussement négatif dans 30 % des cas. Les raisons de cette sensibilité somme toute assez médiocre sont multiples : la présence insuffisante de virus dans le prélèvement, explicable par une charge virale restreinte (le virus a tendance à disparaître des sécrétions nasales après une semaine) ; l'utilisation d'une mauvaise technique de prélèvement ; le non-respect des conditions de stockage intermédiaire et de transport ; les erreurs intrinsèques aux techniques de laboratoires utilisées. Quand on sait que la manière de prélever peut influencer la qualité du test, on est en droit de se poser la question sur le risque d'un résultat faussement négatif si on demande à un non-professionnel de le faire. Dans certaines institutions hospitalières, on a d'ailleurs décidé que le test par frottis nasal doit être pratiqué par une équipe rodée à cet exercice, afin d'en augmenter la sensibilité. C'est aussi l'argument avancé par les autorités belges pour interdire aux citoyens de commander et d'effectuer ce test chez eux. Outrepasser cette décision est passible d'une amende salée. Cette politique n'est pas forcément mise en place dans d'autres pays, où on argumente que l'autotest à domicile est fiable et qu'il évite une exposition dangereuse du personnel soignant. Certains industriels se sont lancés, comme Everlywell, Nurx et Carbon Health aux États-Unis : après avoir reçu un kit et des instructions de prélèvement, on doit renvoyer le matériel au laboratoire d'analyse, le plus rapidement possible afin d'éviter que l'ARN se dégrade. L'envoi doit se faire dans un milieu de transport approprié et en respectant certaines conditions de température. Des fraudes ont d'ores et déjà été repérées : des entreprises ont lancé des produits non autorisés et particulièrement inefficaces pour dépister la COVID-19. Le 23 mars, la FDA a alerté les consommateurs.

Si, dans un premier temps, les autorités américaines et anglaises ont freiné les velléités des sociétés susmentionnées, en déclarant qu'aucun test à domicile n'était autorisé, la FDA et le département de la Santé et des Service sociaux des États-Unis (HHS[33]) ont bien compris l'urgence d'augmenter rapidement la capacité de dépistage. Pour cette raison, les deux institutions gouvernementales ont octroyé des EUA tout en édictant certaines directives aux laboratoires et industriels pour assurer la qualité de l'analyse. La FDA n'est aujourd'hui plus opposée au principe du test effectué par le patient lui-même, certainement depuis qu'il a été démontré l'inutilité de torturer les patients symptomatiques en enfonçant loin dans le nez ces fameux écouvillons – ce qui par ailleurs peut provoquer des saignements. Un prélèvement à l'entrée du nez s'avère tout aussi fiable ! La FDA a finalement donné son premier sésame (EUA) pour l'utilisation d'un test à domicile en date du 21 avril à LabCorp. La société Everlywell, spécialisée dans l'envoi à domicile de kits pour des tests de laboratoire, a finalement pu se lancer.

Comme dans certains pays asiatiques (la Corée, par exemple), la Belgique a installé des *drive-in* de dépistage sur les parkings de ses hôpitaux, afin de tester le plus grand nombre. Mais, faute de capacité de *testing* suffisante, l'initiative a dû être abandonnée. Une fois les causes de la pénurie partiellement réglées, les centres de dépistage en plein air ont de nouveau été instaurés. Puis, dès la reprise des infections, plusieurs laboratoires se sont trouvés en rupture de stock de réactifs et ont été obligés de fermer une nouvelle fois leurs structures de dépistage, du moins temporairement. Les *drive-in* ont clos leurs portes temporairement, les uns après les autres. L'avantage du *drive-in*, selon ses initiateurs, est double puisque l'on expose le moins possible au risque de contamination le personnel qui effectue le prélèvement, et que l'appuie-tête de la voiture empêche la personne de reculer et facilite donc l'introduction profonde de l'écouvillon.

Une fois le matériel arrivé au laboratoire, on utilise la technique RT-PCR pour mettre en évidence le virus. La première étape consiste à transformer l'ARN viral en ADNc (ADN complémentaire) par transcription inverse, et ensuite d'amplifier l'ADN ainsi obtenu par une réaction en chaîne par polymérase, afin de le rendre aisément détectable. Le test est positif si on détecte deux gènes spécifiques au SARS-CoV-2.

> *Réponse de l'industrie à l'augmentation de la demande de tests*

Bien entendu, tout le monde a voulu accéder aux tests très rapidement. Cette demande massive couplée à la nécessité d'obtenir des résultats dans les plus brefs délais a poussé les industriels à être particulièrement inventifs.

En plein milieu de la phase initiale de la pandémie, on s'est retrouvé en pénurie de ces précieux écouvillons. Afin de pallier ce manque, Formlabs, une entreprise d'impression 3D basée à Boston, est passée à l'offensive. Elle a mobilisé sa communauté d'utilisateurs (1 000, approximativement), afin qu'ils utilisent leurs capacités en matière de fabrication additive, pour produire le plus possible d'écouvillons destinés aux hôpitaux. L'ensemble des imprimantes 3D du réseau de Formlabs est capable d'en produire entre 75 000 et 150 000 par jour.

La société Bosch, en partenariat avec Randox Laboratories, a développé un test rapide et automatisé pour le SARS-CoV-2. Il requiert un prélèvement nasal, mais contrairement aux tests classiques effectués au laboratoire, l'échantillon provenant du nez ou de la gorge est inséré dans une cartouche qui contient déjà tous les réactifs requis pour une analyse de type RT-PCR. Cette cartouche est introduite dans une plateforme multifonctionnelle (Vivalytic), un genre de borne « mobile » peu encombrante et donc implantable facilement n'importe où. Le résultat est très rapide (moins de deux heures trente).

Ce dispositif peut aussi, selon la société Bosch, détecter d'autres agents infectieux, comme le virus de la grippe. La société allemande affirme qu'ils n'ont mis que six semaines pour développer cette technique. Ils obtiennent une précision supérieure à 95 %, donc largement conforme aux standards de l'OMS. L'idée de labo « mobile » et rapide est aussi poussée par une entreprise française (BforCure), subsidiée par l'armée française et destinée aux EHPAD en France, ainsi qu'aux véhicules de premiers secours.

Abbott utilise son système propriétaire ID NOW, basé sur une amplification isotherme (LAMP[34]), et affirme qu'il est le plus rapide à disposition, capable de détecter l'ARN viral dans la salive d'un sujet en moins de cinq minutes. Les scientifiques de Cleveland Clinic aux États-Unis nuancent néanmoins le propos en affirmant que le taux de faux négatifs est élevé (15 %).

Non seulement les écouvillons et les réactifs de laboratoire ont été en pénurie, mais aussi les laboratoires d'analyse. Une insuffisance « artificielle » dans certains pays, les gouvernements ayant décidé au début de restreindre les autorisations d'analyse. Les universités belges ont d'ailleurs déploré le manque de proactivité du gouvernement, qui ne les a pas officiellement incorporées dans leur stratégie et qui a tardé à considérer leurs prestations techniques comme remboursables par la Sécurité sociale. Heureusement, cette restriction a été levée pour faire face à la demande. Par solidarité, certains laboratoires de recherche se sont détournés de leur principale activité afin de mettre leur technique et savoir-faire à la disposition des autorités pour la lutte commune contre le virus. Des scientifiques prestigieux, comme Jennifer Doudna (Prix Nobel de chimie 2020) de l'Innovative Genomics Institute (université de Californie, Berkeley), connue pour être à l'origine des ciseaux moléculaires d'ADN (CRISPR[35]), ont décidé de dédier une partie de leur laboratoire à cette démarche. Des industriels spécialisés en matière de séquençage du génome personnel, comme Color Genomics, ont fait de même, allant jusqu'à partager leurs protocoles techniques en *open source*.

La technique du CRISPR peut d'ailleurs être utile pour détecter le SARS-CoV-2. La première étape consiste à appliquer une amplification isotherme de l'ARN viral, extrait du prélèvement. Le ciseau moléculaire CRISPR-Cas12 est capable de reconnaître des régions spécifiques sur l'ARN SARS-CoV-2 (une région commune à tous les coronavirus et une région spécifique au SARS-CoV-2). Une fois que ces fragments sont coupés, ils sont reconnaissables par une sonde constituée de ssDNA complémentaire, qui est détectable par technique d'illumination. Cette technique présente l'avantage d'être plus simple, avec du matériel de laboratoire de base et donc plus efficiente. Ce genre d'approche est déjà approuvé pour la détection de certaines maladies sexuellement transmissibles, comme la chlamydia et la gonorrhée. Cette technique est totalement automatisée et miniaturisée, de façon à être conçue dans un cabinet médical, une officine de pharmacie ou tout autre endroit hors structure hospitalière ou laboratoire médical.

Une société belge, en collaboration avec des centres universitaires d'Europe (Liège, Bruxelles, Milan, Stockholm et Leipzig), a développé un test qui permet de détecter les antigènes viraux à partir de l'échantillon respiratoire nasopharyngé. C'est une sorte de papier buvard, comparable à ceux que l'on utilise dans les tests de grossesse. Le principe est basé sur l'immuno-chromatographie sur bandelette (pas de traitement préalable requis de l'échantillon, contrairement à la recherche d'anticorps dans le sérum qui requiert une centrifugation préalable du sang). Le diagnostic est obtenu en quinze minutes, mais le taux de faux négatifs est élevé (30 %). Il ne sera donc utile que pour les patients très symptomatiques, afin de confirmer rapidement qu'ils sont positifs.

> ***Test sur prélèvement oropharyngé***

Il serait préférable de détecter le virus par la salive, car le geste de prélèvement est quand même moins intrusif. Il évite en outre un contact rapproché entre le patient et celui qui effectue le prélèvement. Une technique mise au point par Spectrum Solutions, à Salt Lake City, a obtenu une EUA de la part de la FDA. Les avantages sont multiples. Tout d'abord, plus besoin de ces fameux écouvillons parfois redoutés. Il suffit d'un simple récipient stérile, comme ceux que l'on utilise pour collecter l'urine, dans lequel le patient crache de façon répétitive (en se levant le matin, et surtout avant de manger ou de boire). Selon certains chercheurs, cette technique moins invasive serait même plus sensible que la détection du virus sur du matériel nasal. La démarche est aussi moins dépendante de la manière dont on collecte l'échantillon, ce qui rend la collecte par le sujet lui-même d'autant plus facile et fiable. L'entreprise MicroGen DX, un laboratoire ayant la certification CLIA[36], qui répond donc aux standards de l'État fédéral américain en matière de laboratoire de routine clinique, a demandé une EUA à la FDA pour mettre en route un test PCR sur un échantillon salivaire. Ils affirment avoir été le premier laboratoire national à offrir un test validé sur de la salive. Le laboratoire de l'université Rutgers y voit un triple avantage, car ils peuvent conserver les équipements de protection personnels tout en accroissant fortement le nombre de personnes testées quotidiennement, et ce, en protégeant les professionnels de santé.

Plusieurs comtés en Californie, avant d'avoir reçu l'aval des autorités fédérales, ont créé des *drive-in*, où le citoyen doit simplement passer un coton-tige sur la muqueuse buccale, mettre le prélèvement dans le tube et jeter le tube dans un conteneur, le tout sans obligation de sortir de son véhicule et sans exposition du personnel soignant.

La FDA finit par octroyer une EUA pour le prélèvement salivaire effectué au domicile, en particulier pour le test de l'université Rutgers (Spectrum Solutions and Accurate Diagnostic

Labs). Des sociétés privées, comme Hims & Hers et Vault Health, ont immédiatement conclu un accord commercial pour être en mesure de distribuer le produit de Rutgers à leurs consommateurs. Le prix demandé est de 150 dollars (dont 80 dollars pour le labo, 20 dollars pour la consultation médicale en ligne et 50 dollars pour les frais d'acheminement). L'entreprise BioIQ a mis sur le marché un test à domicile capable de détecter et de différencier la COVID-19 de la grippe (Flu A/Flu B). Un procédé particulièrement utile dès l'apparition de la grippe saisonnière.

Certains médecins belges, interviewés par la RTBF, sont restés sur leur position, déclarant que les prélèvements à domicile n'offraient pas les mêmes garanties de qualité de prélèvement. On peut comprendre leurs réticences par rapport à la qualité et la fiabilité de certains tests vendus en ligne. Quoi qu'il en soit, l'Agence fédérale des médicaments et des produits de santé maintient l'interdiction de la vente des tests rapides sur le territoire du royaume. Toutefois, dès la rentrée universitaire à Liège, un test salivaire, mis au point dans l'enceinte de l'université, est mis à disposition des étudiants, enseignants et administratifs du campus. La communauté universitaire représente 30 000 membres, à qui on propose gratuitement, et de façon répétitive, le test de dépistage sur la salive. La capacité journalière de production est de 80 000 tests par jour.

La Haute Autorité de santé donne son feu vert à la France pour l'utilisation des tests salivaires à la mi-septembre, car les centres de tri sont totalement débordés. Seuls les patients symptomatiques peuvent les utiliser. La Belgique embraye quelques jours plus tard, pour la même raison : impossible de faire face à la demande de tests par RT-PCR, le gouvernement doit autoriser *in fine* le tri par test salivaire.

> *Simplifier la technique et accélérer l'analyse*

D'un point de vue technique, tout le monde cherche à simplifier et à miniaturiser la démarche. C'est le cas en France, avec la société Stilla Technologies, qui fait appel à une approche digitalisée en matière de PCR. Leur technique serait particulièrement intéressante pour ces échantillons qui ont une faible concentration en virus. D'autres solutions techniques sont mises au point par plusieurs équipes dispersées dans le monde (Weill Cornell Medical School NYC et Technion – Israël Institute of technology). Elles veulent appliquer une approche développée vingt ans plus tôt par une équipe japonaise de l'Osaka University Faculty of Medicine. La technique LAMP permet d'amplifier aisément le matériel génique à une température constante et en facilite la détection par colorimétrie, à un tel point qu'ils espèrent concevoir un test de dépistage rapide et disponible n'importe où. Les données initiales font état d'un taux de spécificité de 99 % et une sensibilité de 95 %.

En Angleterre, Group 42 (spécialiste en automatisation) et Oxford Nanopore Technologies (plateforme de séquençage) ont l'intention de joindre leurs expertises respectives pour pousser une solution similaire (LamPORE). Elle permet d'augmenter fortement la capacité de dépistage de masse, que ce soit sur de la salive ou sur un prélèvement nasal. La capacité journalière d'analyses est de 15 000 pour le dispositif GridION (qui a la taille d'un appareil de bureau) et de 2 000 pour le dispositif MinION Mk1C (qui n'est pas plus grand que la paume de la main).

La société anglaise DnaNudge a mis au point un système miniaturisé, qui permet d'obtenir la réponse dans les quatre-vingt-dix minutes, à partir du prélèvement nasal. La technique peut aussi différencier le virus de la grippe et du Respiratory Syncytial Virus. Le système de la santé publique, le NHS[37], fortement intéressé par cette solution, a passé commande de 5 000 unités, c'est du moins ce que signale Bloomberg. Le gouvernement britannique veut ainsi mettre la solution à disposition de sa population pour effectuer rapidement des millions de tests de dépistage.

La détection de présence de l'ARN viral se miniaturise de plus en plus. La technique, initialement développée pour détecter des pathogènes en médecine vétérinaire par l'université de l'Illinois à Urbana-Champaign, a été détournée de son application initiale pour mettre en évidence la présence de l'ARN du SARS-CoV-2 en utilisant des colorants fluorescents. Le tout est contenu dans un petit boîtier que l'on connecte sur son smartphone. Le dispositif ne coûte que 50 dollars à la fabrication et donne un résultat en trente minutes. Il faut encore appliquer quelques étapes préparatoires simples, nécessitant plusieurs réactifs, avant l'analyse de l'échantillon prélevé, mais l'équipe est convaincue qu'elle pourra les intégrer dans le même boîtier. On en imagine aisément l'utilité si, par exemple, on veut tester des passagers avant qu'ils embarquent dans un avion. Dans certains aéroports chinois, on utilise Flash 20, la machine la plus rapide au monde pour détecter le virus. Selon la responsable de la société de biotechnologie qui a développé la technique, elle offre la réponse du test sur le smartphone de la personne concernée en seulement trente minutes. Pour ceux qui veulent l'acquérir, le prix d'achat est de 38 000 euros.

Iceni Diagnostics, en collaboration avec l'université de Manchester, travaille sur un test qui ressemble à un test de grossesse. La plaquette serait disponible pour un usage à domicile et devrait permettre une réponse booléenne (oui/non) sur un échantillon de salive. Les chercheurs ne veulent pas mettre en évidence l'ARN viral mais s'intéressent plutôt à la reconnaissance spécifique par le virus de chaînes de glucides (l'interaction est hautement spécifique). Une technique similaire est développée par les équipes scientifiques à Singapour. Ils veulent obtenir un résultat qui s'apparente aux bandelettes urinaires. Le changement de couleur obtenu au contact avec l'échantillon indique la présence de la maladie.

En Corée, on mise sur des biocapteurs en graphène. L'avantage de cette technique développée par Korea Basic Science Institute et Korea Research Institute of Chemical Technology, c'est que l'échantillon prélevé ne doit plus être prétraité. On s'affranchit donc de la pénurie possible en réactifs (indispensables pour effectuer un test PCR). La surface du graphène (matériau bidimensionnel cristallin, une forme de carbone) est incorporée dans un transistor à effet de champ et est tapissée avec des anticorps capables de reconnaître les antigènes et protéines du SARS-CoV-2. Dès que l'interaction se fait, un courant électrique est généré et enregistré. On a donc une réponse immédiate ! Au California Institute of Technology, on développe une solution comparable qui permet de détecter en moins de dix minutes les protéines virales, les anticorps et certains marqueurs inflammatoires à partir de salive ou de sang.

Pour être le moins invasif possible, l'Imperial College London a décidé de collaborer avec Intelligent Fingerprinting, une société spécialisée dans le développement de technologies de diagnostic non invasives. L'idée est de développer un test rapide et disponible n'importe où, sur base d'un échantillon de sueur, prélevé sur le bout du doigt. Le résultat est disponible et en moins de dix minutes.

Le dépistage des anticorps

Après avoir été infecté, notre corps contient des anticorps spécifiques (des protéines fabriquées par notre système immunitaire et dirigées contre le pathogène infectieux, en particulier contre la protéine N (nucléocapside) ou contre le domaine de liaison au récepteur, la protéine Spike). Cette approche de dépistage de primo-infection est « délicate » en raison d'un état de séronégativité dû à un décalage temporel entre le contact avec le virus et la production des anticorps. Un résultat négatif n'exclut pas pour autant l'infection.

Ces anticorps sont essentiellement des immunoglobulines M (IgM) et G (IgG). Ils peuvent être classiquement détectés dans le sang périphérique par des techniques dites « d'immuno-analyse par chimioluminescence » (production de lumière faisant suite à une réaction chimique). Le type d'anticorps recherché dépend du moment où l'analyse est effectuée ; en cas de premier contact avec le virus, on recherchera les IgM. L'inconvénient étant que ces anticorps IgM ne sont pas spécifiques, et il faudra donc attendre l'apparition, ultérieure, des IgG. La preuve de la séroconversion exige donc la détection des anticorps IgG spécifiques, qui ne se manifestent que quelques jours, voire plusieurs semaines, après la première infection. Si on ne retrouve que des IgG, on peut considérer que le patient est complètement rétabli.

La recherche d'anticorps est probablement un des outils potentiellement utiles pour la sortie de confinement. La séroconversion pourrait en théorie indiquer une protection immunitaire contre le virus et permettre à la personne de vaquer à ses activités professionnelles et sociales sans aucun risque. Nous n'avons pas encore la certitude que la réponse immunitaire soit efficace à 100 %, comme nous n'avons pas non plus la moindre idée de la durée de cette protection.

La société ZenTech a rapidement fourni 1 000 tests au CHU de Liège. ZenTech a eu l'occasion de développer le test en Chine, avant même que l'épidémie nous frappe de plein fouet. Elle utilise le principe d'immunochromatographie pour détecter les anticorps IgM et IgG. La technique a été validée par le CHU de Liège, en contrôlant tout d'abord que le test est effectivement capable de détecter les cas positifs, mais aussi que le résultat est réellement négatif quand il doit l'être. Pour cela, les chercheurs ont utilisé des échantillons sanguins de 75 « cas contrôles » prélevés en août 2019, donc largement avant l'avènement de l'épidémie en Chine, et donc assurément négatifs. Selon son CEO, la société ZenTech a déjà obtenu le fameux label CE, et par ailleurs aussi l'approbation des autorités sanitaires chinoises. Pour l'évaluation clinique des tests fournis, les chercheurs au CHU ont décidé de faire appel au personnel de l'institution afin qu'il se porte volontaire pour plusieurs prises de sang, espacées dans le temps. La fiabilité du test est de 98,5 % s'il est négatif, et de 100 % s'il est positif. L'État belge a approuvé le test et a passé commande de 3,65 millions de tests mais prendra finalement la décision de ne pas utiliser ces tests (voir « Le cas particulier de la Belgique », chapitre 5).

En Angleterre, la commercialisation rapide d'un test d'immunité et l'envoi à domicile ont été effectués par la société Babylon, acteur connu de la disruption technologique dans le monde médical. Il s'agit d'un test de séroconversion développé par le géant pharmaceutique Abbott. Babylon, connu pour son chatbot, essaie d'obtenir des informations supplémentaires, en particulier sur cette frange de la population qui a finalement été peu touchée symptomatiquement, mais qui a développé des anticorps. Le but de cette démarche est de mieux comprendre la distribution géographique et socio-économique du virus, ainsi que l'évolution naturelle de la maladie.

À Singapour, une start-up issue de l'Université nationale, Biolidics Limited, a obtenu l'aval des autorités américaines pour la commercialisation et la vente à des laboratoires médicaux et à des institutions de soins d'un test rapide qui permet de détecter la présence d'IgM et d'IgG. Bien entendu, un résultat négatif n'exclut pas l'infection pour autant (les anticorps n'apparaissant pas tout de suite après infection). Il y a aussi un manque de spécificité, car le test s'avère également positif pour les anticorps développés contre les coronavirus HKU1 ou 229E, qui eux provoquent un simple rhume. L'interprétation du résultat mérite donc d'être contextualisée.

La compagnie Cellex basée en Caroline du Nord a également reçu une EUA. La société Quest Diagnostic Health & Wellness, dont les centres de service et de prélèvement sont souvent localisés dans les grands magasins (dont la chaîne Walmart Supercenters), a lancé son produit QuestDirect au prix de 119 dollars – il nécessite néanmoins une demande par un médecin agréé et ayant le droit d'exercer dans l'État concerné. Le patient accède à ses résultats dans les deux jours et peut obtenir un avis par un service de téléconsultation.

Une étude intéressante a été menée au Danemark sur 9 tests d'anticorps. Trois d'entre eux doivent être effectués dans un laboratoire car ils reposent sur la technique Elisa. Le dosage de l'anticorps est couplé à une réaction catalysée par une enzyme. La réaction libère un colorant et l'intensité de la coloration est mesurée au laboratoire par colorimétrie (une alternative est le marquage radioactif et on parle alors de radio-immuno-assay). Les 6 autres tests sont destinés à être utilisés de façon délocalisée. La sensibilité pour les premiers varie de 67 à 93 % et la spécificité de 93 à 100 %. Les résultats obtenus pour ces tests sont respectivement de 80 à 93 %, et de 80 à 100 %. Les résultats semblent à première vue très encourageants, mais le nombre d'échantillons testés est tellement limité qu'il est impossible d'aboutir à une conclusion. Une autre observation est particulièrement intéressante : les résultats sont meilleurs si l'échantillon est prélevé entre J-14 à J-20 après l'infection et l'apparition des symptômes. À noter que le test est moins probant si l'échantillon est prélevé trop tôt (de sept à treize jours après l'apparition des premiers symptômes) ou trop tard (après vingt et un jours).

Le dépistage des anticorps est à l'instar du développement de systèmes miniaturisés et rapides pour détecter l'antigène. À l'université Carnegie Mellon, on utilise une technique d'impression 3D à jet d'encre pour constituer des micro-capteurs composés de nanoparticules d'or, enrobés de graphène. Les anticorps ont la capacité de se fixer à cette surface, et, à des concentrations excessivement basses ; les chercheurs de Caltech peuvent les détecter en mesurant une réaction électrochimique. La réponse tombe sur le smartphone, connecté au micro-capteur, en dix secondes seulement.

> *Taux de séroconversion dans la population*

L'avantage du dépistage des anticorps est évident : c'est une technique facile, rapide et peu coûteuse. Une étude réalisée pendant la première vague de l'épidémie par l'université d'Anvers montre que seuls 3 % des quelques milliers de Belges testés ont des anticorps. Quinze jours plus tard, le chiffre atteint 6 % sur un échantillon de 3 400 concitoyens. Une troisième mesure met en évidence un taux de 7 %, qui par la suite redescend à 5,5 %. Il n'est donc pas exclu que les anticorps disparaissent après un certain temps, et que finalement le nombre de personnes ayant une certaine immunité soit quand même plus élevé.

Selon Sciensano et l'Institut de médecine tropicale d'Anvers (IMT), le taux de séroconversion chez les soignants dans les hôpitaux belges, à la fin du mois de mai, donc à la fin de la première vague, n'est que de 8,4 %. En Italie, seuls 10 % des médecins d'un hôpital milanais (sur 1 573 soignants soumis au dépistage) ont été testés positifs à la présence du virus sur des frottis nasopharyngés, et ce, en plein milieu du pic de l'épidémie et dans une région particulièrement touchée. Les experts en concluent que ce type d'immunisation collective ne permet pas de protéger le personnel soignant au moment d'une éventuelle deuxième vague.

Selon le virologue Guido Vanham, ancien chef de service à l'IMT d'Anvers, le taux de séroconversion serait, en général, assez bas dans la population belge. Ce taux a certes doublé depuis fin mars, mais, de fin avril à début juin, il stagne, sans augmentation franche de la séroprévalence dans notre population. En France, un chiffre équivalent de 6 % est avancé, au moment où le gouvernement prend la décision de déconfiner progressivement. Ce chiffre est plus élevé dans certaines régions d'Espagne et en Italie, où il atteindrait respectivement 40 % et 26 %. Dans certaines zones urbaines densément peuplées, le taux d'immunité collective pourrait déjà être suffisant pour stopper la progression de la COVID-19. En effet, en Inde, dans une mégapole comme Bombay la prévalence sérologique dans certains quartiers pauvres est de 51 à 58 %, proche du taux seuil préconisé par l'OMS (60 %). Une recherche menée par les autorités sanitaires italiennes et le bureau des statistiques ISTAT estime qu'au tout début du mois d'août 1,5 million d'Italiens, soit 2,5 % de la population générale, ont développé des anticorps, mais ce taux varie fortement d'une région à l'autre.

Le scanner thoracique, révélateur de l'ampleur des dégâts

Le corps médical a été frappé par l'imagerie radiologique qui montre les ravages provoqués par le virus au niveau pulmonaire, tellement étendus qu'ils sont aisément reconnaissables sur une banale radio pulmonaire, et donc forcément sur un scanner thoracique (CT).

Sur une radio pulmonaire classique, facilement et rapidement disponible partout dans le monde, on observe ce qu'on appelle un syndrome réticulaire diffus (ce qui signe l'atteinte du tissu interstitiel du poumon, généralement constitué de vaisseaux sanguins et du tissu conjonctif, en d'autres termes le tissu de soutien de l'organe). On y dénombre différentes zones, agglutinées en mottes ou plus diffuses, qui ont un aspect de verre dépoli. Ces altérations sont localisées au niveau des deux poumons. L'image n'est pas spécifique à la COVID-19, mais fortement suggestive dans un contexte de pandémie. Pour faciliter les radiographies pulmonaires dans le contexte de la pandémie en dehors des services de radiologie débordés, la société AirTouch a obtenu le précieux label de la FDA pour son système de radiologie portable. Il pèse approximativement 2,5 kg, est capable de prendre 300 images successives et se recharge en deux heures. Selon la firme, il a été utilisé dans les centres de triage en Corée du Sud. Les images sont envoyées par technologie Bluetooth au système de stockage d'images médicales de l'institution.

Le CT (en coupes fines et sans injection de contraste) permet de mieux apprécier l'étendue de la maladie. Les signes que l'on y retrouve sont les opacités en verre dépoli, des condensations souvent linéaires du parenchyme pulmonaire (les petites structures du tissu pulmonaire constituées de bronchioles et d'alvéoles) et des épaississements intra- et interlobulaires. Après la phase aigüe, on peut observer un aspect de pneumopathie organisée. Ces images sont fréquemment présentes et tellement parlantes chez des patients très symptomatiques qu'il est tout à fait possible de les détecter automatiquement sur le CT. Il est facile d'imaginer qu'au milieu de la pandémie, quand l'afflux des patients aux urgences est le plus important, et qu'éventuellement les ressources humaines pour lire les scanners sont manquantes, il faut un moyen rapide et fiable pour déterminer si les patients sont à risque de détérioration respiratoire ou non. Le test PCR requiert du temps pour que la réponse soit disponible, et il ne donne pas une idée précise de l'étendue de l'atteinte pulmonaire. En revanche, l'imagerie radiologique permet une évaluation pulmonaire immédiate. C'est donc un moyen de triage fiable, qui donne une idée quantitative de l'étendue des dégâts pulmonaires. Pour cette raison, le CHU de Liège, comme d'autres hôpitaux, a rapidement réservé un scanner pour les patients suspects.

Pour accélérer la lecture des images, les industriels se sont attelés au développement de l'IA, afin de permettre une lecture automatisée et immédiate. C'est le cas pour CAD4COVID, produit des sociétés Thirona et Delft Imaging qui collaborent avec des centres académiques dispersés à travers le monde afin de développer et de valider l'IA pour lire les radiographies standards.

Les Chinois ont converti un logiciel, prévu initialement pour détecter des cancers pulmonaires, en outil pour diagnostiquer automatiquement la pneumonie par SARS-CoV-2. Une méthode facilitée par le « laxisme » des autorités gouvernementales en matière de protection des données personnelles. Le développement de l'IA dans ce pays est d'ailleurs considéré comme un axe stratégique prioritaire national. Beijing Infervision Technology Co, Ltd est une de ces sociétés qui a développé son propre outil. Son CEO affirme qu'il va falloir le valider sans conteste, mais dans le contexte de l'urgence sanitaire nationale, la priorité est de venir en aide aux soignants. Même un géant de l'e-commerce s'est lancé, par l'intermédiaire du DAMO Academy (l'institut de recherche d'Alibaba, le géant du commerce en ligne). Ils affirment avoir utilisé les scanners de

5 000 patients pour établir leur modèle, et que le résultat est plus que probant. La précision de diagnostic atteint 96 %, et le temps de lecture et d'analyse est de vingt secondes. À titre de comparaison, de cinq à quinze minutes sont nécessaires à un médecin pour une analyse complète et fiable d'un CT. Au Mount Sinai Hospital, à New York, on a démontré que ce genre d'IA obtient une sensibilité au moins équivalente à celle que l'on peut attendre de radiologues expérimentés. Ping An, géant de la télémédecine en Chine, a développé un logiciel qui permet de procéder à une analyse comparative de plusieurs CT successifs (pris à des intervalles espacés dans le temps chez un même patient), pour évaluer et quantifier par exemple l'effet d'un traitement.

Les radiologues de l'hôpital universitaire George-Washington ont utilisé un outil développé par la société VentureBeat (le logiciel Surgical Theater), pour visualiser en 3D ces fameux dégâts pulmonaires induits par le virus. En partant de l'information binaire contenue dans les coupes CT et en utilisant un outil de reconstruction 3D, les soignants et le grand public disposent d'une image volumique significative de l'atteinte pulmonaire, ce qui permet de mieux comprendre l'enjeu respiratoire. En même temps, l'étendue de l'atteinte fait craindre d'éventuelles séquelles à long terme.

La Société française de radiologie, en collaboration avec le Collège des enseignants en radiologie de France et la DRIM France IA (un écosystème d'intelligence artificielle d'imagerie médicale), a collecté des milliers de scanners thoraciques en provenance de centaines de centres français, mais également de partenaires en dehors de l'Hexagone (Belgique, Suisse et plusieurs pays au Maghreb participent à cet effort) afin de développer des algorithmes pour le diagnostic par CT du SARS-CoV-2.

L'hôpital Foch à Paris collabore avec le géant industriel Siemens Healthineers en utilisant l'outil CT Pneumonia Analysis, également testé aux États-Unis, en Suisse et au Canada. L'AP-HP et la Société d'imagerie thoracique créent un consortium avec un autre ténor industriel en radiologie, GE Healthcare, et d'autres acteurs comme Orange Healthcare et TheraPanacea (une firme française spécialisée en IA, en particulier dans la sphère oncologique) pour créer une base de données sans précédent de 10 000 scanners. Ils font appel à 20 radiologues experts pour les annoter et faciliter le développement d'algorithmes qui quantifient l'étendue de l'atteinte pulmonaire. GE Healthcare s'est également associé à l'entreprise coréenne Lunit Insight pour créer le Thoracic Care Suite, un logiciel constitué de 8 algorithmes qui reconnaissent spécifiquement la tuberculose, la pneumonie, l'atélectasie, la calcification, la cardiomégalie, la fibrose, l'élargissement médiastinal, l'épanchement pleural et la présence de nodules.

En Belgique, la Vrije Universiteit Brussel a développé avec Icometrix un moyen rapide et objectif pour quantifier la quantité pulmonaire lésée par la COVID-19 à partir des scanners thoraciques, afin de faciliter le « tri immédiat » aux urgences. À Liège, la société de technologie médicale OncoRadiomics se lance dans la course, après avoir reçu une aide financière européenne de 11,4 millions d'euros pour le projet « Dragon », qui vise à améliorer la compétitivité européenne dans le domaine de la recherche pharmaceutique.

Une troisième approche d'imagerie peut s'avérer très utile, particulièrement parce qu'elle est facile d'accès et disponible quasiment partout : l'échographie. Philips a obtenu l'autorisation de la FDA pour utiliser différents systèmes d'échographie classiques mais également son système portable (Philips Lumify) pour trier les patients au point d'accès (souvent les urgences), en évitant ainsi de les déplacer à travers l'hôpital. Butterfly Networks, dont la solution POCUS est bien connue des observateurs en technologie innovante (sonde connectée au smartphone de l'utilisateur), a collaboré avec Atrium Health pour déployer sa solution technique afin d'évaluer l'atteinte pulmonaire et cardiaque des patients confinés à domicile. Son CEO a affirmé que l'image même du médecin est en train de changer car le stéthoscope cède la place au dispositif échographique miniaturisé et portable. Ils utilisent également la télé-expertise dans le réseau d'Atrium Health, afin de guider celui qui effectue l'examen à mieux positionner la sonde. Ultromics, une start-up anglaise bien connue pour l'utilisation de l'IA dans le secteur de l'échocardiographie, se lance dans une étude rétrospective sur 500 patients COVID-19, chez qui, dans les trois mois du diagnostic, un examen cardiaque a été prescrit sur base de signes cliniques. Ils s'allient dans cet effort avec la prestigieuse Mayo Clinic, mais également d'autres unités d'échocardiographie dispersées à travers le monde. Le PDG d'Ultromics souligne que les images contiennent de l'information qui ne peut être discernée, pas même par des cardiologues avertis.

EchoNous a lancé KOSMOS 3-in-1, un dispositif composé d'un stéthoscope électronique, d'un appareil à ultrasons et d'un électrocardiogramme, le tout combiné avec de l'IA embarquée. Les trois signaux sont enregistrés de façon simultanée, et ils confèrent une information supérieure à la somme des trois techniques séparées.

La société de téléradiologie californienne Nines a obtenu le précieux label de la FDA pour son produit NinesAI. Ce système permet la détection automatique, sur des coupes scanners de la région tête et cou, de lésions vasculaires (hémorragies) et des effets de masse (tumeur). Comme certains cliniciens ont démontré la présence d'accidents vasculaires cérébraux, particulièrement chez les patients plus jeunes qui souffrent du coronavirus, il n'est pas étonnant que cette technique soit envisagée pour améliorer l'efficience du triage radiologique.

Les nouvelles technologies pour lutter contre la maladie

Cette IA utilisée pour la lecture et l'analyse des images radiologiques peut également être mise à profit pour détecter automatiquement des signes avant-coureurs de l'infection, afin de conseiller au mieux les patients des dispositions à prendre et éviter ainsi des engorgements aux urgences.

En France, l'alliance digitale contre la COVID-19 (consortium de la French Tech) a développé le site maladiecoronavirus.fr qui permet aux utilisateurs de s'autoévaluer anonymement grâce à un questionnaire constitué de 23 questions. L'outil a été développé en collaboration avec plusieurs établissements hospitaliers en France, en s'appuyant sur l'expérience acquise en Chine. Sur base des informations récoltées concernant certains symptômes, comme la toux et la fièvre, ainsi que la présence de facteurs de risque dans les antécédents médicaux (diabète, hypertension, etc.), l'outil propose cinq options : rester confiné chez soi, consulter son médecin généraliste, appeler la permanence des soins non urgents, accéder à un service de téléconsultation ou appeler le numéro des urgences.

À l'université du Massachusetts à Boston, on a développé un outil (FluSense) qui permet d'analyser en temps réel le son de la toux, même si plusieurs personnes sont présentes dans un lieu, comme une salle d'attente médicale. Cette technologie, initialement développée pour tracer la grippe dans les hôpitaux et autres structures sanitaires, peut également être utilisée dans le contexte du SARS-CoV-2.

Un autre symptôme classique, aisément repérable, est la fièvre. On peut donc envisager de constituer un stock de thermomètres connectés à usage unique (une fois utilisé, il devra être stérilisé) ou des caméras thermiques (envisagées par ailleurs pour le *screening* dans les lieux publics ou à l'entrée de certaines entreprises).

Dans mon livre précédent[38], je signalais déjà la possibilité d'utiliser la présence, dans l'air exhalé, de composants organiques volatils (COV), afin de poser le diagnostic de plusieurs maladies. Tout est parti de l'observation selon laquelle des chiens renifleurs sont capables de poser le diagnostic uniquement avec leur flair surdéveloppé. L'Unité cynologique interforces, composante de l'armée de l'air en Belgique, s'est lancée dans une étude scientifique avec une douzaine d'équipes (chiens et maîtres-chiens) pour évaluer la fiabilité d'une telle approche. Ils ne sont pas les seuls, car des résultats en

Allemagne semblent démontrer une fiabilité même supérieure aux tests PCR. À l'université de Hanovre, les chiens militaires ont atteint une précision étonnante de 94 %. L'expérience a été conduite de façon aveugle. Hormis ceux qui ont conçu le *setup* expérimental, personne d'autre – et surtout pas les maîtres-chiens – ne savait quel échantillon était positif. Les Américains et les Français effectuent une démarche comparable. En France, c'est l'École nationale vétérinaire d'Alfort qui forme les chiens renifleurs pour reconnaître les personnes positives. Les chiens reniflent des morceaux de coton et des embouts en plastique qui servent de capteurs pour récupérer la sueur. Une équipe de l'université d'État de l'Ohio a donc exploité la présence de ces COV et développé un système qui détecte l'oxyde nitrique (NO) ainsi que deux autres métabolites dans l'air exhalé. Ces métabolites sont liés à la présence de la COVID-19. Comme on en mesure quantitativement la présence, la technique permet de suivre le progrès de la maladie, ou la réponse éventuelle à un traitement. Les Israéliens de NanoScent analysent également l'empreinte olfactive en utilisant un dispositif connecté au smartphone. Le résultat de l'analyse apparaît dans les trente secondes.

Les dispositifs connectés que nous portons sur nous de façon journalière (montres intelligentes), ou d'autres capteurs de paramètres physiologiques, peuvent également servir pour diagnostiquer précocement la maladie. Le département de la Défense américain collabore par exemple avec la société Philips sur le projet « RATE » (Rapid Analysis of Threat Exposure). Ce projet existe depuis 2018 et a été construit dans le but de poser un diagnostic de grippe ou d'autres infections communes. Les responsables de la Defense Innovation Unit et de la US Defense Threat Reduction Agency ont logiquement appliqué cette approche dans le contexte de la COVID-19. L'algorithme a été construit par la société Philips sur base d'environ 40 000 dossiers médicaux provenant de patients souffrant d'infections contractées dans un contexte hospitalier. Les paramètres utilisés par l'algorithme sont la fréquence cardiaque, la fréquence respiratoire et la saturation en oxygène, notamment. S'il est communément accepté que les données de capteurs utilisés dans un environnement hospitalier sont plus fiables que celles récoltées par des dispositifs à domicile, la collection de plusieurs paramètres simultanément confère malgré tout la puissance requise à l'algorithme prédictif.

L'analyse des eaux usées permet également d'y découvrir le virus. Il ne s'agit pas d'un dépistage individuel mais d'une approche de groupe, utilisée par les autorités sanitaires pour gérer de façon proactive d'éventuels foyers émergents. Au Danemark, le virus a ainsi été découvert trois jours avant que le premier patient ne soit identifié. Les laboratoires Eurofins affirment qu'ils peuvent détecter la présence virale dès que 2 personnes sur 10 000 sont porteuses. Ce n'est pas étonnant puisqu'une partie des personnes infectées ont des particules virales dans leur tube digestif. Cette idée a été reprise à l'université de Louvain, qui souhaite le tester en zone urbaine et à tout endroit à risque de propagation rapide (centres de soins, maisons de repos).

Afin de conserver la possibilité de faire des tests PCR et des CT, on a essayé d'établir un score basé sur de la numération de lymphocytes, d'éosinophiles, de basophiles et de neutrophiles, que l'on identifie aisément et rapidement dans une simple formule sanguine. Le test mis au point, dans une première cohorte de 100 individus, a été validé sur une deuxième cohorte de 300. Des taux bas de ces leucocytes sont associés à une probabilité d'infection élevée. Ce score, appelé score de PARIS[39], a une valeur prédictive négative de 99,5 %. Si le score présente une faible probabilité d'infection à la COVID-19, il est peu vraisemblable que le patient soit infecté. Il est donc inutile de lui proposer un test PCR ou un CT. *A contrario*, si le score montre une probabilité élevée, on peut sélectionner le patient pour un test PCR et/ou un CT. Si le score de PARIS est élevé, mais que le test PCR s'avère négatif et que le scanner ne montre pas d'altérations pulmonaires spécifiques, il est quand même utile de surveiller le patient. Il est nécessaire de rappeler qu'on observe jusqu'à 30 % de faux négatifs pour le test PCR. La sensibilité du CT est d'ailleurs meilleure que celle du PCR (97-98 % *versus* 71-95 %).

Les moyens de propagation de l'infection

Mode de contamination privilégié : les gouttelettes

Le virus est tellement léger que les gouttelettes que nous produisons en éternuant, en toussant et même en parlant se distribuent dans l'air et atteignent aisément nos concitoyens majoritairement non masqués.

Cette transmission par gouttelettes explique aussi l'utilité du port du masque, même si des politiciens ont affirmé le contraire pour cacher leur incompétence, leur manque de prévoyance ou la pénurie :

- Si personne ne porte de masque, le risque de transmission est de 90 %, dans le cas où le porteur du virus et la personne saine se trouvent à moins de 1,50 m l'un de l'autre ;
- Si la personne saine porte un masque, elle réduit ce risque d'être contaminée à 30 % ;
- Si le porteur de virus porte un masque, il réduit le risque de contaminer une personne saine à 5 % ;
- Si les deux portent un masque, le risque de transmission descend à 1,5 %.

Porter un masque est un acte civique : on protège les autres ! Et pour clore le débat de l'utilité du port du masque, il suffit de comparer le taux de décès entre le Japon et les États-Unis. En tenant compte de l'importance de la population, le taux d'infection japonais ne représente que 2 % de celui des États-Unis, et pourtant dans ce pays les mesures de confinement n'ont pas été mises en place, les métros sont restés ouverts et la plupart des activités ont continué, y compris les fameux bars à karaoké. Les Japonais ont appliqué la distanciation physique et surtout le port du masque, contrairement aux Américains. À la décharge de ces derniers, ils n'ont été inspirés ni par Donald Trump, ni par Mike Pence, qui se sont tous deux dits réfractaires à son utilisation.

La distance physique de 1 à 1,5 mètre est-elle suffisante ? Une simulation numérique a été effectuée par la société Ansys (éditeur de logiciels, spécialisé en simulation numérique). Elle démontre que les règles de distanciation physique de 1 à 2 mètres sont une simplification à l'extrême. Les risques de contamination sont donc largement sous-estimés. Lors d'une toux ou d'un éternuement, les gouttelettes vectrices peuvent être expulsées à une vitesse de 28 mètres par seconde. L'éloignement entre deux personnes statiques devrait donc être supérieur à 2 mètres, et plus encore si ces personnes font du sport. Par ailleurs, des chercheurs en Finlande ont montré que des gouttelettes en suspension peuvent se propager jusqu'à 8 mètres, ce qui rend théoriquement inutile la règle de la distanciation physique à 1,5 mètre.

En tant que virus respiratoire, il est très contagieux, surtout avant les premiers symptômes. Dans quasiment 40 à 80 % des cas, l'infection a lieu par contact avec un asymptomatique. Les chercheurs de Guangzhou, en Chine, ont détecté des virus dans les sécrétions nasales, jusqu'à deux à trois jours avant l'apparition d'un premier symptôme. Cette observation est confirmée par une équipe allemande. Une transmission antérieure au premier symptôme complique le *contact tracing* (recherche de contacts, voir le chapitre 8 « Technologie et libertés individuelles »), mais renforce l'efficacité du confinement général ou d'un dépistage massif avec mise en quarantaine des porteurs du virus. En Corée du Sud, on a observé qu'un patient positif sur trois n'a jamais développé de symptômes, mais qu'il excrète tout autant le virus qu'un porteur symptomatique – argument supplémentaire en faveur d'un confinement généralisé.

On ne sait combien de temps un porteur de virus est capable de l'excréter par voie aérienne. Si les scientifiques n'ont pas encore déterminé la durée pendant laquelle nous pouvons potentiellement infecter notre entourage, ils estiment que cette période s'étale entre huit et trente-sept jours, et que la médiane se situe autour de vingt jours, avec une moyenne autour de vingt-quatre jours. Les Chinois nous ont rapidement avertis que des patients devenus non symptomatiques pouvaient continuer à produire des gouttelettes chargées de virus de façon prolongée dans le temps (pour certains, jusqu'à quarante-deux jours après les premiers symptômes). Il faut idéalement 3 tests consécutifs négatifs pour affirmer qu'une personne n'est plus porteuse.

Les Allemands rapportent que, si le patient est peu symptomatique au départ, il ne serait plus infectieux après dix jours en général. Ce constat est certainement à l'origine d'une réduction de la période de quarantaine après l'été par les autorités françaises. Le Premier ministre Jean Castex a réduit la durée à sept jours, pour éviter de mettre entre parenthèses une nouvelle fois la vie sociale, culturelle et économique du pays, ainsi que d'empiéter sur le temps scolaire.

On demande aux personnes d'éternuer ou de tousser dans leur coude pour empêcher une forte dispersion des gouttelettes dans l'air. C'est un des gestes barrières principaux. Des chercheurs ont demandé à une personne de répéter *Stay healthy* (« Restez en bonne santé ») dans une boîte fermée et ont constaté que les gouttelettes émises peuvent rester suspendues dans l'air pour une période moyenne de douze minutes. Le simple fait de parler va de pair avec l'expulsion du virus sous forme d'aérosol, il est donc primordial, dans un espace fermé, de maintenir le port du masque.

Combien de temps le virus peut-il survivre dans une gouttelette émise ? Quelle est sa durée de survie dans un aérosol ou sur une surface ? Les avis sont très partagés à ce sujet. Sur des surfaces inertes, on peut retrouver le virus en pleine santé après vingt-quatre heures, en fonction des conditions environnementales et du type de matériau. Le temps de séchage des gouttelettes diffère fortement entre une surface métallique et une surface en bois, par exemple. Pour les microgouttelettes suspendues dans l'air, une équipe du Nebraska a retrouvé des portions du code génétique (ARN viral) dans l'air deux heures après qu'une personne infectée est passée dans la pièce. Aucune certitude quant à savoir si ces éléments retrouvés sont encore actifs, ni la charge virale minimale requise pour que la personne en contact soit à son tour infectée.

Cette survie du virus dans les gouttelettes pourrait bien dépendre des conditions météorologiques. Température et humidité ambiante peuvent l'influencer. Si les gouttelettes sèchent rapidement, le virus disparaît. Dans des conditions plus fraîches et humides, l'agent viral persiste plus longtemps sur les surfaces, ce qui pourrait expliquer la recrudescence de foyers de maladie dans les abattoirs (par exemple, en Allemagne, en plein été, après la première vague). Une étude publiée dans *GeoHealth* montre, par l'analyse des vestiges du temps météorologique et chronologique (en effectuant l'analyse de carottages provenant d'un glacier alpin), que les virus survivent plus longtemps dans l'air humide. Les auteurs de cette étude considèrent que la deuxième vague de la grippe espagnole, qui a provoqué tellement de décès, coïncide avec un temps météorologique exécrable à cette époque-là.

Des données en provenance d'un hôpital de Wuhan semblent indiquer que l'air serait également contaminé par de l'ARN viral, et que la transmission en dehors des fameuses gouttelettes est aussi possible, du moins en théorie. En analysant l'air dans différentes pièces, ils se sont aperçus que dans des endroits mal ventilés (comme les toilettes), le matériel génétique viral est présent. Ce qui ne signifie pas nécessairement que ce matériel suspendu dans l'air suffise pour contaminer un individu. Seulement, si l'ARN viral peut se propager dans l'air ambiant et de façon indépendante des gouttelettes, il va falloir être très prudent avant d'autoriser à nouveau des grands rassemblements populaires dans des lieux fermés.

Une étude effectuée sur une famille chinoise révèle que la climatisation favorise la contamination. Cette famille venue de Wuhan a déjeuné dans un restaurant, à Guangzhou. Un des membres a développé la maladie le lendemain. Premier pas vers l'avènement d'un cluster. En étudiant la salle de plus près, on a réalisé que les personnes contaminées étaient assises dans l'axe du système de ventilation. Qu'en est-il alors, dans un espace clos comme un avion ? Plusieurs études de suivi de sujets qui ont voyagé dans un avion, dans lequel étaient présentes des personnes atteintes par le coronavirus, ont été effectuées, et aucun cluster n'a été détecté. Il faut dire que les personnes voyageaient masquées.

Ces données vont inciter des centaines de scientifiques internationaux à appeler les autorités de santé et l'OMS à préconiser la ventilation des espaces publics intérieurs (lieux de travail, écoles, hôpitaux, maisons de retraite) et/ou à installer des systèmes de filtration d'air efficace. L'Organisation a reconnu l'émergence de preuves en matière de présence de virus dans l'air ambiant, ce qui change la donne en matière de prévention et généralisation du port du masque dans les lieux publics.

La capacité de contagion sera certainement revue à la hausse. Là où, initialement, on estimait qu'une personne en infecte un peu moins de trois (R0 entre 2,2 et 2,7), des scientifiques argumentent que cette valeur R0 pourrait être de 3,8 à 8,9. Une personne infectée pourrait donc en contaminer jusqu'à neuf dans le pire des scénarios. Avec un tel degré de capacité de contagion, l'immunité naturelle devrait être au minimum de 80 %. On en est malheureusement très loin, même dans les pays qui ont été durement touchés par la première vague – ce qui fait craindre l'arrivée de vagues successives.

William Schaffner, spécialiste des maladies infectieuses à l'université Vanderbilt, a affirmé qu'en plein air le risque de transmission était nettement moindre, particulièrement parce que la brise pouvait diluer le virus dans l'air. Mais que ce constat n'affranchisse pas les jeunes adultes des règles sanitaires, à l'instar de ces rassemblements massifs qui ont eu lieu au printemps pendant les traditionnels rassemblements du Spring Break aux États-Unis, ou encore la réouverture des pubs anglais assaillis par les consommateurs dès l'assouplissement des mesures gouvernementales.

Les Allemands, de façon très pragmatique, se sont interrogés quant à savoir si on pouvait à nouveau organiser des concerts après la première vague. L'université Martin-Luther de Halle-Wittemberg a donc mené une expérience grandeur nature réunissant quelque 2 000 personnes jeunes, volontaires et en bonne santé, qui portaient un masque FFP2. Le chanteur pop allemand Tim Bendzko s'est prêté au jeu en donnant des mini-concerts sous différents formats. Les chercheurs ont varié le nombre de spectateurs et les distances entre les personnes et ont suivi les sujets. On attendait les résultats de cette analyse avec un certain intérêt tant au niveau médical que du côté événementiel. Et ceux-ci n'ont fait que confirmer ce que l'on soupçonnait d'emblée : moyennant une bonne ventilation et le respect des gestes barrières, ce type de manifestation ne représente pas un risque en matière d'épidémie.

Autres formes de transmission

Le virus peut-il se transmettre sexuellement ? Ce n'est pas une question anecdotique : nombre de soignants exposés et en couple avec un partenaire non exposé vont jusqu'à se mettre en « quarantaine d'intimité » de façon volontaire. Des chercheurs chinois ont démontré, chez une petite minorité de patients, la présence du virus dans le sperme. Il pourrait donc effectivement y avoir un risque de transmission sexuelle. De toute façon, on ne peut pas exclure les autres formes de transmission pendant les variantes de l'acte sexuel. Le risque de contamination existe, mais les principes de distanciation physique et du port du masque sont peu compatibles avec l'acte. Nonobstant, l'administratrice en chef de la Santé publique au Canada, le docteur Theresa Tam, de conseiller de porter un masque pendant les relations sexuelles avec des nouveaux partenaires (ces derniers devant veiller à ce que leurs visages ne se touchent pas et s'abstenir de s'embrasser), et d'inviter à privilégier néanmoins les activités solitaires. Sans commentaires...

Le docteur Anthony Fauci suggère de porter des lunettes de protection, considérant que les yeux peuvent servir de porte d'entrée au virus.

Après analyse du liquide amniotique, du placenta, du sang maternel et de celui du nouveau-né, les cliniciens du centre Antoine-Béclère à Clamart affirment que la transmission intra-utérine au fœtus serait possible.

Un élément non négligeable en matière de dispersion active du virus est le personnel soignant. Premier constat : 40 % des internes en France ont manifesté des symptômes compatibles avec la COVID-19. La moitié d'entre eux a pourtant continué de travailler. Deuxième constat, inquiétant : selon l'InterSyndicale nationale des internes, moins d'1 interne sur 2 a été formé aux risques de transmission liés à l'infection par l'institution dans laquelle il travaille, et 17 % des internes n'ont reçu aucune formation. C'est très étonnant, car ces jeunes gens peu symptomatiques figurent parmi les super contaminateurs, dans les sphères professionnelle et privée. En Belgique, Sciensano souligne que les soignants qui disposent du matériel de protection individuel ne l'ont pas toujours utilisé conformément aux directives. Pis encore, 11 % ont indiqué qu'ils ne savaient même pas quel matériel utiliser. On est plus qu'étonné de savoir qu'en région flamande, un médecin généraliste ne portait pas de masque pendant ses consultations et a ainsi contaminé une centaine de ses patients.

> *Rappel sempiternel des facteurs clés pour limiter la propagation*

Un des éléments clés en matière de prévention est le lavage des mains. Néanmoins, dans le contexte des soins, cette pratique est inégale et parfois peu efficiente. On comprend peut-être mieux – sans pour autant la cautionner – cette phobie du soignant dans une frange de la population, qui se traduit par une stigmatisation des travailleurs de la santé : une enquête, menée auprès de 3 500 adultes aux États-Unis et au Canada couvrant la période du 6 au 19 mai, révèle qu'un tiers d'entre eux évitent soigneusement de les côtoyer, et un quart proposent franchement de restreindre leurs libertés. Pour Steven Taylor, professeur de psychiatrie à l'université de la Colombie-Britannique, ces résultats, bien qu'attendus, sont malgré tout surprenants. Il est vrai que ces soignants développent l'infection plus souvent que le reste de la population. Ils paient également un lourd tribut en nombre de décès. Malheureusement, les risques ne s'arrêtent pas uniquement aux conséquences physiques de la maladie. Ils englobent aussi le stress, les conséquences mentales et les violences auxquelles ils sont soumis. Cette stigmatisation est jugée suffisamment importante pour que l'OMS décide de lancer une charte destinée à protéger les agents de santé.

Quant à la distanciation physique, elle est efficace. Un changement de nos habitudes et de nos comportements peut infléchir la courbe. Toutefois, une baisse de la garde et un manque de civisme conduisent à une recrudescence instantanée des contaminations. La France en a fait l'expérience douloureuse à la mi-octobre, avec plus de 30 000 nouvelles contaminations en seulement vingt-quatre heures. Les experts appellent donc la population au civisme et implorent celle-ci à ne pas relâcher les gestes barrières qui sauvent des vies. Le combat contre cette épidémie est un problème collectif, qui repose sur le comportement de chaque individu, même si certains ont l'impression de ne pas partager cette responsabilité. La demande de quelques citoyens, adressée à des médecins généralistes pour obtenir une dispense médicale de port du masque sous prétexte de problèmes respiratoires, n'est par conséquent pas recevable. Cette requête va à l'encontre de l'intérêt général et individuel : les patients qui ont des problèmes respiratoires ont tout intérêt à éviter de se faire infecter par le virus.

La réponse immunitaire

De la rechute à la deuxième vague

À nouveau, aucune certitude. Sur les macaques rhésus, les Chinois montrent qu'une rechute par SARS-CoV-2 n'est pas possible, ce qui, de prime abord, est une bonne nouvelle pour le développement d'un vaccin. Seulement, l'étude ne fait pas l'unanimité au niveau scientifique, car le délai d'observation dans l'expérience est d'un mois, à peine. Même si les résultats de cette expérience sont encourageants, il n'est pas exclu que ce virus, comme celui de l'herpès (responsable de la varicelle de l'enfant et du zona chez l'adulte), puisse rester dormant et asymptomatique pendant un certain temps et réapparaître par la suite. Tout début septembre, de rares cas isolés de rechute ont été observés : 1 à Hong Kong et 2 dans l'Union européenne (Belgique et Pays-Bas). En l'espèce, le premier épisode infectieux a été peu prononcé, ce qui a probablement limité la réponse immunitaire et donc la protection ultérieure.

Avant d'aller plus loin, pour comprendre la partie suivante relative à la réponse immunitaire, il est utile de revenir sur quelques notions. Cette réponse contre l'agression infectieuse est composée dans les grandes lignes des éléments suivants :

- Une réponse innée (constituée de macrophages, cellules NK, *natural killer*, granulocytes et cellules dendritiques). Ces cellules provoquent une réaction inflammatoire contre l'agresseur ;
- Par la suite surgit la réponse immunitaire adaptative, initiée par les cellules présentatrices d'antigènes (les macrophages se transforment et deviennent des cellules présentatrices d'antigène) ;

- Ces cellules présentatrices livrent ces antigènes aux lymphocytes T auxiliaires ganglionnaires (dans les ganglions lymphatiques). Ceux-ci interagissent avec les lymphocytes B et les lymphocytes T tueurs ;
- Les lymphocytes T auxiliaires activent les lymphocytes B, qui deviennent soit des lymphocytes mémoire soit des plasmocytes véritables fabriques à anticorps spécifiquement dirigés contre l'antigène. Certains lymphocytes T tueurs vont également se transformer en lymphocytes T mémoire. Les anticorps spécifiques dirigés contre l'agent infectieux sont détectables dans le sang du patient.

Concernant cette séroconversion, beaucoup de questions restent sans réponses : quel est le délai d'apparition des anticorps ? La mémoire immunitaire nous protège-t-elle ultérieurement ? Si oui, combien de temps ? Pourquoi certains patients guéris de la maladie n'ont-ils pas d'anticorps ? Quelle est la fiabilité des tests sérologiques ?

Des données inquiétantes nous proviennent de la province de Guandong, en Chine, où on aurait observé un « taux de rechute de 14 % » (sur base de recherche de virus par RT-PCR). En Corée du Sud, les experts du CDC coréen mentionnent un chiffre comparable. Toutefois, on rectifie la terminologie utilisée et on remplace « rechute » par « deuxième vague ». On explique la méprise par un problème technique lié au test, avec un taux de faux positifs élevé certainement au début de l'épidémie.

Les chercheurs sont interpellés par les patients de la deuxième vague dans le nord de la Chine (provinces de Jilin et Heilongjiang), qui sont porteurs du virus pour des périodes plus longues et mettent plus de temps à développer des symptômes. La maladie s'attaque essentiellement aux poumons et est moins « systémique » que lors de la première vague. Également, le nombre de décès baisse significativement. Le rebond de l'épidémie apparaît aussi dans la capitale, avec une centaine de nouveaux cas enregistrés à Pékin au mois de juin. Le directeur général de l'OMS en conclut que les pays qui ont maîtrisé le premier pic doivent rester attentifs au moindre soubresaut.

Dès le moment où l'épidémie revient dans nos pays, le même constat est fait : la mortalité n'augmente pas avec le nombre de cas infectés, contrairement à ce que nous avions observé au printemps. Plusieurs explications sont possibles : une mutation qui réduit la virulence (le virus s'adapte à son hôte et ne le tue plus), un simple effet statistique (on recherche plus fréquemment les patients porteurs par les campagnes de dépistage, le dénominateur augmente donc manifestement), une population de patients différents de ceux de la première vague (plus jeunes donc plus résistants), une seconde infection (qui serait donc contrôlée partiellement par une réponse immunitaire) et une nette amélioration de la prise en charge.

À ce jour, il n'existe aucune preuve qui confirmerait qu'une primo-infection protège d'un deuxième épisode. Les avis sur la question sont multiples. Certains virologues, comme Emmanuel André, porte-parole initial de la cellule de crise en Belgique, signalent que la primo-infection octroie une immunisation partielle, la réinfection étant moins sévère. Maria Van Kerkhove, responsable de la gestion de la crise de la COVID à l'OMS, n'est pas convaincue que la présence d'anticorps signifie une immunité. Anthony Fauci pense qu'un premier épisode protégerait la personne, ne serait-ce que pour une période de durée raisonnable, sans préciser ce que serait la durée de temps requis pour produire un vaccin efficace, donc approximativement dix-huit mois ?

Il ne faut pas oublier que ce virus pourrait éventuellement muter et échapper à la réponse immunitaire. Une première mutation significative du SARS-CoV-2 a été décrite, mais les chercheurs estiment que la COVID-19 est plus stable génétiquement que son cousin le SARS-CoV-1. Selon le Centre national de bio-information en Chine, déjà 7 500 mutations ont été enregistrées depuis le début du mois de mai. Certaines sont anodines, d'autres nettement moins. Le Laboratoire national de Los Alamos, au Nouveau-Mexique, a trouvé plusieurs mutations concernant la protéine Spike qui est une cible souvent citée pour le développement des stratégies de vaccination. Soyons conscients qu'une mutation peut remettre en question l'immunité collective, qu'elle soit naturelle ou obtenue par vaccination.

À ce propos, l'université d'Arizona a signalé deux nouvelles souches virales, l'une plus dangereuse que l'autre. La première, découverte en Europe, semble se propager plus rapidement que celle qui sévissait en Chine au début de l'épidémie. Elle serait issue de recombinaisons entre différentes souches locales mutées (essentiellement au niveau des protéines de surface) et pourrait donc rendre certaines approches vaccinales singulièrement compliquées. Elle expliquerait aussi potentiellement un taux de mortalité plus élevé en Europe et aux États-Unis, particulièrement à New York. La seconde, fait état d'un affaiblissement du virus. En effet, 81 bases (un nucléotide, élément constitutif du codage génétique) ont disparu par mutation, altérant le virus par la même occasion. Ce phénomène avait aussi été observé à la fin de l'épidémie liée au SARS-CoV-1, il signe une adaptation du virus à son hôte.

Par ailleurs, on évoque de plus en plus la probabilité d'une réponse immunitaire croisée grâce à une exposition préalable à d'autres coronavirus qui provoquent des maladies plus banales, comme le rhume. Rappelons qu'éternuements et écoulement nasal pendant l'hiver sont souvent causés par des coronavirus. Lors de ces infections, notre système immunitaire est stimulé et constitue des lymphocytes mémoire qui peuvent nous protéger d'autres coronavirus, parce qu'elles reconnaissent certaines structures protéiques virales similaires.

Passeport immunitaire et immunité croisée

Les experts de l'OMS sont unanimes : il faut continuer de tester chaque individu suspect, isoler ceux qui sont porteurs du virus et rechercher ses contacts afin d'interrompre la chaîne de transmission. Pour évaluer correctement le taux d'immunité collective, il faudra à nouveau tester à large échelle, avec des tests fiables. C'est une tâche colossale. Aux États-Unis, par exemple, pour appliquer une telle politique, il faudra effectuer la bagatelle de 20 millions de tests par jour.

Ce qui est étonnant et regrettable, selon le Belge Hans Kluge, directeur européen de l'OMS, c'est que chaque pays a ses propres idées en matière de sortie de confinement, là où l'OMS serait la mieux placée en tant que structure supranationale pour établir une approche concertée et unifiée.

Des chercheurs du MIT aux États-Unis ont modélisé l'impact d'un redémarrage trop rapide de la société sur base des chiffres de l'épidémie en Chine et en Italie, et la précipitation serait terrible. Par la même occasion, ils épinglent les multiples défauts des modèles utilisés par le gouvernement américain, qui, poussé par l'intérêt économique, veut accélérer la reprise. Michael Ryan, directeur exécutif chargé du programme d'urgence sanitaire de l'OMS, rappelle que 10 % des infectés sont des soignants – si ceux-ci s'absentaient pour cause de maladie, l'organisation des soins serait mise à mal. Tedros Adhanom Ghebreyesus rappelle sans fin qu'aucun pays n'est immunisé et que les systèmes de soins ne sont pas en mesure d'affronter cette catastrophe.

Les autorités allemandes et américaines évoquent, dès le début du mois d'avril, la possibilité de mettre en place un « passeport immunitaire » qui autoriserait les personnes immunisées à retourner au travail, pour autant que l'on s'assure préalablement de la durée de cette immunisation. L'Estonie l'a mis en place en phase test : le principe fonctionne avec un QR code temporaire disponible sur le smartphone de l'employé. Pour ce pays en particulier, la mise en route a été facile car les citoyens sont déjà dotés d'une carte d'identité numérique. Cela soulève une question éthique : ceux qui ont impérativement besoin de travailler pour subvenir aux besoins de leurs familles pourraient prendre le risque de se faire infecter, en espérant échapper à la forme grave de la maladie. Henry Greely, un bioéthicien de l'université Stanford interviewé à ce sujet, compare ce système à la loterie : ne seraient autorisés à retourner au travail que ceux, peu nombreux, qui ont eu la « chance » de se frotter au virus sans tomber trop malades ou en décéder.

Les données chinoises indiquent que les anticorps contre le SARS-CoV-2 ne persistent que deux à trois mois dans le sang, une durée fondamentalement différente de celle du MERS (les anticorps sont présents jusqu'à un an après l'infection). Par ailleurs, les personnes qui ont été infectées mais qui ont présenté très peu de symptômes n'ont parfois pas d'anticorps détectables dans le sang périphérique. Les deux observations compliquent singulièrement la mise en place d'un tel passeport d'immunité et confortent les décideurs dans le maintien des gestes barrières.

En outre, certains experts ont fait part de leur inquiétude car, sur les 24 tests sérologiques autorisés par la FDA, 6 ne prennent pas en compte la « glycoprotéine de pointe » et ne détectent donc que des anticorps dirigés contre l'enveloppe du virus. Or, c'est justement cette glycoprotéine de pointe qui permet une détection plus efficace des anticorps spécifiques.

Des observations étonnantes apportent indéniablement de l'eau au moulin à ceux qui évoquent la possibilité d'une immunité croisée. Mais l'OMS veille au grain et met en garde : aucune preuve scientifique n'existe en matière d'immunité croisée, même si certains affirment dès à présent que 40 à 60 % de la population pourraient déjà être immunisés contre le SARS-CoV-2, même sans y avoir été exposés. Quels sont les faits ? Les Italiens et les Allemands ont décrit la présence de cellules immunitaires qui sont capables de reconnaître le SARS-CoV-2 comme d'autres coronavirus qui provoquent de simples rhumes. Ces fameuses cellules T se retrouvent dans 34 % de la population testée négative au coronavirus. Et si on combine ce chiffre avec le taux de séroconversion induit par la COVID-19, on approche les 50 %, donc proches du chiffre magique de 60 % qui a été présenté comme seuil d'immunité de groupe. Par ailleurs, l'absence de clusters familiaux chez les soignants, exposés au virus au début de la pandémie et probablement porteurs, serait un argument supplémentaire en faveur d'une immunité collective plus importante que nous le suspections. Ces professionnels de soins ne contractant au demeurant la COVID-19 que de façon occasionnelle, par rapport aux risques encourus en première ligne.

Quoi qu'il en soit, la sortie du confinement et le retour à une « nouvelle normalité » est un casse-tête pour les responsables sanitaires et politiques. Très souvent, les décisions sont prises en fonction d'une idéologie politique et de la pression publique. Certains redémarrent l'activité sans que les chiffres de l'épidémie les y autorisent, au grand dam des scientifiques et des médecins qui craignent le pire. D'autres sont nettement plus prudents mais essuient tout autant que les premiers les critiques de la population, qui montre clairement des signes inquiétants de « fatigue de la pandémie » et n'applique plus les gestes barrières. Cela se traduit en septembre par un nombre de contaminations aussi élevé que pendant le pic de la première vague au mois d'avril (comme en France et en Espagne) et qui dépasse même les pires chiffres des États-Unis, si on ajuste par rapport au nombre d'habitants.

Chapitre 4

Le défi de la stratégie vaccinale

La course contre la montre

La course mondiale au vaccin est engagée, en théorie seule solution radicale si on veut se débarrasser une fois pour toutes de la COVID-19. Des centaines de laboratoires et groupes de recherches planchent sur ce type d'approche. Même si l'effort international est intense, Anthony Fauci, directeur de l'Institut national des allergies et des maladies infectieuses (NIAID[40]) du NIH, tempère l'enthousiasme en stipulant que plus d'une année sera certainement nécessaire pour développer une stratégie vaccinale efficace et exploitable à l'échelle mondiale. Il précise également qu'aucun vaccin ne protégera à 100 %. La société scientifique table sur une immunité de la population seulement s'il y a assez de survivants à la maladie, et un vaccin efficace à hauteur de 70 à 75 %. Cet optimisme mesuré est partagé par l'Agence européenne du médicament (AEM). Par cette déclaration prudente et réaliste, Fauci s'oppose une fois de plus au locataire de la Maison Blanche qui se dit très optimiste et annonce avec fracas qu'un vaccin sera disponible avant fin 2020. Le président américain précise que son optimisme se base sur le bon état d'esprit qui règne en matière de coopération internationale. En outre, selon l'agence internationale Bloomberg, le gouvernement américain a lancé un programme intitulé « Operation Warp Speed », qui vise ni plus ni moins la fabrication de 300 millions de doses de vaccin d'ici à janvier 2021, forcément à usage national en priorité. Cet effort est comparé au projet « Manhattan » (effort consenti pendant la seconde guerre mondiale pour le développement accéléré de la bombe atomique). En fin de compte, dès la fin de l'année, particulièrement fin novembre et début décembre, les annonces pleuvent concernant l'efficacité des vaccins. C'est la surenchère généralisée, personne ne voulant faire moins bien que l'annonce de Moderna (94,5 %). Les instances régulatrices sont fortement sollicitées afin de prendre une décision rapide pour autoriser la mise sur le marché des différents vaccins. Certains pays sont plus rapides que d'autres, comme le Royaume-Uni, qui dès la première quinzaine de décembre déclare vouloir commencer son plan de vaccination (avant le *reset* de l'Europe, Brexit oblige !). Mais eux aussi sont devancés par les Russes et les Chinois.

Revenons un moment sur ce « bon état d'esprit » international. Pas certain que la France ait la même lecture du sujet, quand elle réagit indignée à l'annonce du géant pharmaceutique français Sanofi, qui déclare que le vaccin sera prioritairement mis à disposition aux États-Unis, sous prétexte que les Américains ont investi plus d'argent. Les Allemands sont également mécontents, Angela Merkel en tête, quand ils apprennent que le président américain veut acquérir le produit du laboratoire national CureVac, afin de le rendre disponible uniquement pour les citoyens américains. La Commission européenne surenchérit immédiatement en insufflant 80 millions d'euros dans CureVac pour contrer l'offre de l'administration Trump.

Face à la volonté américaine de ne prioriser que les citoyens US au détriment des autres, des figures de proue de la communauté internationale ont souligné la nécessité d'un accès au vaccin équitable, universel et gratuit. Il ne faut surtout pas qu'il soit protégé par un brevet qui offre un monopole à un de ces grands groupes pharmaceutiques. N'oublions pas que des sommes faramineuses sont engagées par les gouvernements en guise de subsides au développement et à la recherche, et qu'accessoirement cet argent vient du contribuable. La Commission européenne a annoncé une promesse de don de

300 millions d'euros à l'Alliance du vaccin Gavi (organisation internationale créée par la fondation Bill & Melinda Gates) sur la période 2021-2025, un partenariat public-privé mondial établi en Suisse qui veut améliorer l'accessibilité aux vaccins pour les pays pauvres.

La Fondation Bill & Melinda Gates a décidé de construire sept usines, toutes dédiées à la production de vaccins « prometteurs ». Il s'agit de répondre immédiatement aux besoins mondiaux. On connaît la préoccupation de Bill Gates en matière de vaccination, particulièrement dans les pays démunis, où il mène une croisade en faveur de la vaccination contre la poliomyélite. L'Unicef se chargera de la distribution mondiale, en étroite collaboration avec COVAX (dispositif d'accès mondial au vaccin contre la COVID-19, mis en place par l'Organisation des Nations unies, ONU), l'OMS, l'Alliance du vaccin Gavi et la Banque mondiale, à hauteur de 2 milliards de doses en 2021. Dans sa singularité, l'administration Trump décide de ne pas y participer, et la Russie et la Chine emboîtent le pas. Tedros Adhanom Ghebreyesus plaidera contre ce nationalisme en matière de vaccination, soulignant que nous sommes tous logés à la même enseigne.

Quoi qu'il en soit, ce vaccin n'est pas disponible au moment où j'écris ce chapitre. Des experts comme le docteur Fauci affirment dès le mois de juillet que des premières vagues de vaccination peuvent être attendues aux États-Unis probablement d'ici au début de l'hiver 2020. La commissaire européenne à la Santé, Stella Kyriakides, interrogée par le quotidien allemand *Handelsblatt* au début du mois d'août, confirme cet enthousiasme. L'optimisme du docteur Fauci s'explique par le lancement, dès juillet, d'essais cliniques à large échelle par trois acteurs du monde pharmaceutique (Moderna, AstraZeneca et Johnson & Johnson). À cela s'ajoute le lancement par le NIAID d'une plateforme (Covid-19 Prevention Trials Network), constituée de quatre réseaux très actifs dans les programmes de développement de vaccins contre le sida (Seattle HIV Vaccine Trials Network, Durham North Carolina HIV Prevention Trials

Network, Atlanta Infectious Disease Clinical Research Consortium et Los Angeles AIDS Clinical Trials Group), qui regroupe une centaine de sites cliniques dispersés à travers les États-Unis.

Rappelons que les efforts pour le développement des vaccins pour le SRAS en 2003 ont fondu comme neige au soleil, une fois constaté que l'épidémie n'était pas devenue pandémie. Barry Bloom, professeur à Harvard University T.H. Chan School of Public Health, s'est inquiété des possibilités de mener des études cliniques de phase 3 sur des dizaines de milliers de personnes, l'incidence des nouvelles infections ayant drastiquement chuté grâce au confinement dans nombre de pays. Il ne pouvait alors pas savoir qu'une deuxième vague allait arriver après l'été.

Les probabilités d'une immunité collective

Les chercheurs du Beth Israel Deaconess Medical Center, à Boston, nous mettent en garde : on ne peut pas espérer, sous prétexte que la vaccination fonctionne chez nos proches cousins les macaques, qu'il en sera de même chez l'homme. La maladie est forcément différente d'une espèce à l'autre, et pareillement pour la réponse immunitaire. Même entre humains, la réaction immunitaire est variable : certains développent beaucoup d'anticorps, d'autres n'en expriment pas. Ne pas développer ces fameux anticorps ne signifie pas ne pas être protégé, car la réponse contre l'agent viral ne dépend pas seulement de la formation des anticorps (réponse humorale), mais également de la réponse cellulaire. Heureusement d'ailleurs, car les recherches menées par exemple en Espagne et publiées dans *The Lancet*, au début du mois de juillet, ne sont pas très rassurantes. Dans un des pays les plus lourdement touchés par la pandémie, on observe qu'une minorité de patients fabriquent des anticorps (seuls 5 % des 61 075 personnes sélectionnées au hasard semblent les avoir développés). Des scientifiques allemands suggèrent également que les anticorps sont temporaires, disparaissant après quelques mois – une observation conforme aux résultats publiés par les Chinois dans la revue *Nature*.

Les chercheurs de l'institut de recherche Scripps en Californie rassurent doublement le monde médical, après avoir analysé 293 anticorps susceptibles de neutraliser le SARS-CoV-2. D'une part, ce sont essentiellement les anticorps codés par un gène semblant stable (IGHV3-53) qui sont importants, car plus puissants contre la COVID-19. D'autre part, la maturation de l'affinité des lymphocytes B ne nécessite pas tellement de mutations, ce qui est de bon augure pour une approche vaccinale. Cette maturation d'affinité représente en fait des mutations des lymphocytes B afin qu'ils génèrent de nouvelles cellules B, encore plus aptes à développer des anticorps contre l'agent viral.

Comme nous l'avons vu dans le chapitre 3, la défense de l'organisme s'appuie aussi sur la réponse cellulaire (la réponse des lymphocytes T). Une équipe de chercheurs internationale a publié des données dans la revue *Cell*. Ils démontrent que la réponse cellulaire T à l'agent viral SARS-CoV-2 est importante et durable. Elle apparaît quelle que soit l'intensité de la maladie (simple exposition, infection banale ou maladie plus prononcée), même sans réponse humorale (anticorps). C'est d'ailleurs un des mécanismes cité pour expliquer qu'une personne, qui n'a pas été exposée au SARS-CoV-2, présente des lymphocytes T mémoire capables de reconnaître des fragments de la protéine Spike du SARS-CoV-2 (ces lymphocytes se retrouvent chez 30 % des personnes saines). Ces lymphocytes T ne reconnaissent pas l'entièreté du Spike, comme c'est le cas pour un malade qui a souffert de la COVID-19. Le SARS-CoV-2 a des segments similaires à ceux que l'on rencontre dans les protéines Spike des coronavirus responsables du simple refroidissement. Avoir développé une réponse immunitaire cellulaire aux coronavirus responsables d'un simple refroidissement peut donc nous protéger contre le SARS-CoV-2.

Il faut donc revoir sous un autre angle l'immunité collective, et ne pas se focaliser uniquement sur le taux de séroprévalence. Par ailleurs, à l'université du Wisconsin à Madison, des chercheurs ont démontré qu'une stratégie de vaccination qui active les cellules T est efficace contre de multiples sources de la grippe, et qu'elle persiste dans le temps. Cette information est rassurante, car le taux de séroprévalence reste plutôt faible, même dans des régions très exposées à la pandémie. Les chercheurs estiment que l'immunité en matière de SARS-CoV-2 est donc un genre de « coffre-fort à plusieurs clés ».

Les cas exceptionnels de rechute créent l'inquiétude par rapport à l'efficacité d'une politique vaccinale. Ce qu'on croit savoir, c'est que la réinfection a été causée par une souche différente de celle à l'origine de la première infection (la mutation a eu lieu au niveau de la protéine qui permet au virus d'entrer dans la cellule D614G). Les trois premiers cas de rechute signalés révèlent que les personnes ont souffert d'une forme bénigne, peu symptomatique de la maladie. On peut donc raisonnablement penser que le système immunitaire a produit une très faible réponse, qui ne protège pas suffisamment vis-à-vis d'une éventuelle rechute, mais qui prémunit les personnes contre la forme grave. Une autre explication est la durée probable de cette réponse immunitaire, estimée à quelques mois pour les anticorps (pas au-delà d'un an), et de seulement sept à huit semaines pour la réponse cellulaire. Nous pourrions donc nous retrouver dans le même cas de figure que le vaccin contre la grippe, avec une « cicatrice immunologique » de durée limitée, ce qui implique la nécessité de faire des vaccins de façon répétitive, et d'adapter ce vaccin en fonction d'éventuelles mutations du virus.

L'approche vaccinale dans le viseur des politiciens

Quand les politiciens se mêlent du développement des vaccins, le populisme refait immanquablement surface.

Priorité aux citoyens électeurs, au détriment d'autres pays: c'est le leitmotiv de l'administration américaine, qui se focalisait sur les élections présidentielles, le 3 novembre. Le président aurait été admirablement servi si, avant cette date, il avait pu faire part du développement d'un vaccin par « la plus grande nation au monde », particulièrement si celui-ci était distribué au niveau national, sous le principe maintes fois répété du *America First*. Le très sérieux *Financial Times* annonce, le 24 août, que l'administration Trump veut accélérer le processus de développement du vaccin proposé par l'université d'Oxford et le groupe pharmaceutique Astra-Zeneca, afin que le président soit à même d'annoncer cette excellente nouvelle avant l'élection présidentielle. Réaction immédiate et indignée d'AstraZeneca, qui dément ces propos. L'agence de presse Reuters y voit un autre exemple de l'attitude « erratique » d'un président qui, dans les sondages, à quelques mois des élections, est donné perdant. Le controversé commissaire de la FDA Stephen Hahn, interviewé par le *Financial Times* à la fin août, affirme qu'il est à même d'envisager un feu vert pour un éventuel vaccin, même si les essais de phase 3 ne sont pas terminés, tout en soulignant qu'il incombe à l'industriel de demander une telle autorisation. Le très médiatique Eric Topol, fondateur de l'institut de recherche Scripps, rappelle aux journalistes que seuls deux pays ont effectivement octroyé l'autorisation de démarrer la vaccination sans en connaître ni l'efficacité ni la toxicité: la Russie et la Chine. Topol ne mâche pas ses mots et accuse Hahn d'être asservi à la cause de Trump ! Cerise sur le gâteau, Alex Azar, secrétaire du HHS, rappelle dans un mémo à usage interne que le pouvoir de signer des nouvelles règles lui est attribué en exclusivité, un genre de déclaration comparable au fameux « L'État c'est moi ! » de Louis XIV. Au moment où se pose la question de l'influence de l'administration Trump sur des décisions qui doivent être prises sur base d'arguments scientifiques, ce type de mémo, considéré comme une prise de pouvoir, est particulièrement mal venu.

Sans conteste, la course au vaccin entre les superpuissances est enclenchée. Trump n'est pas le seul à utiliser cette rhétorique populiste. Le président russe, Vladimir Poutine, n'a rien à lui envier quand il déclare à la mi-août que son pays vient d'approuver un vaccin (basé sur un agent viral, l'adénovirus, transformé pour être vecteur d'antigène du SARS-CoV-2), et que ce dernier offre une immunité « durable ». Selon les agences de presse russes, les premiers lots sont produits dans le pays pour vacciner en priorité le personnel médical et les enseignants. La Russie prévoit d'en fabriquer à très large échelle dès le mois de septembre, pour répondre à la demande de milliards de doses. Les Russes affirment avoir des précommandes pour une vingtaine de pays. Poutine signale même qu'une de ses filles a été vaccinée, preuve qu'il y croit dur comme fer. Le vaccin sera mis à la disposition de la population russe dès le 1er janvier 2021, du moins selon le registre national des médicaments du ministère de la Santé. Ce que le président russe ne dit pas, c'est que les études de phase 3 n'ont alors pas été menées. À juste titre, l'OMS appelle la Russie à la prudence et lui demande de ne pas omettre cette étape essentielle dans un processus de validation clinique. Cela n'empêche pas les autorités russes à inoculer Spoutnik-V à des dizaines de milliers de volontaires dès le mois de septembre. Des études préliminaires sur Spoutnik-V sont finalement publiées dans *The Lancet*. Elles comptabilisent en tout et pour tout 76 adultes traités. Sur cette petite cohorte de volontaires sains, le vaccin russe ne provoque pas d'effets secondaires graves et suscite une réponse immunitaire (apparition d'anticorps). Mais la revue scientifique va par la suite, sous l'influence d'une trentaine de chercheurs essentiellement européens, questionner le premier auteur russe, Denis Logounov, et ses collègues sur la vraisemblance des données russes.

Les chercheurs comparent cette frénésie qui touche les deux puissances mondiales, à celle que l'on a pu observer lors de la conquête de l'espace quand les Russes ont mis sur orbite le premier satellite artificiel Spoutnik en 1957, damant le pion aux Américains. Les experts en matière de vaccination lèvent le drapeau rouge. Danny Altmann, professeur d'immunologie à l'Imperial College London insiste sur les dommages collatéraux qu'une mise sur le marché d'un vaccin peu efficace et dangereux pourrait engendrer. François Balloux, du groupe de recherche Computational Systems and Synthetic Biology de l'University College de Londres soutient qu'il s'agirait d'une démarche risquée, insensée et non éthique.

De grâce, que ce soient les scientifiques qui mènent le développement et l'évaluation des approches vaccinales et que les instances régulatrices restent indépendantes des politiciens ! L'OMS promet qu'elle ne cautionnera pas un vaccin si celui-ci n'est pas sûr ni efficace. Même les ténors de la biopharmacie se veulent rassurants en cosignant une lettre ouverte destinée au grand public. Le directeur exécutif de Pfizer, Albert Bourla, a mentionné qu'il ne succomberait pas à la pression politique tout en déplorant que sa société se retrouve au cœur d'une campagne politique qui vise la réélection de Donald Trump.

On imagine aisément la convoitise que peuvent susciter les résultats de la recherche du clan adverse. Le Centre national pour la cybersécurité au Royaume-Uni et le Service canadien du renseignement de sécurité ont d'ailleurs mis en garde contre des pirates informatiques russes en citant notamment le groupe APT29 (ou Cozy Bear), également impliqué dans le piratage des courriels du parti démocrate pendant les élections présidentielles de 2016, qui serait directement lié au Kremlin.

Vers une campagne de vaccination obligatoire ?

La Commission européenne et la Direction générale de la santé et de la sécurité alimentaire attendent les premiers vaccins d'ici à la fin de l'année 2020, estimant que les premiers sur le marché seront ceux des sociétés AstraZeneca, Moderna et Pfizer/BioNtech. Il est donc impératif de préparer une stratégie vaccinale, même si beaucoup de questions restent ouvertes sur les candidats vaccins. Il semble assez logique de donner la priorité aux personnes soumises à des risques accrus par l'exercice de leur profession, dont le personnel du secteur de la santé au sens large. Dans ce groupe, différents niveaux de priorités doivent être définis, dès lors que le risque d'exposition à la maladie n'est pas le même pour un spécialiste en réanimation et un généraliste, comparativement à un psychiatre. Il est tout aussi juste d'envisager de vacciner les personnes les plus vulnérables, qui ont payé un lourd tribut lors de la première vague : les seniors et ceux qui arborent des facteurs de risque connus (hypertension, diabète, obésité). En Belgique, le Risk Management Group a mandaté le Conseil supérieur de la santé (CSS), afin de définir ces groupes prioritaires, et donc le nombre de doses vaccinales nécessaires pour les protéger. C'était par ailleurs une question formulée par l'Union européenne dans l'optique d'un approvisionnement commun, à laquelle l'État belge, appuyé par le CSS, a fourni une réponse validée par l'Académie nationale de médecine.

Quid de la généralisation de la campagne de vaccination, si les moyens financiers et un nombre de vaccins suffisant la permettent ? Le scepticisme vis-à-vis des vaccins n'a pas disparu comme par enchantement avec l'apparition de la COVID-19. En France, pays connu pour sa mouvance anti-vaccin, un sondage effectué à la fin de la période du confinement, en juin 2020, montre qu'un quart des personnes interrogées ne veulent pas se faire vacciner. Que fera le pouvoir exécutif ? Va-t-il rendre la vaccination obligatoire, partant du principe qu'il s'agit d'un objectif général de santé publique ? Dès le 19 août, l'Australie a lancé ce débat sur la vaccination obligatoire, à un moment crucial, puisque le nombre de contaminations est à nouveau à la hausse. Pour le Premier ministre Scott Morrison, la seule exception tolérable est celle basée sur des raisons médicales. Le principe de généralisation de la vaccination est un concept qui déplaît fortement à Elon Musk qui, interviewé par la journaliste Kara Swisher du *New York Times*, claironne qu'il ne se fera pas vacciner estimant que lui et ses enfants ne sont pas à risque, et que de toute façon tout le monde doit mourir. Espérons pour lui et ses proches qu'il ne soit pas prédisposé à la forme grave...

Aux États-Unis, Anthony Fauci déclare que son pays ne rendra pas la vaccination obligatoire au niveau national, sans pour autant exclure des obligations locales, essentiellement pour les enfants (sauf contre-indication médicale, et malheureusement, dans certains États, pour des raisons religieuses) ou pour certains groupes professionnels comme les soignants qui seraient tout simplement interdits d'exercer, comme c'est déjà le cas en matière de vaccination contre la grippe.

Les limites de la vaccination massive

Si des campagnes de vaccination sont lancées à large échelle, émergeront alors quelques problèmes d'ordre pratique.

- La fabrication des vaccins et l'approvisionnement. L'European Biosafety Network (une organisation qui veille à mettre en place les directives européennes, par exemple en matière de protection contre les blessures provoquées par des objets piquants et tranchants dans le monde des soins) a signalé la pénurie de seringues et d'aiguilles à venir en Belgique (il n'existe pas de réserves). Aux États-Unis, on s'inquiète de ne pas avoir assez d'ampoules en verre pour contenir le vaccin. Dans sa fabrication, le verre médical, créé à partir d'un sable spécifique, doit répondre à des contraintes particulières : être résistant à la casse et aux changements de température, et ne pas interagir chimiquement avec le contenu, au risque d'altérer l'efficacité du produit pharmaceutique. La revue *Wired* fait état d'un nombre considérable de demandes pour ce type de sable, celui-ci étant aussi utilisé dans la fabrication des panneaux solaires et du béton.

- Une certaine aversion d'une partie de la population vis-à-vis d'un vaccin en général. Une enquête internationale menée par le FEM et Ipsos, montre que 26 % des adultes n'ont pas l'intention de se faire vacciner. La raison la plus fréquemment évoquée est l'inquiétude quant aux éventuels effets secondaires et des doutes sur l'efficacité du vaccin. Il y a clairement des variations géographiques, avec le record absolu en faveur d'une vaccination en Chine (97 %), suivi du Brésil, de l'Australie et de l'Inde qui tiennent tous trois dans un mouchoir de poche (87 %-88 %). Les moins motivés sont les Français, les Hongrois, les Polonais et les Russes (54 %-59 %). En Belgique, nous atteignons un niveau d'avis favorable de 70 %, équivalent à celui obtenu par nos cousins néerlandais (71 %) et comparable à l'Espagne (72 %). Les Allemands et les Italiens atteignent 67 % de ralliement. Par ailleurs, 45 % des répondants estiment que la vaccination des groupes prioritaires devrait être obligatoire.

L'OMS rappelle aux responsables des campagnes anti-vaccin que le bilan des programmes de vaccination contre d'autres maladies (Ebola, par exemple) est clairement positif et montre une tout autre réalité que celle dépeinte par les opposants inconditionnels.

Au niveau de la réglementation, il n'est pas question de faire obstruction à la mise en place d'un vaccin salvateur pour la population mondiale. L'Union européenne a donc rédigé un nouveau règlement, entré en vigueur dès le 17 juillet, qui autorise les États membres à utiliser des produits médicaux qui contiennent des OGM. Cette mesure transitoire ne sera pas abolie tant que l'OMS qualifiera la COVID-19 de pandémie, ni tant que la Commission l'estimera nécessaire dans le contexte de la crise sanitaire. La FDA édicte également de nouvelles directives, tout en étant prudente de ne pas octroyer de façon prématurée les autorisations d'application. Deux experts respectés (Ezekiel Emanuel, professeur d'éthique médicale à l'université de Pennsylvanie, et Paul Offit, directeur du Vaccine Education Center à Philadelphie) ont d'ailleurs tiré la sonnette d'alarme dans un édito du *New York Times* en exprimant leur crainte que Donald Trump fasse pression sur la FDA pour octroyer une EUA en octobre, à des fins purement électorales. Dans une interview octroyée au *Kaiser Health News*, début septembre, Anthony Fauci estime que l'on peut effectivement envisager un processus accéléré, pour autant qu'un comité d'experts indépendants décide de la valeur des données et s'assure de la sécurité et de l'efficacité dudit vaccin.

Les candidats-vaccins

Plusieurs stratégies[41] sont envisageables en matière de vaccination. Citons ici trois d'entre elles (utilisation d'un virus inactivé ou atténué, vaccin à ARN et vaccin à ADN), car elles sont menées par de grands groupes pharmaceutiques ou elles représentent une approche « originale » (type de vaccin ou mode d'administration). Selon les experts, un vaccin de type ARN messager (ARNm) serait plus rapidement produit qu'un vaccin à base d'ADN. Quoi qu'il en soit, la plupart des virologues, dont ceux de l'nstitut Pasteur de Paris, sont plutôt optimistes quant à la disponibilité d'un vaccin d'ici à la fin de l'année, la production industrielle suivant dès lors début 2021.

Vaccin à base de virus inactivé

Ce concept est une valeur sûre. Les Chinois (Sinovac Biotech à Beijing) ont pu démontrer l'efficacité d'un vaccin constitué d'un virus inactivé sur des singes macaques. Ils affirment que cette technique est particulièrement peu chère, et donc utile pour les pays les moins riches. Ils ont conduit une étude de phase 2 auprès de 900 volontaires, professionnels de la santé, à São Paulo au Brésil, et ont l'intention de suivre par une phase 3 incluant 9 000 volontaires dans six États brésiliens. Le choix de ce pays est stratégique, car en juillet il est encore confronté à une première vague qui perdure, tandis qu'en Chine la circulation du virus se fait plus rare.

Une autre société chinoise, Sinopharm, démarre également aux Émirats arabes unis la phase 3 d'un vaccin basé sur un virus mort. L'étude inclurait 15 000 personnes. À nouveau, le choix est pragmatique puisque deux cents nationalités se côtoient dans ce pays, ce qui facilite la recherche sur différents groupes ethniques. Dans leur propre pays, les Chinois ont commencé une vaccination avec des produits tels que ceux développés par Sinopharm, sans pour autant avoir en leur possession des données issues de la phase 3.

L'université de l'Iowa, en collaboration avec l'université de Géorgie, a déjà utilisé un virus para-influenza modifié, de façon qu'il exprime la protéine Spike, qui est indispensable pour rentrer dans la cellule. Au laboratoire, ce type d'approche permet d'injecter des quantités létales de virus MERS dans une souris, préalablement vaccinée par nébuliseur nasal. Comme le SARS-CoV-2 est un cousin proche du MERS, cette approche mérite d'être approfondie.

L'université de Pittsburgh, quant à elle, table sur l'« injection » de fragments viraux (en particulier des parties de la protéine Spike), pour susciter une réponse immunitaire dans les quinze jours. On pense appliquer Le PittCoVacc (Pittsburgh Coronavirus Vaccine) par un patch cutané doté de quatre cents micro-aiguilles.

Vaccin à base d'ARN

L'autre approche est basée sur l'ARNm, produit *in vitro* à partir d'ADN plasmidique. Il est beaucoup plus petit que l'ADN. Ces ARNm sont souvent encapsulés dans des petites bulles lipidiques (nanoparticules) ou se présentent « nus ». Ils peuvent être appliqués localement (par voie transcutanée ou voie nasale) ou de façon systémique (injection). L'ARNm se fixe sur la machinerie cytoplasmique afin que la translation se fasse et que l'antigène immunogène soit produit. Il n'est pas nécessaire d'aller jusqu'au noyau cellulaire. Les ARNm miment une infection virale native et provoquent une réponse immunitaire médiée par les cellules B et T.

Dès la mi-mars, au Kaiser Permanente Washington Health Research Institute, à Seattle, on démarre une étude de phase 1, qui consiste à injecter un « vaccin » potentiel (mRNA-1273, qui est en fait un anti-ARNm) à une quarantaine de volontaires sains, afin d'en juger l'innocuité et la réponse immunitaire. Le recrutement s'est terminé avant la fin du mois de mars. Cet essai est financé par le NIH, via le NIAID. Selon *Associated Press*, le premier humain sain qui a été injecté est Jennifer Haller, une maman de 43 ans. Le vaccin a été développé par la société Moderna en seulement quarante-deux jours, un autre record. La société avait toutefois travaillé au préalable sur le développement d'un vaccin contre deux cousins de la COVID-19, le SARS-CoV-1 et le MERS. Moderna est aussi grandement soutenue par la Défense américaine puisque, en 2013, elle a versé la coquette somme de 24,6 millions de dollars pour développer des défenses contre des armes biologiques et des maladies infectieuses. La société a logiquement demandé une première autorisation à la FDA afin de procéder à une phase 2 randomisée qui vise l'inclusion de 600 patients, dont la moitié recevra le vaccin injecté et les autres un placebo, tous seront suivis pendant un an. Ce nombre-cible de patients a été atteint au début du mois de juillet.

Dès la mi-mai, les annonces pleuvent sur le vaccin, engendrant un effet bénéfique sur le cours de la société à la Bourse, avec un bond en avant de 35 % vers la mi-juin pour atteindre 32 milliards de dollars. Les cliniciens souhaiteraient néanmoins quelques données cliniques publiées quant à l'innocuité et l'efficacité de la réponse immunitaire, tant humorale que cellulaire. Ils ne se contentent plus des résultats obtenus chez les singes, qui montrent après injection de deux doses séparées une robuste réponse immunitaire. C'est à la mi-juillet qu'ils prennent connaissance, par une publication dans *The New England Journal of Medicine*, des taux d'anticorps obtenus chez l'homme, dès la première vaccination et aux doses prévues pour l'essai de phase 3: ceux-ci sont jusqu'à quatre fois plus élevés que ceux observés dans le plasma de patients convalescents, insuffisant pour assurer une protection à long terme. Les résultats démontrent que l'immunité obtenue est aussi importante pour des personnes de 55 ans et plus, comparativement à des plus jeunes. Enfin, le vaccin provoque une réponse immunitaire cellulaire un mois après la seconde injection.

Au début de l'été, la société a annoncé le lancement de son essai de phase 3 (COVE) qui vise 30 000 personnes. Moderna veut tester l'efficacité du vaccin en matière de prévention de la forme symptomatique et étudier son effet en matière de réduction de l'incidence de la forme grave de la COVID-19 (l'indicateur étant la nécessité d'hospitaliser). Les responsables de l'étude estiment que le résultat de l'essai sera interprété comme probant, dès le moment où le nombre total d'infections à la COVID-19 dans le groupe vacciné ne dépassera pas 150. Les responsables de Moderna ayant incité les politiciens à passer commande pour que le vaccin soit livré dans les six à neuf mois, la société signe, dès le mois d'août, des contrats avec l'Europe pour délivrer 160 millions de doses vaccinales, en deux lots successifs.

Moderna met également en place des collaborations avec d'autres acteurs industriels afin de s'assurer que la fabrication d'un milliard de doses puisse être effectuée. Elle reçoit par ailleurs des centaines de millions de dollars de l'Autorité pour la recherche-développement avancée dans le domaine biomédical (BARDA[42]), pour conduire sa politique industrielle et poursuivre le développement et la recherche. Visiblement, le vaccin de Moderna intéresse pas mal de monde.

Le groupe américain Pfizer s'est associé avec la société de biotechnologie allemande BioNTech, pour développer un vaccin à base d'ARNm (BNT162). Il s'agit du projet « Lightspeed ». Les sommes investies par le géant américain, considérables, s'élèvent à 563 millions de dollars. Les deux sociétés souhaitent produire des millions de vaccins à la fin de cette année, puis en livrer des centaines de millions par an dès 2021. Le passage du laboratoire aux essais cliniques a pris quatre mois à peine, ce qui représente à nouveau une prouesse industrielle. Dans un rapport intermédiaire, au début de l'été, les responsables de la firme annoncent que, sur la base des données préliminaires (sécurité du produit et réponse immunitaire humorale), le développement accéléré, la recherche clinique et la production (risquée, car les essais de phase 3 doivent bien entendu encore être conduits) ont été décidés pour BNT162b1 et BNT162b2. À la phase 1, pour les 18-55 ans le taux d'anticorps est 3,8 fois supérieur à celui que retrouvé dans le plasma de patients convalescents (cohorte de patients américains de 18-55 ans) ; pour les 65-85 ans, le taux d'anticorps est multiplié par 1,6. Les données sur la réponse cellulaire sont attendues avec impatience et seront rendues publiques dès que la cohorte allemande aura été analysée. Comme Moderna, ils veulent conduire un essai clinique randomisé regroupant 30 000 participants. Avant même d'avoir entamé cette phase 3, Pfizer et BioNTech ont déjà conclu un accord commercial avec le Japon pour délivrer 120 millions de doses au tout début du mois d'août.

Vaccin à base d'ADN

Autre type de vaccin, celui à base d'ADN, transformé par génie génétique de façon à contenir un fragment d'ADN qui code pour une protéine virale « spécifique » susceptible de provoquer la réponse immunitaire – ce qui explique la dérogation du Conseil pour l'utilisation des OGM. Il se présente sous forme d'ADN circulaire (plasmide) et requiert une pénétration dans la cellule jusqu'à son noyau, afin que la transcription et la translation puissent se faire en antigène immunogène, c'est-à-dire pour que la réponse immunitaire soit forte et induite facilement.

La société CanSino Biologics, en Chine, utilise un adénovirus (Ad5-nCoV, petit virus à ADN utilisé comme vecteur pour introduire dans le noyau cellulaire un fragment d'ADN codant pour la protéine de surface du SARS-CoV-2). Ils ont rapidement bouclé la phase 1. Les premiers résultats cliniques sont probants en matière d'immunisation sur 108 volontaires. L'injection s'accompagne de quelques effets secondaires, comme de la fièvre ou des douleurs musculaires, mais sans complications. Cela n'empêche pas la conduite d'un essai de phase 2 randomisé, incluant 500 patients. L'injection semble bien tolérée avec quelques effets secondaires modérés. La réponse immunitaire apparaît sous forme d'anticorps présents deux semaines après l'injection, avec un pic à quatre semaines, accompagnée également d'une réponse immunitaire cellulaire (cellules T). L'expression des anticorps qui se lient à la protéine de surface est élevée pour tous les sujets de l'étude, mais seulement 50 % d'entre eux ont une augmentation significative des anticorps neutralisants. Par ailleurs, le vaccin a moins d'effets chez les 45-60 ans. Les Canadiens ont fourni les lignées cellulaires sur lesquelles les chercheurs de CanSino ont testé le vaccin au laboratoire et le Conseil national de recherches Canada a signé un contrat de collaboration avec la société, qui par ailleurs planifie une livraison rapide du vaccin à l'armée chinoise.

Le ChAdOx1 nCoV-19 est développé par l'Imperial College London et l'Institut Jenner à l'université d'Oxford. Il s'agit initialement d'un adénovirus du chimpanzé, qui ne se réplique pas et qui a été modifié pour servir comme vecteur d'un fragment d'ADN qui code pour la protéine Spike. Les résultats d'une phase 1/2, sur plus de 1 100 volontaires sains au Royaume-Uni, montrent des réponses humorales (anticorps) et cellulaire (cellules T) équivalentes à celles observées chez des patients qui ont souffert de la maladie (publié dans *The Lancet*). Les essais cliniques de phase 3, avec AZD1222 (le ChAdOx1 nCoV-19) ont démarré et les responsables de l'étude visent un collectif de 30 000 personnes. Même si les résultats sont encore inconnus, ils affirment vouloir produire au minimum 1 million de vaccins d'ici au mois de septembre

– espérons qu'ils n'auront pas à le regretter financièrement, comme lors de la crise du H1N1 en 2009, où des gouvernements avaient constitué des stocks considérables de vaccins, pour finir par n'en injecter qu'une infime partie à leurs citoyens. Un incident les a obligés à arrêter temporairement le recrutement des volontaires. En effet, le *New York Times* a fait état d'un cas de myélite transverse (inflammation qui peut provoquer des séquelles sur un segment de la moelle épinière, car elle détruit la myéline qui couvre et protège la cellule nerveuse). Finalement, il s'avère que cet effet secondaire n'était pas attribuable à la vaccination. Néanmoins, la FDA demande des renseignements complémentaires avant d'attribuer une autorisation pour les États-Unis.

Inovio Pharmaceuticals avait déjà conduit des essais cliniques pour des vaccins à base d'ADN destinés à combattre le MERS. Les résultats observés étaient alors intéressants, puisque la société avoir obtenu des anticorps protecteurs en quantité suffisante pour induire et maintenir une réponse immunitaire pour une durée de soixante semaines. Les résultats de la phase 1 avec le vaccin contre le SARS-CoV-2 démontrent que 94 % des participants ont développé une réponse immunitaire après deux doses, dans les six semaines après l'injection. Même si les résultats ne sont pas considérés comme époustouflants par les investisseurs, le produit d'Inovio fait partie de ceux sélectionnés dans le cadre de l'« Opération Warp Speed ». La FDA a demandé des renseignements complémentaires sur l'essai de phase 2/3 planifié par la firme, relativement au dispositif d'injection. Suite à cette décision, les actions de la société ont malgré tout plongé de 30 % au Nasdaq.

Sanofi collabore avec la multinationale GSK : le premier met à disposition ses connaissances technologiques en matière de développement d'un vaccin d'ADN recombinant, et le second apporte la technique de l'adjuvant du vaccin (l'AS03 ; les adjuvants les plus utilisés sont les sels d'aluminium). Cet adjuvant augmente l'intensité de la réponse immunitaire et sa durée dans le temps. Sanofi et GSK ont reçu la somme de 2,1 milliards de dollars du HHS et de la Défense américaine, comme six autres entreprises dans le contexte de « Operation Warp Speed ». Un essai de phase 3 a été lancé en septembre sur des adultes sains et les résultats sont attendus fin décembre. Début septembre, Sanofi annonce que le prix du vaccin sera de moins de 10 euros, du moins c'est ce que déclare le président de Sanofi France, Olivier Bogillot, interviewé par France Inter. Et il affirme aussi que les Européens et les Américains auront accès au vaccin simultanément. Les contrats signés concernent une livraison de 100 millions de vaccins pour les États-Unis, 300 millions de vaccins pour l'Europe et 60 millions pour le Royaume-Uni.

Johnson & Johnson, en collaboration avec le gouvernement américain, a injecté 1 milliard de dollars dans son programme de développement. Plusieurs centres à travers le monde participent à l'effort (entre autres, l'institut Rega à Louvain en Belgique). Le but est de sélectionner les vaccins les plus prometteurs. Fait remarquable dans cette initiative, la sélection de candidats potentiels a été faite sur la base d'expériences animales menées en seulement douze semaines. J&J Janssen développe et teste un vaccin sur base d'un adénovirus (Ad26. CoV-2S), issu de sa plateforme de *screening*, qui se révèle efficace sur des modèles animaliers. L'essai clinique ENSEMBLE vise l'inclusion de 60 000 volontaires dispersés sur trois continents. La Belgique y participe. L'avantage du vaccin de J&J, c'est qu'il peut être appliqué en une seule injection contrairement à plusieurs autres qui nécessitent un rappel.

La société Vaxart mérite aussi d'être suivie attentivement, non seulement parce qu'elle a également rejoint l'« Operation Warp Speed », mais aussi parce qu'elle mise sur une application orale de son vaccin à base d'un adénovirus couplé à un antigène. Dès la fin avril, ils ont effectué une sélection parmi les candidats potentiels, issus de leur programme de recherche VAAST[43] et plusieurs constructions possibles ont été testées sur des modèles animaliers.

La nécessaire évolution des essais cliniques

Le confinement et la réduction drastique des contrôles médicaux non urgents ont posé des problèmes majeurs aux investigateurs responsables d'essais cliniques, puisque les patients n'avaient plus la possibilité de se déplacer à l'hôpital ou craignaient les risques de contamination.

Une enquête menée au début de la crise sanitaire sur 170 sites d'essais cliniques aux États-Unis, montre que 39 % des répondants pensent que le recrutement va drastiquement chuter et que 25 % des patients n'auront pas envie de continuer. Et effectivement, l'American Society of Clinical Oncology rapporte que 60 % des essais ont été arrêtés car le *screening* et le recrutement se sont interrompus. Ce chiffre grimpe encore par la suite, selon un constat publié dans *The Lancet*: 80 % des essais hors COVID ont été arrêtés temporairement ou définitivement à travers le monde. Par ailleurs, les violations de protocoles dans les essais en cours sont très probables. Toutes ces non-conformités doivent être documentées et expliquées. La plupart des visites médicales prévues dans le contexte d'un essai n'ont pas eu lieu, or les centres de recherche clinique ne sont pas prêts à basculer du jour au lendemain vers des téléconsultations. Des examens techniques, tels que des prises de sang et rendez-vous en radiologie pour des scanners et IRM de contrôle, ont été annulés, parce que les patients ne veulent pas se rendre à l'hôpital ou parce que les ressources médicotechniques sont prioritairement mobilisées pour la gestion de la crise sanitaire. Cet état de fait oblige les responsables des différentes études à réévaluer la méthodologie de la récolte de données et de l'analyse et à envisager sérieusement de recalculer la puissance statistique des essais cliniques en cours. La FDA souligne que protéger les patients en temps de crise sanitaire implique autant la poursuite que l'arrêt du médicament et que, quelle que soit la décision prise, la récolte d'informations est nécessaire.

Cette crise sanitaire est probablement, pour l'industrie et le monde clinique, l'occasion rêvée de remettre en question le fonctionnement de la recherche clinique. Habituellement, les essais cliniques « classiques » sont menés par des centres de référence tertiaire, ce qui implique que l'on demande aux patients de se déplacer pour les soins et le suivi. Toutefois, la technologie nécessaire à la délocalisation de ces actions est à disposition, la coordination de l'essai est possible à distance, ainsi que la collecte des données. Certaines tâches, comme la récolte de paramètres physiologiques, peuvent être effectuées par le patient, s'il est doté à domicile d'une technologie adéquate et simple à l'emploi. On peut aussi envisager le prélèvement d'échantillons de façon décentralisée, y compris à domicile. L'analyse peut se faire dans des laboratoires périphériques, pour autant qu'ils aient été accrédités. Et on peut même envisager de livrer les médicaments à domicile ! Tout est concevable, à partir du moment où l'échange des données est sécurisé, et que l'on respecte la vie privée.

L'initiative Clinical Trial Transformation Initiative (CTTI) plaide d'ailleurs pour les essais décentralisés. Une fois de plus, la nécessité pousse à l'innovation. Un essai décentralisé est un essai clinique qui fait appel massivement à la télémédecine et à la technologie connectée, pour le recrutement des patients, les consultations de contrôle ou la saisie des données. Il faut non seulement adapter la manière dont on conduit les essais cliniques, mais aussi en profiter pour modifier la réglementation en la matière. Selon les responsables de l'initiative CTTI, il faut transformer l'essai, pour reprendre un concept du rugby.

C'est aussi une formidable opportunité pour des initiatives nouvelles, comme celle lancée par IQVIA. La société compte 55 000 employés, dispersés dans plus de 100 pays. L'outil d'IQVIA a été le premier système non dépendant des sponsors industriels à proposer une solution qui permette de sélectionner des patients spécifiques pour des essais cliniques, et de mettre les investigateurs cliniques en rapport avec les patients potentiellement éligibles.

Un autre phénomène a rendu le recrutement plus difficile pour les essais cliniques concernant la COVID-19 : le battage médiatique autour de l'hydroxychloroquine. Du moment où certains patients ont pris de l'hydroxychloroquine en « préventif » ou en « traitement », il est impossible de les inclure dans un essai clinique. À ce sujet, il existe une excellente discussion éthique et philosophique, menée par deux bioéthiciens et trois philosophes de la médecine, qui plaident tous contre l'« exceptionnalisme » en cas de pandémie, une réflexion basée sur trois prémisses :

- La durée de vie de l'épidémie (souvent trop courte pour attendre les résultats des études randomisées lancées au moment de son apparition). On argumente donc qu'il faut tout utiliser, même sans preuve de l'efficacité du traitement proposé intuitivement. On ne peut raisonnablement pas s'appuyer sur les résultats de petites études, car ils sont préliminaires, biaisés et non conclusifs. Cette attitude thérapeutique intuitive bloque évidemment le recrutement de patients dans d'autres études, qui sont correctement dessinées et conduites selon les règles de l'art. En outre, ces médicaments peuvent non seulement être inefficaces (et donc donner une fausse impression de sécurité), mais également présenter un danger pour les utilisateurs (exemple type : l'hydroxychloroquine) ;
- L'obligation de soigner. Ce devoir entre en conflit direct avec la conduite des essais cliniques, puisque, en l'occurrence, les médecins n'ont aucune idée au départ si le médicament proposé est efficace. S'il ne l'est pas, ils sont en défaut de soins, du moins c'est ce qu'ils affirment. Le problème de ce raisonnement est que ces fameux essais randomisés doivent être conduits pour démontrer qu'une prise en charge lambda est supérieure au traitement habituellement proposé. Ne pas s'y soumettre,

c'est prendre le risque de passer à côté d'un traitement plus efficace, et/ou peut-être moins toxique, que le standard admis ;

- Les chercheurs ont le droit de faire ce qu'ils veulent quand ils dessinent un essai thérapeutique. Rien n'est moins vrai : cette démarche nécessite une revue par les pairs, la soumission à une commission d'éthique, une validation scientifique de la méthodologie et une approche rigoureuse et respectueuse des standards en matière de recherche scientifique. Ouvrir ces barrières, c'est donner libre cours au charlatanisme et, plus encore en période pandémique, ces garde-fous sont indispensables pour ne pas céder à la croyance et l'intuition.

Le recrutement dans certains essais thérapeutiques a aussi été difficile, en raison de la baisse de l'incidence de la COVID-19 (grâce aux mesures prises par les autorités sanitaires au cours de la première vague), à l'instar de l'interruption de recrutement des patients dans les essais chinois concernant le remdesivir.

Chapitre 5

La gestion politique de la crise : des défaillances exacerbées

Une collaboration internationale mise à l'épreuve

Ce qui interpelle dans la gestion de la crise sanitaire actuelle, c'est le manque généralisé de concertation. Chacun prend des mesures dans son coin, sans aucune velléité de coordination, ni régionale, ni nationale, ni transfrontalière, comme si le virus et sa manière de se propager et de frapper durement la population des personnes fragilisées différait d'un pays à l'autre. Cette pandémie est une belle occasion manquée de collaboration internationale, c'est le moins que l'on puisse dire. En lieu et place, nous avons tous été témoins d'errements, de désordre et d'improvisation.

Les vaines mises en garde de l'OMS

Pourtant, dès le début de la crise, l'OMS attire notre attention sur les dangers d'une telle épidémie pour le genre humain. Elle propose de façon répétée aux différents dirigeants politiques de mettre en place des mesures de confinement et de dépistage précoces. L'impact de la pandémie doit impérativement être réduit afin de prévenir la saturation des hôpitaux (il faut lisser la courbe d'incidence, afin que le pic reste en dessous des capacités d'hospitalisation et d'admission dans les unités de soins intensifs). Il s'agit, au moment de la première vague, d'une course contre la montre. L'organisation préconise la distanciation sociale, même si plus tard elle changera le terme «sociale» en «physique», mettant en exergue l'importance de rester chez soi, sans pour autant rompre ses liens sociaux, qui sont bien entendu indispensables et qui peuvent être maintenus par la technologie actuelle. Le directeur général de l'OMS, Tedros Adhanom Ghebreyesus, ne cesse d'appeler les pays à pratiquer le dépistage massif. La distanciation physique et le confinement ne sont à ses yeux que des mesures de défense. Il plaide pour passer à l'offensive. Cela passe obligatoirement par le leitmotiv maintes fois répété de l'OMS: dépister chaque cas suspect, mettre en isolation et soigner les cas confirmés, suivre et mettre en quarantaine chaque contact étroit.

Peu de pays seront à même de mettre en place le dépistage à large échelle tel que préconisé par l'OMS, manquant cruellement de matériel de prélèvement (les fameux écouvillons) et de laboratoires suffisamment équipés, ou tout simplement accrédités par les instances gouvernementales. L'Islande est un petit pays qui a suivi à la lettre les recommandations de l'OMS. La mise en place d'un dépistage massif a sans conteste été facilitée par le nombre d'habitants du pays (364 000). Comble de l'ironie, les mesures mises en œuvre et utilisées par l'Islande avec succès (dépistage massif et décodage du génome des virus isolés pour en définir la provenance) ont toutes été reprises et apprises des équipes scientifiques nord-américaines, qui les ont enseignées à d'autres équipes sanitaires, sans avoir été à même de les appliquer dans leur propre pays.

Par ailleurs, certains pays optent, bien après les autres, pour un confinement de leurs citoyens. Ils misent sur l'«immunisation collective» (*herd immunity*). Les «champions» en la matière sont les Pays-Bas et la Suède. L'argument massue en faveur d'une telle politique: les mesures de *lockdown* sont considérées comme néfastes pour l'économie. Ces pays sont finalement rattrapés par la réalité du terrain, avec une explosion des cas testés positifs et surtout une augmentation exponentielle du nombre de décès, qui finissent par choquer l'opinion publique. Les politiciens, contraints par leurs citoyens et ceux des pays avoisinants et par les mises en garde des scientifiques, se rallient aux conseils des experts de l'OMS et admettent à demi-mot leurs erreurs stratégiques.

L'OMS ne cesse de nous inciter à la prudence, même en plein été quand beaucoup de pays reprennent doucement leur souffle en sortant de cette première vague. Pour marquer les esprits, Tedros Adhanom Ghebreyesus n'hésitera pas à dire en conférence de presse qu'il n'y aura peut-être jamais ni de solution ni de remède miracle.

Une analyse intéressante a été publiée par deux professeurs de l'université de Liverpool. Elle révèle que les résultats, en matière de la gestion de la crise de la COVID-19, sont systématiquement meilleurs dans les pays dirigés par des femmes. Cela s'explique en partie par des réponses politiques coordonnées et une approche plus proactive que réactive (mise en place d'une politique de confinement plus rapidement que leurs homologues masculins), CQFD.

Les dérapages politiques aux États-Unis

L'historien Graham Mooney, de l'université Johns Hopkins à Baltimore aux États-Unis, déclare au début du mois de mars que le monde politique commet les mêmes erreurs que par le passé. Il souligne que, historiquement, ont fonctionné l'isolation et la quarantaine, deux concepts qui dans certains pays ont eu du mal à passer. Mooney poursuit : ce qui dérange le plus, et qui visiblement se répète au cours de l'histoire des grandes pandémies humaines, c'est le contrôle de l'information exercé par le pouvoir politique. C'est encore le cas aujourd'hui, quand le lanceur d'alerte chinois Li Wenliang est condamné par les autorités régionales de Wuhan, avant d'être finalement réhabilité *post mortem* et déclaré héros national. Ce manque de transparence continue quand le gouvernement chinois instaure des restrictions aux publications scientifiques sur l'origine du virus :

celles-ci doivent d'abord passer par le contrôle d'État, qui vérifie très certainement si les données restent en phase avec les théories officielles sur l'origine du virus. Ce type d'agissements amplifie la défiance quant à la transparence et aux déclarations du gouvernement chinois, selon Yanzhong Huang, chercheur au Council on Foreign Relations de Washington, interviewé par CNN. L'historien épingle aussi ouvertement le président des États-Unis, qui minimise le danger au départ et accuse l'opposition politique démocrate de désinformation afin de nuire à sa campagne électorale. Il instrumentalise la « théorie du complot », phénomène fortement dénoncé par le secrétaire général de l'ONU. Trump demande aux citoyens de continuer à travailler pour faire tourner l'économie américaine. Il ira même – comble de malhonnêteté intellectuelle et de mauvaise foi – jusqu'à accuser l'OMS d'avoir caché l'importance de la crise quand il en était encore temps.

On ne peut s'empêcher de relire a posteriori certains tweets présidentiels, et de visionner quelques clips de Donald Trump sur YouTube qui parle de la « grippe corona ». Au début de la crise, il affirme de façon péremptoire qu'il est possible, voire conseillé, de poursuivre le travail et que l'infection est sous contrôle, du moins aux États-Unis. Il sera bien entendu rattrapé par la réalité du terrain avec l'explosion cataclysmique des cas dans l'État de New York (épicentre de l'épidémie aux États-Unis) et l'état catastrophique dans lequel sont empêtrées les structures hospitalières, submergées par un afflux de patients gravement atteints. L'opinion publique est plus que marquée par ces camions frigorifiques, stationnés à l'entrée des hôpitaux d'un des pays les plus riches au monde, destinés à recevoir les corps recouverts de drap ou enveloppés de bâches plastique. Les défunts ne peuvent plus être amenés dans les morgues, totalement débordées. Impossible aussi d'effacer de la mémoire collective la création d'une fosse commune, pour ne pas parler de charnier, sur Hart Island (« l'île des morts » fait partie de l'arrondissement du Bronx et abrite le plus grand cimetière de New York), dans laquelle sont entassés à la hâte les corps des personnes décédées non réclamés par leurs proches. Les tombes sont refermées au fur et à mesure au moyen de pelleteuses manœuvrées par des ouvriers en combinaison blanche de protection et masqués, afin de les protéger contre les dangers biologiques. Réagissant aux premières annonces tonitruantes du président américain, le conseiller spécial du directeur général de l'OMS, le docteur Ezekiel Emanuel, déclare le 28 février que, par ses déclarations, le président américain fait preuve d'une totale ignorance en matière de santé publique.

Graham Mooney estime qu'en temps de crise, le citoyen est en droit de recevoir de l'information fiable et qui provient d'une source de confiance. Le citoyen américain a dû se poser la question sur la confiance à accorder à Donald Trump, particulièrement le 3 novembre 2020, jour de l'élection présidentielle. Ce même citoyen appréciera d'autant plus la lecture de *Rage*[44], le dernier ouvrage de Bob Woodward, le journaliste qui a fait éclater le scandale du Watergate et poussé le président Richard Nixon à la démission. Woodward affirme que, dès le mois de février 2020, le président américain est tout à fait au courant de la dangerosité de la COVID-19 : des enregistrements audio existent à ce sujet. Les millions d'Américains, touchés dans leur chair par le virus, et les familles des milliers de morts (200 000 à l'issue de l'été) apprécieront sûrement ! Mais ce qui pose problème aussi, c'est que Woodward ne publie son livre qu'au début du mois de septembre. Une parution antérieure aurait peut-être fondamentalement changé la politique de la Maison Blanche, poussée par une opinion publique sensibilisée sur les mensonges avérés et documentés de son président.

Si encore Trump se contentait de son rôle de négationniste jusqu'au-boutiste, au détriment de la santé de sa propre population américaine, mais malheureusement ce n'est pas le cas. Il s'attaque à l'OMS, coupe l'aide financière à l'organisation internationale (400 millions de dollars), sous prétexte qu'elle a failli à découvrir l'épidémie et à l'annoncer au reste du monde. António Guterres, secrétaire général de l'ONU, vole au secours de l'OMS et déclare que ce n'est pas le moment – en pleine crise sanitaire – de restreindre les moyens financiers destinés aux opérations menées par l'OMS. Ce dernier estime qu'après la fin de la pandémie, il sera encore temps d'étudier la réaction des responsables de ce monde. Tedros Adhanom Ghebreyesus, en réponse aux accusations de Trump, martèle qu'il n'y a pas de secret à l'OMS. Son adjoint, Michael Ryan, directeur des programmes d'urgence sanitaire, rappelle que depuis janvier une quinzaine de représentants du CDC américain sont détachés à Genève dans le cadre de la riposte à la COVID-19. Le jour où Trump coupe les vivres de l'OMS, les États-Unis recensent 2 200 morts, le plus lourd bilan journalier rapporté par un pays en date du 15 avril. Joe Biden, alors candidat démocrate aux élections de novembre, affirme qu'il annulera immédiatement la décision de l'administration Trump s'il est élu, estimant – comme les scientifiques américains – que cette décision nuit à la lutte mondiale contre la pandémie.

Comble de l'ironie, des chercheurs américains vont rendre publique, après l'été, une analyse effectuée à base des dossiers médicaux de structures hospitalières en Californie. Les conclusions de cette analyse vont certainement déranger la garde rapprochée de Trump: la COVID-19 est probablement déjà présente à Los Angeles en décembre 2019, avant même que l'OMS ne lance l'alerte. En effet, dès la fin de l'année 2019 et au tout début de 2020, il y a une surreprésentation de personnes sur le Net qui se plaignent de maladies respiratoires. Bien entendu, rétrospectivement, il est impossible de prouver qu'il s'agit du nouveau coronavirus puisque les tests n'étaient pas de mise. Les indicateurs de santé sont donc déjà à l'orange avant l'annonce de l'OMS.

Le président américain sera tout aussi virulent par rapport aux autorités chinoises, qu'il accusera dans un premier temps d'avoir «fabriqué» le virus, et par la suite de l'avoir laissé échapper d'un laboratoire à Wuhan. Des affirmations spéculatives, selon les experts de l'OMS. La directrice du laboratoire affirme qu'effectivement celui-ci possède trois souches vivantes de coronavirus de chauve-souris, mais aucune d'entre elles ne correspond au SARS-CoV-2. Cette déclaration américaine, fondée sur aucune preuve tangible, provient en fait de Mike Pompeo, un proche du président, interviewé par les journalistes de Fox News, qui déclare que le gouvernement américain mène une enquête exhaustive, et signale que l'ambassade des États-Unis à Pékin a alerté le département d'État américain sur les mesures de sécurité insuffisantes dans le laboratoire de Wuhan. Accuser la Chine a bien entendu un but éminemment politique: durcir les conditions douanières et mettre en place des mesures punitives vis-à-vis du géant chinois. Effectivement, le manque de transparence des autorités chinoises est gênant. Un scénario tel que décrit par Pompeo devient réalité, quand plus de 3 000 personnes dans la capitale de la province du Gansu contractent la brucellose (ou fièvre méditerranéenne). Mais, en la matière, il s'agit d'une bactérie et non d'une maladie virale, qui se transmet normalement du bétail à l'homme, sans transmission entre les humains. La source est le gaz résiduaire qui s'est échappé d'une firme pharmaceutique qui cultive la bactérie pour développer des traitements. Pas étonnant, dès lors, que Pompeo trouve résonance à sa théorie auprès du grand public.

En interne aussi, Donald Trump fait table rase de toute opinion qui diffère de la sienne, et ne se gêne pas pour licencier des inspecteurs généraux. Au début du mois d'avril, c'est Glenn Fine qui est concerné, un inspecteur général qui supervise l'utilisation du budget de 2 milliards de dollars destiné à la gestion de la crise. Cette décision est d'ailleurs vertement critiquée par l'opposition démocrate, qui la taxe d'abus de pouvoir et estime que ce limogeage sert à éliminer les serviteurs fidèles de l'État, honnêtes et indépendants. On accuse l'administration Trump de mettre en place une culture de la peur. Pour preuve, les incidents à répétition entre le gouvernement et la FDA et le CDC, agences gouvernementales qui sont perçues par les *afficionados* de Trump comme des foyers de résistance à sa réélection. Eric Topol, cardiologue mondialement connu, estime que l'ingérence du pouvoir présidentiel dans ces agences fédérales est totalement inadmissible. Il va plus loin en déclarant que si les responsables des agences de l'État avaient des principes, ils démissionneraient car ils sont manipulés ou censurés, et *de facto* complices.

Nombre de citoyens américains estiment que le président n'est pas bien préparé et pensent que le management de la sortie de la crise doit être laissé dans les mains des experts sanitaires. Ils font aussi plus confiance à leur gouverneur. Pour cette sortie du confinement, le CDC a établi un rapport qui a été enterré par l'équipe de Trump, dont les auteurs ont reçu l'ordre de se taire, particulièrement vis-à-vis de la presse. Mais un secret n'est jamais gardé bien longtemps, et le fameux rapport finit par fuiter auprès d'AP News. L'ancien responsable de la Santé sous l'ère Obama, Howard Koh, rappelle que le CDC est une institution publique, vers laquelle les citoyens américains se tournent en cas de crise pour obtenir des informations fiables et surtout pour obtenir des directives sans équivoque.

Incohérence des directives gouvernementales

Le message en temps de crise se doit d'être clair et bien compris par le grand public. Il y va de la crédibilité et de l'efficacité des mesures mises en place. Quand un gouvernement, en France, autorise la tenue des élections municipales le dimanche et décide le lendemain de mettre en place un confinement sur l'entièreté du territoire, le moins que l'on puisse dire c'est que le message est confus. Pas étonnant que les professionnels des soins et le principal syndicat des internes de médecine en France (ISNI), mettent ce genre de contradiction en exergue dès la mi-mars. Ils soulignent les incohérences du gouvernement français, qui demande de rester chez soi et en même temps – pour des raisons purement économiques et non pas de santé publique – propose d'aller travailler afin de maintenir l'économie du pays. Ces jeunes médecins affirment très justement que, quoi qu'il en soit, l'économie s'interrompra si l'épidémie devient hors de contrôle.

La situation est loin d'être simple. Les conséquences financières et économiques de la crise de la COVID-19 dépasseront largement celles rencontrées en 2008. On estime aujourd'hui que les conséquences seront même plus importantes que celles du krach boursier du mois d'octobre 1929, qui marque le début de la Grande Dépression, la plus grande crise économique du XXe siècle. Beaucoup de dirigeants veulent donc lever au plus vite les mesures de confinement pour éviter un tel désastre. C'est un exercice d'équilibriste car les lever trop tôt, c'est prendre le risque de noyer le système hospitalier qui ne sera plus en capacité de répondre à la demande. À peine remis de la première vague, les soignants vont devoir rapidement faire face à l'avènement d'un second pic d'incidence, sans avoir pu restituer préalablement les réserves matérielles et humaines, épuisées par le premier combat. Retarder l'abolition progressive du confinement permet au système de soins de souffler et de se préparer à cette deuxième vague attendue et prévisible, car le temps sera nécessaire pour que l'immunité collective naturelle protège notre société ou qu'elle soit induite par la mise à disposition d'un vaccin sûr et efficace.

Sur le continent nord-américain règne la cacophonie. La distanciation est d'application ou non, selon les décisions des gouverneurs ou des responsables des comtés. À titre d'illustration, on a vu aux nouvelles télévisées une plage bondée et à peine quelques mètres plus loin plus aucun badaud, sous prétexte que les limites du comté traversent la plage à cet endroit précis. Il est aussi croustillant de relever que les citoyens mexicains, vivant proches du mur censé protéger les États-Unis du flux de migrants « économiques » provenant du sud, ont protesté contre le passage cette fois de citoyens américains vers le territoire mexicain, sans application de contrôle sanitaire. Fin mars, les États-Unis sont devenus l'épicentre de la pandémie sur le continent, et les Mexicains voient d'un très mauvais œil ces Yankees qui franchissent le mur, visiblement pas étanche, du moins dans ce sens-là. Aux États-Unis, quand l'état d'urgence est déclaré, le gouvernement édicte des recommandations pour limiter les rassemblements de plus de 10 personnes, mais ce n'est pas obligatoire. Comment voulez-vous que les citoyens comprennent ces messages contradictoires ? Et au même moment, le gouverneur de l'état de New York évoque un véritable état de guerre nucléaire. Malgré la tentative de minimiser les dangers de la COVID-19, l'administration Trump finit par déclarer l'état d'urgence, surtout pour permettre la mise en place du Defense Production Act, qui force les fournisseurs de matériel médical à fournir prioritairement le marché interne – *America First*, slogan cher à Donald Trump.

Par ailleurs, comment éviter la confusion, quand les experts qui conseillent Trump font eux-mêmes l'objet de critiques par la Maison Blanche ? Même le très populaire Anthony Fauci n'y échappe pas. Quand, en toute transparence, il annonce que les États-Unis n'arrivent pas à sortir de la première vague, Trump dira de lui qu'il a commis beaucoup d'erreurs. Et pourtant, Fauci est rejoint par Eric Toner, du Johns Hopkins University Center, expert auprès du gouvernement en matière de préparation aux pandémies. Ce dernier déclare que le port du masque et la distanciation physique – abhorrée par Trump et ses acolytes – feront partie du paysage pour plusieurs années. Il avertit, comme Fauci, que le non-respect de ces gestes barrières pourrait amener le pays à envisager un nouveau *lockdown*. Les deux chercheurs sont confortés dans leurs dires par des modèles mathématiques établis à l'université de Washington, qui annoncent une augmentation significative du nombre de décès, sauf si le masque est appliqué par 95 % des citoyens américains. Ce simple geste pourrait sauver des dizaines de milliers de vies (40 000 d'ici à novembre, quand fin août le nombre de morts dépasse déjà la barre des 180 000).

Restrictions budgétaires et retour de bâton

Une étude a mis en évidence un manque de préparation évident au niveau international, et ce, dans la grande majorité des pays étudiés. Dès le départ de l'épidémie, un besoin criant de matériel de protection se fait sentir pour le personnel soignant, d'autant plus exacerbé par la dépendance avérée à la production industrielle chinoise, qui a tourné au ralenti pendant plusieurs semaines au début 2020.

Plusieurs pays se trouvent dans la situation de ne pas pouvoir équiper correctement les soignants en première ligne, quasiment partout s'observe une pénurie de tests de dépistage, de matériel de protection, mais également en ressources humaines. Nos systèmes de santé ont été déforcés à maintes reprises par des réductions budgétaires successives. La crise de la COVID-19 met en lumière, de façon aigüe, les manquements chroniques, maintes fois soulignés par un personnel soignant peu écouté.

La sonnette d'alarme a été tirée plusieurs fois, mais il n'y a pas pire sourd que celui qui ne veut pas entendre. C'est le cas aux États-Unis, quand une instance gouvernementale, la National Intelligence, par la voix de son directeur, avertit la Maison Blanche qu'une pandémie est possible et que le pays est n'est pas préparé à une telle éventualité. Ce risque est d'autant plus important que l'urbanisation est rapide et non contrôlée, les crises humanitaires perdurent à travers le monde, l'humain intervient dans des zones préalablement non occupées, le trafic, le commerce international et les changements climatiques vont croissant. Ce rapport est malheureusement balayé de la main par l'administration Trump. Selon ABC News, des officiels de l'équipe gouvernementale, qui ont bien entendu voulu rester anonymes, ont signalé que l'administration à différents niveaux de pouvoir a été alertée au tout début de l'épidémie en Chine. Dès novembre 2019, un rapport du National Center for Medical Intelligence (NCMI) est communiqué à plusieurs agences gouvernementales et militaires, y compris le Pentagone et la Maison Blanche. L'ancien vice-directeur du Department of Homeland Security, John Cohen, déclare, lors d'une interview sur la chaîne ABC, qu'il n'est pas surpris par cette information mais par le manque de réaction et d'anticipation de la part de l'administration Trump. Le directeur du CDC, Robert Redfield, surenchérit devant le Congrès et estime qu'une commission, comme celle instaurée après l'attentat du 11-Septembre, doit être mise en place. Selon lui, ce n'est que le début d'une pandémie, qui risque bien de se répéter, il faut donc impérativement mieux préparer le pays à ce genre de catastrophe. Il estime qu'on doit tirer les leçons de la crise sanitaire actuelle, et mettre en place une organisation à l'image du prestigieux Conseil national de la sécurité des transports, instance qui analyse toutes les données contenues dans la boîte noire d'un avion écrasé notamment, afin d'en déterminer les causes et établir des barrières de protection.

Très rapidement, les soignants sont donc confrontés au manque de matériel de dépistage. C'est d'ailleurs cette pénurie de tests qui coûte la place à Glenn Fine. Mais cette mise à pied est commentée différemment par le leader démocrate au Sénat, Chuck Schumer. Selon lui, l'administration Trump refuse qu'un responsable indépendant et honnête supervise les 3 trillions de dollars dégagés par le gouvernement dans la lutte contre la pandémie. Et plus tard, le 22 septembre, le *Washington Post* signale que le Pentagone, à qui le Congrès américain a alloué en mars 1 milliard de dollars pour constituer un stock de matériel médical, utilise des centaines de millions de dollars à d'autres fins.

Dès le mois de février, les hôpitaux américains signalent un manque de moyens de protection et de système d'assistance ventilatoire. Ils évoquent même la rédaction de procédures institutionnelles pour « sélectionner » les cas à traiter : les médecins admettent publiquement qu'ils sont amenés à faire des choix cornéliens entre ceux qu'ils vont essayer de sauver et ceux qu'ils vont laisser mourir. Les élus de certains États américains, comme le Texas et l'Arizona, sont exaspérés par le ton dangereux du président, car, impuissants, ils font face à l'asphyxie des institutions hospitalières, débordées par les patients en détresse respiratoire. L'administration américaine va finalement mettre en place le Defense Production Act en date du 18 mars. En revanche, Christi Grimm, l'inspecteur général adjoint du HHS, auteur d'un rapport sur le niveau de non-préparation des hôpitaux américains, sera remercié par Trump et sa bande. Un rapport plus qu'éloquent, qui souligne une grave pénurie de matériel de dépistage ou des problèmes exacerbés par les manquements en ressources humaines et matérielles (en particulier l'équipement de protection individuel médical). Interpellé par la presse, Donald Trump répond via son moyen de communication favori, Twitter: «*Another fake dossier*»... Rick Bright, alors directeur de la BARDA, connaît le même sort un mois plus tard, car il résiste à la promotion publique de l'hydroxychloroquine chère à son président.

Que ces hauts fonctionnaires, victimes collatérales de cette crise sanitaire, se consolent avec ce documentaire dans lequel on interviewe des psychologues sur l'état de santé mentale de Donald Trump. John Gartner, psychologue, affirme que le président américain cumule quatre symptômes du «narcissique malfaisant»: la paranoïa, le narcissisme, le caractère antisocial et le sadisme.

Visiblement, sur ce continent, cette fois dans la partie sud, Donald Trump a des alliés de poids, comme le président brésilien Jair Bolsonaro. Ce dernier n'a rien à lui envier quand il s'agit de discours démagogiques. Comble de l'ironie, il est lui-même touché par la COVID-19, mais continue malgré tout de minimiser l'épidémie, quand bien même toutes les télévisions du monde montrent des images d'infinis alignements de tombes destinées à recevoir les victimes de la pandémie au Brésil. Très gentiment, le directeur général de l'OMS lui souhaite un rapide rétablissement tout en déclarant qu'aucun pays ni aucun individu n'est hors d'atteinte. Le responsable des urgences sanitaires de l'OMS Michael Ryan soulignera que nous sommes tous vulnérables dans cette situation de pandémie. Quelques semaines plus tard, c'est au tour de Donald Trump de tomber malade et d'être hospitalisé.

Les stratégies d'endiguement : le cruel contraste entre l'Extrême-Orient et l'Occident

Face à la crise mondiale, certains pays d'Asie du Nord-Est et du Sud-Est ont été capables de contenir les dégâts liés à l'épidémie. L'Union européenne n'a pas été en mesure d'affronter cette crise de façon concertée et groupée : les pays sont partis au combat en ordre dispersé et profondément divisés, chacun prenant des initiatives propres.

Le pari gagnant des pays asiatiques : des mesures drastiques

Singapour, cette cité-État insulaire qui comptabilise approximativement 6 millions d'habitants, ne déplore que 9 décès à la mi-avril. Quelles sont les raisons de ce succès ? D'abord, un système de santé hors norme, avec des hôpitaux d'excellente qualité et très bien équipés. Ensuite, une politique de confinement draconienne, complétée par un traçage efficace des citoyens potentiellement infectés ainsi que de tous leurs contacts. La population accepte de se plier aux directives gouvernementales et les applique à la lettre – cette politique « intrusive » est difficilement acceptée en Europe, mais face à cette crise les mentalités changeront peut-être. Dans cette cité-État, les règles de confinement et de quarantaine sont par ailleurs doublées d'actions punitives en cas de transgression (la perte de la citoyenneté, par exemple).

La Corée du Sud et Taïwan y échappent également. Ces pays proches de la Chine prennent des mesures sanitaires à leurs frontières et appliquent des décisions industrielles et économiques, qui permettent de faire face à la demande en matériel médical (protection personnel, notamment). En interne, toute personne suspecte est immédiatement mise en quarantaine, et celle-ci est appliquée de façon très stricte (2 300 euros d'amende en cas de non-respect).

Le gouvernement de la Corée du Sud suit de près les personnes contaminées par le biais de leurs smartphones et cartes bancaires, jusqu'à les contacter deux fois par jour pour s'assurer qu'elles sont confinées. Le dépistage du virus est instauré et appliqué à large échelle, sur des centaines de milliers de citoyens. Quant aux États-Unis on signale avoir effectué 60 000 tests à l'échelle du pays, il y en a déjà plus de 300 000 en Corée du Sud. Les Coréens vont inventer les *drive-in*, pour éviter le contact rapproché entre les conducteurs testés et les professionnels de soins qui font le prélèvement.

À Taïwan, les personnes sont également géolocalisées par leur téléphone portable. En cas de sortie non autorisée, l'amende est de 1 million de dollars taïwanais (30 000 euros). Comme en Corée, les autorités mettent en place très tôt (fin décembre 2019) des mesures d'inspection sanitaire pour les passagers provenant de Chine, quand les Chinois se posaient encore la question sur la possibilité d'une transmission interhumaine. On fait aussi appel à l'intégration des informations collectées par l'Agence nationale de l'immigration et ceux de l'assurance maladie, pour alerter immédiatement le personnel soignant si le patient vient d'une région potentiellement à risque. Le traçage, qui se base sur une collaboration avec les fournisseurs téléphoniques, permet par ailleurs d'identifier la totalité de la chaîne de transmission. Les autorités taïwanaises utilisent pleinement les nouvelles technologies : traçage et géolocalisation (par exemple, pour les passagers du *Diamond Princess* lors de l'escale à Keelung) ou utilisation de la vidéosurveillance publique pour déterminer le nombre de personnes qui portent un masque, afin de déterminer si la production locale couvre les besoins et aussi pour en limiter l'exportation si nécessaire. Les autorités font le pari de la transparence et de la communication, une attitude jugée très satisfaisante par les citoyens. La percée numérique dans ce pays permet également de gérer la qualité des informations destinées aux citoyens et à lutter contre les fausses informations.

En Chine, un *lockdown* sévère est mis en place. Cinquante millions d'habitants y sont soumis – preuve, s'il en faut, que le concept est applicable à très large échelle. Dans les zones confinées, les sorties des habitations sont interdites, le nécessaire journalier étant apporté par les services publics. Les réseaux sociaux sont utilisés pour contrôler les mesures du confinement et tracer les déplacements des individus. Transports publics, usines, bureaux et écoles sont fermés. Les déplacements des personnes dans les zones confinées sont limités au strict minimum. Les voyages en avion vers et à partir de Wuhan sont interdits dès le 23 janvier. Selon certains modèles mathématiques de transmission du virus, cette décision a permis de retarder la propagation de trois jours dans le reste de la Chine, un gain de temps qui a permis aux autres villes chinoises de se préparer à l'arrivée de la vague. Dès le 7 juillet, Pékin annonce zéro nouveau cas d'infection dans la capitale, bien que le mois de juin ait vu un mini-vent de panique : la crainte d'une deuxième vague sur la capitale a incité les responsables de la ville à réagir sur-le-champ en faisant tester plus de 11 millions de personnes et en replaçant en confinement strict plusieurs zones résidentielles. La Chine, peut-être un peu excédée d'être considérée comme le « mouton noir », et en particulier son ambassade au Kazakhstan, a signalé en juillet un foyer de « pneumonie virale » s'étendant rapidement dans le pays et dont la mortalité serait plus importante que celle observée avec la COVID-19. Le ministre de la Santé du pays incriminé a rapidement démenti.

Le pari perdant des pays européens : l'immunité collective

L'Angleterre, victorieuse dans le combat du Brexit, imagine pouvoir compter sur l'avènement de l'immunité collective. Son gouvernement estime qu'il ne faut surtout pas suivre l'exemple des pays latins qu'elle vient de quitter. C'est l'analyse du 17 mars, émise par des immunologues de l'Imperial College London et du London School of Hygiene & Tropical Medicine, qui fait changer d'avis le Premier ministre Boris Johnson. Selon ces rapports, si 30 % des patients hospitalisés ont besoin de soins intensifs, le NHS sera rapidement asphyxié, et le pays pourrait comptabiliser entre 250 000 et 500 000 décès. Ces experts soulignent que la progression de la maladie et le taux de mortalité au Royaume-Uni ne diffèrent pas de ceux observés en Italie, où c'est l'hécatombe. La trajectoire épidémiologique est identique, avec un retard de trois semaines par rapport au calendrier italien. Et même si le Premier ministre, alerté par ces chiffres effrayants, finit par virer de bord et abandonne sa politique d'immunisation collective, l'étonnement est grand de voir les Anglais – réputés pour leur discipline et leur sens du civisme – se précipiter dans les pubs le soir même avant la mise en place d'une restriction, somme toute relative, de leurs libertés. Fin mars, le gouvernement Johnson durcit le ton et impose un confinement à domicile et l'interdiction des rassemblements publics de plus de 2 personnes.

Le NHS aide le gouvernement en contactant 1,5 million de personnes particulièrement vulnérables (transplantation d'organe, cancer, déficiences immunitaires), afin de s'assurer qu'elles restent bien chez elles. Le gouvernement anglais lutte contre la désinformation et s'associe aux réseaux sociaux pour arriver à ses fins. Les responsables politiques multiplient les interventions publiques pour expliquer et éduquer la population. Ce qui les préoccupe, c'est la conjonction possible entre la grippe saisonnière et la COVID-19 dès le début de l'hiver, un scénario redouté par tous les responsables de santé publique à travers le monde qui, selon un rapport écrit par trente-sept experts, est prévisible. Le gouvernement britannique et son ministre de la Santé Matt Hancock décident de mettre à disposition des millions de tests de dépistage rapide du coronavirus, mais ces mêmes tests permettent aussi de distinguer la COVID-19 de la grippe saisonnière.

La Suède mise sur le principe de l'immunité collective et compte sur le civisme de sa population : pas question de confiner ! Les autorités interdisent simplement des rassemblements de plus de 50 personnes. Pour le reste, le gouvernement prodigue des conseils de bon sens à sa population, et estime que celle-ci est assez « mûre et réfléchie » pour les mettre en application. Mal leur en a pris. À la sortie de la phase aigüe, la mortalité en Suède est nettement plus élevée qu'au Danemark et en Norvège. Au début du mois de juin, elle dépasse même celle des États-Unis. Pis encore, l'immunité collective tant espérée n'est pas atteinte avec un taux de séroconversion de seulement 7,3 % à Stockholm. En outre, l'impact économique est majeur, avec une chute du produit intérieur brut (PIB) de 7 %, comparable aux voisins européens, du jamais vu dans le pays depuis la fin de la seconde guerre mondiale.

Les Pays-Bas sont eux aussi plus souples dans leurs mesures de confinement. Le Premier ministre néerlandais, Mark Rutte, a également misé sur l'immunité collective. Cette décision politique est considérée comme la cause principale, par le trafic transfrontalier avec le Limbourg belge voisin (qui lui est confiné de façon plus stricte), de l'un des plus importants épicentres de l'épidémie en Belgique. C'est d'ailleurs la province qui semble bien avoir payé le plus lourd tribut en nombre de décès. Les citoyens belges faisant leurs courses vont rapidement se plaindre du non-respect des règles gouvernementales en matière de distanciation physique. En effet, des touristes hollandais n'ont visiblement pas l'intention de s'y plier chez nous. Mais, face à un nombre grandissant de décès et probablement suite à la pression des partenaires européens, nos cousins du nord vont eux aussi abandonner cette politique d'immunisation collective. Le gouvernement batave, contraint de durcir progressivement sa politique, instaure des cours en ligne, priorise le télétravail et ferme les crèches et les lieux de sortie (restaurants, bars, *coffee-shops* et maisons closes). Finalement, l'accès aux maisons de repos et aux résidences de personnes âgées est interdit et des sanctions policières pour tout rassemblement de plus de trois personnes qui ne portent pas le masque et qui ne respectent pas la distanciation physique sont mises en place.

Les Suédois et les Hollandais doivent-ils s'étonner de l'échec de leur politique initiale ? Pas vraiment. Le concept d'immunité collective a été largement battu en brèche par les données provenant du ministère de la Santé en Espagne, un des pays européens le plus touché par la pandémie. À la fin du printemps, le nombre de personnes qui ont des anticorps contre le virus est excessivement bas, à peine 5 %. Et la reprise de l'épidémie durant l'été en Catalogne, en particulier à Lérida, à cent cinquante kilomètres de Barcelone, et dans la région côtière d'A Mariña en Galicie nous conforte dans l'idée que la recherche de l'immunité collective n'est peut-être pas une si bonne idée.

Les Allemands semblent être les bons élèves de la classe Schengen, avec une mortalité significativement plus basse que celle observée dans les pays avoisinants. Ce résultat peut s'expliquer par deux éléments clés : 1) un dépistage à tour de bras – un effort reconnu par les experts internationaux. Cette démarche donne des chiffres plus exacts en matière de proportion de décès par rapport au nombre total de cas infectés et détectés. Christian Drosten, virologue à l'hôpital de la Charité de Berlin, a déclaré qu'ils avaient aussi eu de la chance en identifiant très rapidement le cluster initial à Munich. 2) des infrastructures sanitaires allemandes adéquates. Pour un pays comptant 83 millions d'habitants, la chancelière Angela Merkel dispose à la mi-mars de 25 000 respirateurs et de 10 000 unités supplémentaires en cours de fabrication dans le pays. En comparaison, le président français Emmanuel Macron dispose au même moment de 7 000 unités pour 67 millions d'habitants. Les Allemands sont aussi connus pour leur culture de la discipline, et la chancelière n'a cessé de rappeler ses concitoyens à l'ordre en faisant appel à leur civisme et à la prudence, afin d'éviter des mesures plus strictes en cas de rebond du nombre d'infections. Pour autant, les autorités politiques germaniques n'ont pas été exemptes de critiques sévères. Par exemple, un dérapage en Bavière : les délais pour informer des dizaines de milliers de vacanciers de leurs tests de dépistage au retour des vacances d'été sont jugés inacceptables – une brèche dans la sacro-sainte organisation germanique ! Par ailleurs, le civisme et la discipline font parfois défaut outre-rhin. Que penser de ces manifestations « anti-corona » à Berlin, dirigées contre les restrictions gouvernementales ? Que penser également du relâchement en automne qui provoquera un raz de marée dans les unités hospitalières du pays en décembre ?

En France, le pouvoir politique a longtemps hésité avant de confiner, laissant d'abord passer les élections municipales. Les dérapages, le manque de directives claires excèdent une partie de l'opinion publique et des dizaines de plaintes sont déposées en justice dénonçant « la mise en danger de la vie d'autrui », « l'homicide involontaire » et la « non-assistance à personne en danger ». Ces plaintes, dirigées contre le Premier ministre (Édouard Philippe), les deux ministres de la Santé qui se sont succédé (Agnès Buzyn et Olivier Véran), ainsi que les ministres de la Justice, de l'Intérieur et du Travail, émanent des syndicats et des collectifs de médecins. Le procureur général près la Cour de cassation, François Molins, annonce par la suite qu'une information judiciaire est lancée contre les trois premiers. Rappelons que le président Emmanuel Macron est lui-même pénalement « irresponsable », du moins pendant l'exercice de ses fonctions. Des milliers de soignants descendent dans les rues pour demander plus que des simples applaudissements provenant de la population reconnaissante. Ils requièrent du gouvernement de tenir ses promesses. Certaines manifestations se terminent par de véritables échauffourées avec les forces de l'ordre. Et le gouvernement n'est pas au bout de ses peines, car dès le retour des vacances d'été et la rentrée des classes, les indicateurs du nombre de contaminations repartent à la hausse, signes avant-coureurs d'une reprise de l'épidémie qui fera basculer la France en zone rouge quelques semaines plus tard.

L'Italie est un pays qui a payé un lourd tribut à la maladie. Des médecins de la région de Bergame, lourdement touchée par la COVID-19, interviennent sur les réseaux sociaux et font part du désastre à l'opinion publique. Ils nous avertissent afin que nous ne cédions pas à la complaisance. Mais nous ne les écouterons pas avant d'être nous-mêmes concernés... Pour 60 millions de citoyens, l'Italie n'a que 5 000 lits équipés de respirateurs à la fin mars. L'âge moyen de la population y est élevé (23 % des citoyens ont plus de 65 ans) et cette population plus âgée, comparativement aux autres États européens, souffre certainement de plus de comorbidités (hypertension, diabète, insuffisance cardiaque, cancer...), facteurs dont on sait qu'ils fragilisent les individus atteints par la COVID-19. Le dépistage de masse n'y a pas été pratiqué. Le ministre de la Santé fournit une explication supplémentaire pour ce désastre sanitaire : la grippe a fait particulièrement peu de victimes pendant l'hiver plutôt doux. Des personnes fragiles, qui normalement auraient dû décéder suite à la grippe, ont finalement été emportées par la vague liée à la COVID-19. La concentration de la maladie dans certaines régions a aussi contribué à un tsunami de cas graves, non gérables par les institutions hospitalières locales. Ce même phénomène a d'ailleurs été observé en Chine, avec un taux de mortalité de 5,8 % dans la ville de Wuhan contre 0,7 % dans le reste du pays. Les proches des victimes, et en particulier le groupe Noi denunceremo (« Nous porterons plainte ») basé à Bergame, déposent de multiples recours en justice contre les autorités accusées d'incompétence. Ils se tournent vers les institutions européennes afin qu'elles supervisent les enquêtes menées dans la péninsule, n'accordant aucune confiance aux autorités judiciaires locales. La culture italienne a certainement aussi été un obstacle dans la gestion rationnelle de la crise. Rappelons-nous cet épisode des funérailles du médecin Carmine Sommese, à Saviano. Le corbillard emportant le médecin est suivi par 200 personnes présentes pour lui rendre un dernier hommage, alors que ce type de rassemblement est formellement interdit. Pis encore, les autorités regardent passer le cortège sans intervenir...

La comparaison des chiffres liés à la mortalité

Pour obtenir un aperçu fiable de la mortalité liée à l'infection, il faudrait pouvoir rapporter le taux de décès à une estimation correcte de l'incidence de la maladie dans la population. Toutefois, la plupart des personnes ne développant pas ou peu de symptômes, les chiffres annoncés surestiment donc le taux de mortalité, puisqu'une proportion non négligeable de personnes ayant eu des symptômes anodins n'a pas bénéficié d'un dépistage. Il est donc impossible de comparer les chiffres de mortalité directement entre les différents pays, car la fréquence du dépistage varié énormément d'un pays à l'autre. En outre, la manière de comptabiliser les décès n'est pas uniforme.

La Belgique a été stigmatisée par les autorités américaines et par *The Economist* comme étant un pays incapable de gérer la crise compte tenu d'une mortalité particulièrement élevée par rapport à sa population. Nous savons que notre pays a fait face à un taux de mortalité mensuel exceptionnellement élevé, qui dépasse même le nombre de décès observé pendant la seconde guerre mondiale. Quand on compare le mois d'avril 2020 à celui de 1941, on constate qu'il s'agit du mois d'avril le plus meurtrier que le royaume ait connu, tant en chiffres absolus que relatifs (rapporté au nombre d'habitants). Toutefois, on oublie de signaler que ce petit pays a eu le courage dès le début de la crise sanitaire de déclarer la « surmortalité », qui, selon nos instances gouvernementales, s'explique en raison de la rapidité dont les épidémiologistes indépendants ont fait preuve pour déterminer le comptage, sans omettre aucun décès. Même sans la preuve qu'un décès était lié à l'infection, il a été comptabilisé. Le chiffre annoncé par les autorités sanitaires belges inclut donc les décès de personnes testées positives, mais aussi tous les décès suspects, également des personnes non testées. S'ajoutent, à toutes les personnes décédées dans les hôpitaux, les morts dans les maisons de repos (ce qui n'est pas le cas en France au début de la crise).

Le porte-parole interfédéral de la lutte contre le coronavirus annonce même, fin avril, une surmortalité dans le royaume de 80 %. En mai, on signale un taux de 783 décès par million d'habitants.

À titre de comparaison, le taux déclaré par les États-Unis et l'Espagne à la même date est respectivement de 270 et 591, chiffres artificiellement bas compte tenu de la méthodologie utilisée pour les comptabiliser. Si on intègre tous les décès supplémentaires, on se rapproche très probablement plus de la réalité – la précision belge a d'ailleurs été complimentée par l'OMS ! Le *Washington Post*, en plein milieu de la première vague, mentionne d'ailleurs que le nombre de décès est largement supérieur au taux attendu en temps normal. Le gouverneur de l'État de New York, Andrew Cuomo (Parti démocrate), admet humblement que le nombre déclaré n'est pas conforme à la réalité du terrain. L'Institut national de prévoyance sociale italien (INPS) rapporte 156 429 décès entre mars et avril (soit 46 909 de plus qu'attendu sur base de la moyenne établie en prenant en compte les chiffres enregistrés pour les mêmes mois entre 2015 et 2019). L'INPS avait annoncé « officiellement » 27 938 décès pour cette période. Dans la plupart des pays, le FEM signale un taux de décès qui dépasse au minimum de 50 % la normale, y compris aux États-Unis, n'en déplaise à son président optimiste.

Pour connaître l'impact sociétal, le NIH a lancé une étude sur 10 000 volontaires d'une population la plus diversifiée possible. L'intention étant de doser les anticorps dans le sang périphérique, en espérant ainsi pouvoir déterminer la proportion de la population qui a été en contact avec le virus. Cette approche permet en théorie de corriger le taux de mortalité, en fonction d'un dénominateur plus conforme à la réalité, pour autant que ces anticorps soient exprimés et restent détectables. Dès l'annonce de l'initiative, les investigateurs ont été inondés de demandes d'individus n'ayant pas accès aux tests de dépistage. Les personnes qui ont eu le coronavirus ou qui sont symptomatiques ne sont pas éligibles pour cette étude.

Au Royaume-Uni, les chiffres ont également requis toute l'attention. Il faut admettre que considérer un décès par accident de la route, survenu trois mois après un test COVID-19 positif, comme une mort liée au coronavirus n'est pas logique. En corrigeant cette aberration méthodologique, le gouvernement anglais a revu à la baisse la mortalité liée à la COVID-19, et du jour au lendemain le nombre total a été réduit de 10 %.

Le confinement et les mesures de distanciation physique ont certainement contribué à sauver des vies. L'impact a été calculé pour différents pays européens à la fin mars: les nombres de décès évités au printemps de l'année sont déjà de 2 500 en France, 38 000 en Italie, 16 000 en Espagne et 550 en Allemagne. À la mi-juin, l'équipe de l'Imperial College London publie dans la revue scientifique *Nature*, que grâce aux mesures prises (confinement, restriction draconienne des voyages et déplacements, fermeture des écoles), 3,1 millions de morts ont pu être épargnés dans 11 pays européens. En revanche, cette même équipe estime que le taux d'attaque (pourcentage de la population infectée) serait le plus élevé en Belgique (sur les 11 pays): 8 % chez nous, pour seulement 4,6 % en Italie et 5,5 % en Espagne. En Allemagne, au même moment, il n'est que de 0,85 %.

On aurait certainement encore pu faire mieux en mettant en place des directives plus strictes et plus rapidement. Il est clair, à l'annonce de ce drame humain, que les experts ont largement sous-estimé le coronavirus. Le quotidien espagnol *El País* fait état d'un compte rendu d'une réunion d'experts européens du Centre européen de prévention et de contrôle des maladies (ECDC[45]), qui s'est tenue en février: ils ont sous-évalué le danger du virus et taxé le risque de «bas à modéré». Si on avait pris la COVID-19 au sérieux, tous les modèles mathématiques indiquent que nous aurions pu sauver des dizaines de milliers de vies humaines supplémentaires. Certains éditorialistes n'ont donc pas hésité à désigner certains dirigeants politiques, considérant que l'utilitarisme les incite à une négation meurtrière de la situation.

Le cas particulier de la Belgique

Rétrospectivement, l'optimisme initial à l'égard de cette « grippe(tte) » semble étonnant. Certains y voient des similitudes avec le discours surréaliste empreint d'une certaine insouciance que la Belgique a connu à l'époque du nuage de Tchernobyl, le 26 avril 1986. Comme le nuage radioactif, nous avons eu l'impression que l'épidémie virale allait simplement s'arrêter à nos frontières. Les citoyens sont interpellés par l'incompréhension des politiciens en regard d'une courbe exponentielle d'une propagation virale. Comment, dès lors, envoyer un message clair et cohérent à la population ?

Nos responsables politiques n'ont pas arrêté de clamer qu'ils ne pouvaient pas savoir. Et pourtant, ils ont eu quelques semaines pour prendre des décisions, certes peu populaires mais qui auraient pu changer l'évolution de la maladie chez nous. Toute décision est extrêmement compliquée, compte tenu du fractionnement du pouvoir et la multiplication du nombre de ministres en charge des soins de santé : huit sont impliqués dans le dossier.

Ce manque d'anticipation et de décisions rapides est à l'origine de l'engorgement de nos hôpitaux, et en particulier de nos soins intensifs qui ont été confrontés à un manque de matériel de protection. Et pourtant... Il y a plus de dix ans, un professeur de l'université de Louvain, Jan De Lepeleire, avait écrit un rapport adressé au gouvernement de l'époque, signalant l'importance des masques buccaux, des gels hydroalcooliques, de l'hygiène des mains et des formations supplémentaires pour le personnel soignant dans les services de gériatrie. Il avait estimé un coût de 20 000 euros par institution, un montant irréaliste pour le Service public fédéral Santé publique. Pas étonnant, dès lors, que le monde professionnel envoyé en première ligne pour combattre la pandémie soit outré.

La vraie question aujourd'hui est de savoir si le pays est enfin prêt pour de nouvelles vagues de la COVID-19, voire pour l'avènement d'une autre pandémie. Selon la ministre de la Santé, Maggie De Block, la réponse est affirmative, contrairement à certains médecins proches des syndicats : pour eux, c'est clairement non. Mais le médecin une fois de plus va se montrer solidaire, responsable et flexible et remplira sa mission de façon créative et entreprenante. Et pour les trois experts entendus par le Parlement flamand, le virologue Marc Van Ranst, la présidente du Groupe d'experts en charge de l'Exit Strategy (GEES) Erika Vlieghe et le professeur Herman Goossens de l'hôpital universitaire d'Anvers, il y a urgence, notamment pour résoudre le manque d'unité de commandement en cas de crise sanitaire. C'est aussi une des conclusions des experts invités par la commission spéciale coronavirus. L'épidémiologiste Yves Coppieters, l'infectiologue Leila Belkhir et la consultante en gestion de risque et sécurité Floor Lams, qui pointent du doigt l'absence d'un véritable chef de file. Surréalisme belge : plusieurs commissions régionales et une nationale pour évaluer la gestion de la crise sanitaire dans un si petit pays…

La saga des masques

Le manque de masques chirurgicaux (dispositifs antigouttelettes), mais également de masques de type FFP2 et FFP3 (protecteurs pour le personnel soignant, en particulier pour ceux qui, par des interventions sur des patients, s'exposent à des aérosols) dès le début de la crise fait le sujet animé des journalistes et illustre de façon flagrante le défaut d'anticipation gouvernementale. Entre 2003 et 2007, le gouvernement belge du Premier ministre de l'époque (Guy Verhofstadt, Parti libéral), et en particulier le ministre de la Santé (Rudy Demotte, Parti socialiste), fait le choix suite au SRAS de constituer un stock stratégique de masques. On apprend avec étonnement par les médias que la ministre de la Santé actuelle (Maggie De Block du gouvernement de Charles Michel, tous deux issus de partis libéraux) a pris la décision de détruire ce fameux stock dès 2017, sans pour autant mettre en place un mécanisme de remplacement, qui permette de faire face à une éventuelle crise sanitaire. Le président du Parlement de la Fédération Wallonie-Bruxelles, Rudy Demotte, estime que ce non-renouvellement des stocks stratégiques est irresponsable (entreposés sur un site de la Défense et non dans les hôpitaux, comme a déclaré Maggie De Block).

Nos soignants se plaignent, s'indignent de ne pas avoir des masques de protection en suffisance. Le gouvernement au pied du mur désigne alors un ministre supplémentaire, un neuvième donc, pour régler le problème d'approvisionnement de matériel médical stratégique, mais on ne peut s'empêcher de croire que cette décision est peut-être simplement l'illustration d'une politique politicienne, destinée à créer un « paratonnerre » pour la ministre de la Santé. Le principal intéressé, Philippe De Backer (libéral flamand, donc du même parti que le Premier ministre et la ministre de la Santé), cherche par tous les moyens à en acquérir, même si dans la précipitation il rencontre parfois des fabricants et distributeurs peu recommandables (c'est le cas pour l'épisode des 5 millions de masques turcs qui ne sont jamais arrivés à destination).

Au début de la crise, on nous explique à maintes reprises que ces masques sont totalement inutiles pour se protéger. Leur capacité de filtration est en effet insuffisante pour se prémunir d'une infection. On réserve donc ces masques chirurgicaux au personnel hospitalier. Les masques à capacité de filtration supérieure, comme les FFP2 et FFP3, sont réservés au personnel hospitalier dédié à la prise en charge des patients positifs ou à ceux qui font du dépistage. Signalons quand même qu'au tout début de l'épidémie, des services en charge de traitements ambulatoires, qui ne peuvent raisonnablement pas être interrompus ni retardés (comme la radiothérapie), ont été amenés à fonctionner sans masque, ni pour les patients ni pour les soignants. Quand enfin le pays a accès à un stock de masques suffisant, le message politique vire à 180°. Nos politiciens, confrontés à une pénurie sévère initiale, auraient voulu éviter une ruée des citoyens sur les masques chirurgicaux, craignant en parallèle l'organisation d'un marché noir pratiquant des prix exorbitants à l'unité – ce qui a d'ailleurs eu lieu. Sophie Wilmès, Premier ministre du gouvernement provisoire, dans une intervention télévisée (tard le soir), déclare sans sourciller à la population belge que ces masques sont utiles en fin de compte, bien qu'ils ne protègent pas totalement. Mais le mal est fait, car une enquête menée auprès de 170 000 personnes par l'université d'Anvers montre que plus de la moitié de la population se promène en rue sans porter le masque, même si elle présente des symptômes caractéristiques de la COVID-19, comme lassée par ces contradictions incessantes et ce rabattage médiatique omniprésent. Comble du surréalisme belge, le quotidien flamand *De Tijd* signale, le 15 mars, que la Belgique a accordé 284 licences pour l'exportation du matériel de protection individuel, y compris des masques, tandis que le même jour l'Union européenne décide d'une interdiction généralisée d'exportation, sauf autorisation explicite d'un État. Le ministre monégasque de la Santé Didier Gamerdinger confirme que ces envois ont effectivement eu lieu en provenance de la Belgique.

La saga continue, quand le Premier ministre belge, expliquant les différentes phases de sortie du confinement, déclare que l'État fournira au moins un masque en tissu à chaque citoyen. Une information immédiatement contredite par le vice-Premier ministre Koen Geens, qui précise que c'est matériellement impossible... Et quand, *in fine*, ils sont quand même disponibles pour les citoyens, il s'agit de masques qui ne peuvent pas être lavés à plus de 30 °C, alors que le cahier des charges requiert 60 °C. Cacophonie politique, quand tu nous tiens.

En juillet, dès la reprise du taux de nouvelles contaminations en Belgique, le port du masque, d'abord fortement conseillé dans les espaces fermés, sera finalement imposé. Le citoyen qui déroge à cette obligation s'expose à une sanction pénale. Les établissements qui ne font pas respecter cette règle pourraient être amenés à fermer. Le gouvernement ne fait que suivre l'avis émis par le CSS, qui souligne la pertinence de préserver les citoyens contre l'attitude inappropriée de certains autres peu regardants quant à leur propre protection et celle d'autrui. Certaines communes l'imposent même dans les espaces ouverts et les rues. Mais cette seule annonce de la mesure ne suffit pas à endiguer la reprise de l'épidémie, selon les experts de la cellule d'évaluation (Celeval): il faut mener campagne de façon intensive pour éduquer et motiver la population. Une motivation qui s'étiole sérieusement, selon un baromètre mis en place par l'université de Gand: seuls 35 % des personnes interrogées indiquent suivre les mesures imposées.

Critiques adressées au monde politique belge

Certaines décisions des instances qui guident le monde politique ont été critiquées par les Académies royales de Belgique, mais ce qui a surtout déplu c'est le manque de transparence de l'institut scientifique de santé publique Sciensano: l'Académie royale de médecine n'a aucune visibilité sur les avis des experts qui ont aidé les politiques à forger les décisions fédérales, tout comme la Commission d'accès aux documents administratifs (CADA). Le GEES, le Risk Assessment Group, le Risk Management Group et l'Economic Risk Management Group émettent au cabinet de la ministre Wilmès des avis tenus secrets, sous prétexte de ne pas inonder la population d'informations incompréhensibles. On ne peut s'empêcher de sourire en lisant cet argument. La raison invoquée est balayée par la CADA, qui rétorque que ces avis ont une dimension sociale primordiale alors que la crise sanitaire limite les libertés fondamentales.

Les Académies royales de Belgique soulignent certaines directives qui vont à l'encontre de celles émises par l'OMS, tout simplement pour masquer la pénurie et le manque de prévoyance du monde politique: masques, dépistage, détection des anticorps (recherche de séroconversion), gestion des données non anonymes dans la banque de données centrale, accessibles à une multitude d'acteurs et donc contraire aux préceptes européens du règlement général sur la protection des données (RGPD). Sciensano et le gouvernement ont été fortement critiqués quant à la décision d'interdire le test de dépistage par RT-PCR du virus chez les personnes ne présentant pas de symptômes, à nouveau en invoquant la pénurie. Sous la pression des médecins, la politique s'assouplit mais le citoyen doit payer 100 euros si le test n'est pas prescrit par un médecin.

Si le manque d'un chef de file a clairement été évoqué en Flandres et en Wallonie, les experts ont souligné devant la commission spéciale d'autres manquements politiques : pas de reconstitution du groupe de travail « pandémie » (quand bien même ce plan existe depuis la crise du H1N1), une communication catastrophique, une multitude de niveaux décisionnels et un fractionnement des responsabilités, la non-pluralité des experts officiels (véritable chasse gardée), l'incapacité d'aller chercher les bonnes expériences ailleurs, un manque de définition des rôles à différents niveaux de décisions (bourgmestres, gouverneurs de province) et le manque d'un groupe de gestion de crise avec des personnes rodées à cet exercice. Un collectif de médecins issu des Cliniques universitaires Saint-Luc lance un cri d'alarme et requiert un groupe de travail soumettant des mesures scientifiques appropriées et adaptées, en tenant compte des problèmes sociétaux et de santé publique, autrement dit sans effets dommageables sur l'état de droit et les libertés individuelles. Ils sollicitent une transparence en matière des critères de sélection de ces experts et une déclaration des éventuels conflits d'intérêts.

Certains pensent qu'il est grand temps de fédéraliser à nouveau un nombre de leviers du pouvoir, dont la santé : faire et défaire, c'est toujours travailler... Cet effet dérivé de l'alternance politique mène souvent à l'immobilisme, mais ce n'est pas propre à la Belgique. Il est aussi grand temps de réorienter les priorités et d'accentuer les efforts financiers dans le domaine de la prévention, parent pauvre en matière de financement jusqu'à ce jour. Chaque euro investi est quadruplement rentabilisé, mais la recentralisation de certaines compétences régionales remet au centre du débat une certaine forme de fédéralisation, au grand dam des partis flamands.

Les responsables politiques au cœur de la tempête médiatique et juridique

Certains envisagent très sérieusement de déposer une plainte à l'encontre de l'État belge pour «non-assistance à personne en danger». C'est le cas, par exemple, de la Fédération nationale des infirmières de Belgique et de la Fédération des infirmières indépendantes de Belgique, qui introduisent un recours contre l'État belge, et en particulier à l'encontre de la ministre de la Santé, pour «négligence et défaut de prévoyance avec mise en danger des professionnels des soins».

Selon les juristes, en procédure pénale, il est difficile de démontrer l'élément matériel du délit (l'exposition d'une personne à un péril grave et l'absence de secours) et l'élément moral du délit (la négligence du gouvernement ne peut pas être assimilée à un délit intentionnel et conscient). Ils suggèrent donc d'intenter une action en responsabilité civile, qui doit impérativement réunir trois éléments distincts : une faute, un dommage et un lien causal entre les deux. Les conditions sont donc bel et bien réunies pour une condamnation de l'État, qui est tenu par des obligations. Les citoyens ne doivent pas être les victimes de son (in)action fautive. L'aspect le plus important d'une telle condamnation, c'est que l'État est forcé de s'attaquer aux problèmes structurels du secteur de la santé, et donc de modifier sa politique. Certains y voient l'occasion de remettre en cause les décisions des politiciens qui restreignent les capacités de personnel et financières dans le secteur des soins, compromettant la santé d'une population entière par une gestion lamentable. Le problème en Belgique est d'identifier les responsables dans les méandres du pouvoir fédéral et des régions.

Les industriels entament également des procédures. C'est le cas de ZenTech, qui cite l'État en référé au début du mois d'août, pour des tests sérologiques non payés. Cette société de biotechnologie liégeoise a développé son test très tôt dans la crise, en collaboration avec les Chinois, et a fourni 1,25 million de tests à l'État. La biotech invoque une carence fautive. Le tribunal de Liège condamne l'État à honorer son contrat qui englobe 3,65 millions de tests et à payer dans les cinq jours. Au-delà, l'État devra s'acquitter de 10 000 euros d'indemnités par jour de retard. Et surréalisme belge, le ministre De Backer annonce que les tests ne sont finalement pas mis sur le marché, car pas assez fiables selon ses dires ! Les politiciens ne sont pas les seuls à se retrouver au milieu de la tempête médiatique. La commission de Santé de la Chambre se penche sur le cas de hauts fonctionnaires, comme Frank Robben, dirigeant d'une plateforme de santé en ligne (e-health) et de la Banque Carrefour de la sécurité sociale, à qui l'on reproche des conflits d'intérêts évidents.

Hugues Mallone, directeur général de l'Agence fédérale des médicaments et des produits de santé, est également en pleine tourmente. Ce dernier déclare en avril que le test de DiaSorin (test sérologique qui permet de détecter des anticorps) a une sensibilité et une spécificité de 100 %. Les autorités belges en commandent donc 1 million d'exemplaires. Fait surréaliste, et donc amusant, le fabricant ne partage pas l'optimisme de Mallone par rapport à la fiabilité de ce test. Des Danois ont effectué une première étude comparative de seize tests sérologiques, et devinez quel est le seul recalé dans la série ? Celui commandé par l'État belge ! Une seconde étude, cette fois menée par 38 scientifiques de diverses institutions danoises, confirme que le kit de DiaSorin est le seul qui n'atteint pas l'objectif minimum de 99 % de spécificité (il obtient 97,2 %, mais on veut, en mettant la barre aussi haut, à tout prix éviter des faux positifs). La sensibilité atteint 84,6 %, un résultat décevant, le risque de faux négatifs étant de 15,4 %.

Une gestion gouvernementale opiniâtre…

Le monde politique ne fait preuve d'aucune délicatesse, quand en plein milieu de l'épidémie il demande au service d'évaluation et de contrôle médicaux (SECM) de l'Institut national d'assurance maladie-invalidité de mener des inspections chez des médecins qui ne semblent pas respecter les mesures gouvernementales, décrétées le 16 mars dans le contexte de l'urgence. Le SECM les somme de fournir des informations concernant des opérations, des admissions en hôpital de jour, des procédures techniques et radiologiques effectuées en période de crise. Et même si l'instance de contrôle mentionne par e-mail qu'il ne s'agit pas d'une « intimidation » ni d'un acte répressif, la démarche est mal vécue par le corps médical. Il ne faut donc pas s'étonner de cette image apparue sur nos écrans, qui a fait le tour du monde, montrant une « haie de déshonneur » à l'encontre de Sophie Wilmès. Cette manifestation n'est rien d'autre que le cri de détresse d'une corporation soignante mal écoutée, peu respectée et surtout malmenée par des années successives de restrictions budgétaires. Le silence est plus fort que les mots ! Pas certain non plus que l'annonce fracassante de la ministre fédérale de la Santé sur la reconversion rapide des chômeurs en infirmiers ait plu aux professionnels de soins. Même si la pénurie s'est très probablement aggravée par la crise, il ne faut pas omettre le défi de formation, ni encore moins l'attractivité du métier. Enfin, les responsables de laboratoires médicaux n'apprécient sûrement pas les menaces du gouvernement à leur encontre quant aux sanctions financières prévues s'ils ne raccourcissent pas les délais de mise à disposition des résultats des tests de dépistage à Sciensano, qui en a besoin pour que les traceurs de contact puissent effectuer leur tâche…

Certains éditorialistes s'expriment très sévèrement sur la gestion gouvernementale pendant la crise, jusqu'à évoquer un abus de confiance. Ils estiment que les différents gouvernements et leurs neuf ministres de la Santé (y compris le « ministre des Masques ») n'ont respecté ni les citoyens ni les soignants. La ministre De Block a-t-elle tiré des leçons de cette crise ? Serons-nous prêts pour la prochaine ? Le monde de la santé a fait preuve d'une résilience indéniable et a courageusement relevé le défi de soigner et de sauver le maximum de vies en utilisant les moyens disponibles, sans compter sur l'aide des dirigeants, qui de toute façon arrive systématiquement en retard.

Faut-il que la ministre de la Santé démissionne ? Même en lisant la critique acerbe publiée dans le *New York Times*, la principale intéressée n'en voit pas l'utilité et argumente dans la presse qu'il n'est pas temps de se défiler alors que le malade est en souffrance. Ironiquement, le président de l'Association belge des syndicats médicaux, le docteur Philippe Devos, chef des soins intensifs au Centre hospitalier chrétien de Liège, lui-même touché par la COVID-19, rétorque qu'au contraire un bon médecin sait laisser son tour. Ce qui a surtout irrité le docteur Devos, c'est l'absence totale des ministres de la Santé sur le terrain ! On ne les a pas vus venir à la rencontre des professionnels en plein milieu de la première vague. Attitude totalement différente dès la mise en place du nouveau gouvernement d'Alexander De Croo, qui, fraîchement mis en place, s'empresse d'aller visiter les hôpitaux à Bruxelles avec son ministre de la Santé au tout début de la deuxième vague.

Avis de la population sur la politique menée

Alors qu'est évoquée l'idée d'un déconfinement, un sondage effectué auprès des citoyens par la presse (*Le Vif/L'Express*, *Knack*) et LN24 montre qu'une faible majorité de Belges déclare suffisantes les mesures prises (35 % d'entre eux ne les trouvent pas assez sévères). Paradoxalement, une étude menée en plein milieu du confinement révèle que 80 % des Belges tardent à s'isoler au moment où ils sont le plus infectieux, c'est-à-dire dès la survenue des premiers symptômes. Les virologues ont d'ailleurs indiqué que 44 % des transmissions virales se produisent les deux derniers jours avant l'arrivée des premiers symptômes chez le porteur.

Ce qui frappe dans le sondage des médias, c'est l'avis majoritairement favorable du peuple belge concernant les experts scientifiques qui, jour après jour, partagent notre intimité. Les politiciens, quant à eux, n'ont convaincu qu'un maigre tiers de la population, voire moins en fonction des régions linguistiques. Des mots barbares comme «épidémiologiste», «virologue», «microbiologiste» font désormais partie du vocabulaire commun. Si la plupart de ces scientifiques (médecins ou non) sont plébiscités par le grand public – parfois élevés au statut de «héros national» –, cela n'empêche pas certains d'entre eux de recevoir des menaces de mort. C'est le cas du virologue Marc Van Ranst, qui bénéficie désormais d'une protection policière. Certes, il n'est pas avare de sorties sur les réseaux sociaux pour critiquer le parti nationaliste N-VA et celui d'extrême droite, le Vlaams Belang. Le malheureux est également la cible de l'asbl Viruswaanzin («folie virale»), qui manifeste dans les rues de Bruxelles au milieu de l'été pour obtenir sa démission et marquer son désaccord profond avec les mesures sanitaires. Les 200 manifestants ne contestent pas l'existence du coronavirus, mais sa virulence. Ils ne sont pas tendres avec le virologue, qu'ils affublent du surnom «Poker face» et de «virologue despote» sur leur site web. Ils considèrent les directives des autorités comme «liberticides» et clament que les experts sont à la solde des géants de l'industrie pharmaceutique. Cette même asbl a déclaré vouloir déposer plainte contre lui auprès de l'Ordre des médecins, sous prétexte qu'il suscite la panique en transmettant de fausses informations. Sans être inquiété outre mesure, Van Ranst quitte quand même le Celeval et laisse la place notamment à l'économiste de la santé Lieven Annemans, réputé pour sa vision éclairée et qui se montre plus que critique vis-à-vis de la gestion de la crise. Ce remaniement du Celeval est fortement critiqué. Le démissionnaire Marc Van Ranst tire à boulets rouges sur son successeur. Sur Twitter, il souhaite ironiquement « bonne chance » au Celeval qui vient d'admettre en son rang « un économiste de la santé qui nie formellement qu'il y a plus de cas à la mi-septembre, et qui affirme que nous devrions nous détendre ». Annemans répond sur le même réseau social qu'entre « une culture de la peur, du drame, et des chiffres trompeurs et des mesures disproportionnées » et « la vigilance, la sérénité, des chiffres corrects et des mesures équilibrées », il préfère de loin la seconde approche. Il dénonce surtout le principe de communiquer sur des nombres absolus, sous prétexte que la population serait plus vigilante. Il déclare que ces chiffres sont hors contexte, et que nous les admettons sans nous poser de questions sur les mesures – parfois néfastes – qu'ils entraînent. Il déclare, non sans une certaine forme de sarcasme, que « le virus est responsable d'une perte de l'odorat et du goût », mais que « pour autant, la façon dont nous traitons le problème ne doit pas devenir un fiasco nauséabond ou un spectacle insipide » !

Pour être honnête, de bonnes initiatives ont été prises, comme celle qui réunit le gouvernement fédéral et l'industrie pharmaceutique dans l'effort commun de développement de vaccins et d'intensification de dépistage. Ensemble, ils décident d'accélérer les processus de mise en route d'essais cliniques, ils autorisent les laboratoires d'entreprises pharmaceutiques à se joindre à l'effort de dépistage. Le gouvernement belge annonce également vouloir mettre en place un pacte national pour les investissements stratégiques, une unité destinée à la lutte contre les maladies infectieuses, une première en Europe. On applaudit aussi nos décideurs de la commission du Budget et des Finances de la Chambre qui libèrent 3 milliards d'euros pour faire face aux dépenses (2 milliards pour la première vague et 1 milliard pour la seconde), même s'il n'est pas tout à fait clair s'il s'agit ou non d'une avance remboursable...

La gestion de la deuxième vague

Dès le mois de juillet 2020, les indicateurs frémissent, en particulier le taux des nouvelles contaminations. Celui-ci prendra littéralement l'ascenseur quelques semaines plus tard. Certains experts, comme Marc Van Ranst, n'hésitent pas à utiliser rapidement le terme de « deuxième vague ». Le virologue martèle que les chiffres en hausse des nouvelles contaminations doivent servir d'électrochoc, afin de motiver la population à limiter les contacts sociaux, car l'augmentation perçue va se traduire en une progression des hospitalisations et des décès. Il n'est malheureusement pas suivi...

Ce retour de l'épidémie s'observe d'abord dans certaines provinces, comme Anvers, Bruxelles et dans le sud de la Flandre occidentale. Rien de bien différent par rapport à d'autres régions en Europe. L'explication fournie est que le nombre de tests augmente et que, finalement, nous avions largement sous-estimé la pénétration du virus dans notre population. Cette concentration régionale de la reprise de l'épidémie conduit le GEES à plaider pour des mesures au niveau provincial. Il n'est donc plus question d'un resserrement de mesures applicables sur le pays entier. Réduire drastiquement la zone d'application n'ayant pas plus de sens, la taille d'une province est donc considérée comme un bon compromis.

Face aux chiffres croissants, les Affaires étrangères imposent une quarantaine (quinze jours) pour les voyageurs belges provenant de zones classées rouges à l'étranger, ainsi qu'un dépistage dès le retour au pays. Les voyageurs, après avoir fourni des renseignements aux autorités par voie électronique sur leur lieu de provenance, obtiennent un code par SMS qui leur permet de se présenter à un test de dépistage. Nul besoin de passer par la consultation d'un médecin généraliste pour avoir une prescription. La première difficulté, c'est la couleur d'une zone qui peut changer en quelques heures. Nombre de Belges décident alors de raccourcir leurs vacances, afin de quitter la zone incriminée quelques heures avant le passage de l'indicateur en rouge. D'autres se voient dans l'obligation d'annuler leur voyage à la dernière minute. Deuxième inconvénient, signalé par la presse flamande : sur les 300 000 Belges revenus de zones rouges à la fin du mois d'août, la moitié à peine s'est fait tester. Et pour ne pas déroger à l'adage « Jamais deux sans trois », il est juridiquement impossible d'imposer la mesure de quarantaine et le test. Les autorités sont donc obligées de compter sur le civisme de chaque citoyen.

Ces codes couleurs ont été fortement critiqués car considérés comme une lecture simpliste des statistiques utilisées. Certaines décisions de notre ministère des Affaires étrangères ont laissé pantois les responsables à l'étranger. À titre d'exemple, nos voisins du grand-duché ont été classés zone orange vers la mi-juillet, et pourtant ce pays a eu la clairvoyance de commander du matériel de protection dès les premiers frémissements de l'épidémie en Asie. L'accès au test et au matériel de protection a été rapide et massif, et les consignes sanitaires émises par le gouvernement ont été claires et cohérentes. C'est le cas aussi pour les cantons suisses qui bordent le lac lémanique. Les ressortissants belges ne peuvent plus s'y rendre, sauf pour des déplacements essentiels. Classer les zones en orange ou en rouge n'a aucun sens : une politique commune proposant des indicateurs communément acceptés aurait été préférable. Une fois de plus, l'Union européenne a perdu une belle occasion d'union, malgré le travail de l'ECDC. Au début du mois d'octobre est enfin décidé un code couleur unique pour tous les pays de la zone euro.

La situation préoccupante de la reprise de l'épidémie en Belgique oblige le gouvernement à interrompre la poursuite du processus de sortie du confinement et à envisager à nouveau la mise en place de mesures plus sévères à l'échelle nationale, constatant que les mesures ne sont pas forcément bien appliquées, ni respectées, à un niveau local. Une fois de plus, certains virologues s'inquiètent du manque de décisions fermes de la part du gouvernement, avec selon eux du « trop peu, trop tard » à la belge. Une des figures de proue du GEES, Erika Vlieghe, menace même de démissionner fin juillet, si la communication politique se poursuit sur cet élan, en déclarant qu'elle n'est pas un « cache-misère ». Contrairement aux dires de certains politiciens, elle soutient avoir plaidé, au sein du GEES, pour la réduction de la taille de la bulle sociale de 15 à 5 personnes. Marc Van Ranst affirme quant à lui sur les réseaux sociaux que les politiciens craignent plus encore les électeurs que le virus, ce qui les conduit à ne pas agir fermement, et il réitère dès la mi-août que les bulles sociales ne peuvent être élargies dans l'immédiat. Le nouveau ministre de la Santé du gouvernement mis sur pied le 1er octobre, Frank Vandenbroucke, réclame la restriction de cette fameuse bulle à 3 personnes. Quelques jours plus tard, devant la montée en flèche des contaminations, hospitalisations et décès, la bulle est réduite à 1 personne.

Ces sautes d'humeur et ces protestations ne sont-elles finalement pas l'illustration du manque de compréhension et d'appréciation mutuelle entre deux mondes que tout oppose ? D'une part, les politiciens, empêtrés dans des directives émanant de leurs partis politiques respectifs, n'apprécient guère la liberté d'esprit et l'indépendance des scientifiques. Ils voient d'un très mauvais œil la popularité naturelle, facilement acquise, et la confiance que ces experts inspirent apparemment sans effort, tandis qu'ils peinent à la conquérir et à la maintenir. D'autre part, et les politiques n'ont pas tort à ce sujet, la « cacophonie » est tout aussi présente parmi les experts médicaux et sanitaires. Néanmoins, à leur décharge, rappelons que la science est faite d'incertitudes. Dès lors, un modeste « Je ne sais pas... » aurait été de bon augure de temps en temps.

À l'issue de l'été, la deuxième vague est présente dans plusieurs régions européennes, et les généralistes chez nous sonnent l'alerte: la première ligne de soins est prête à exploser, sous la demande de consultations pour les pathologies chroniques, les pathologies habituelles saisonnières et classiques à cette reprise de l'activité scolaire et au retour des vacances, mais surtout l'augmentation des demandes de soins provenant des groupes à risque est significative.

L'exception africaine

Dès la progression du virus de pays à pays, l'OMS a exprimé son inquiétude en ce qui concerne le continent africain, estimant que l'organisation, la structure des soins et le manque de moyens financiers laissaient présager le pire. L'organisation s'est basée sur le State Party self-assessment Annual Reporting tool, une déclaration annuelle obligatoire concernant les capacités du système de santé pour combattre une épidémie, et l'Infectious Disease Vulnerability Index, qui prend en compte la démographie et la stabilité politique. Et pourtant, l'Afrique semble moins souffrir de la pandémie, comparativement à l'Europe de l'Ouest et aux États-Unis. Plusieurs raisons ont été évoquées pour expliquer ce constat:

- Le manque de moyens de dépistage;
- Le manque d'enregistrement des cas et donc de données fiables et validées concernant l'incidence;
- Une densité de la population plus faible (43 habitants par kilomètre carré) qu'en Europe de l'Ouest (181 habitants par kilomètre carré), même si les capitales africaines sont parfois très densément peuplées et que les conditions d'habitation empêchent une distanciation physique efficace;
- Enfin, la rapidité d'exécution du confinement, même s'il n'est pas certain que ces règles aient été suivies de

façon stricte, ce qui nous fait penser que l'explication se trouve ailleurs.

D'autres facteurs majeurs interviennent indubitablement, comme l'isolement de certaines régions africaines reculées, donc loin des zones urbanisées.

Comparativement à notre vieille Europe, la pyramide des âges est totalement différente : 60 % de la population africaine est âgée de moins de 25 ans. Par ailleurs, en raison des conditions de vie, seule une petite minorité souffre d'obésité, la famine étant parfois la principale préoccupation (comme en Afrique de l'Ouest). Ces deux éléments enlèvent quelques facteurs de risque d'aggravation et de surmortalité à la COVID-19, observés dans nos contrées.

Le NHS et le King's College au Royaume-Uni signalent une relation inverse entre l'incidence de la COVID-19 et la malaria. La malaria est endémique dans ces contrées d'Afrique. Elle y est prise en charge par l'utilisation prophylactique de chloroquine par la population à risque. Une autre « coïncidence » a également été relevée par les scientifiques : parmi les pays les plus touchés en termes de mortalité, on retrouve l'Italie et les États-Unis, qui ne pratiquent pas de vaccination à base du BCG (Bacille de Calmette et Guérin, vaccin contre la tuberculose), alors qu'il est massivement appliqué en Afrique pour lutter contre la tuberculose.

Le coronavirus ne serait pas considéré comme prioritaire sur ce continent, confronté à d'autres menaces plus concrètes : les terres agricoles de l'est du continent ravagées par les criquets (fléau à l'origine d'une grave crise alimentaire), l'effondrement dramatique de l'économie mondiale, avec des répercussions gravissimes sur ces pays financièrement fragiles, et l'arrêt de différentes campagnes sanitaires et de vaccination, COVID-19 et confinement obligent.

Le titre d'une tribune publiée dans *Jeune Afrique* résume bien la différence fondamentale avec d'autres régions du monde : « Le coronavirus n'a plus de vieux à tuer ! » L'article critique fortement la prise en charge de l'épidémie par les dirigeants et estime que les autorités auraient dû investir massivement dans l'éducation des jeunes, principale tranche de la population, au lieu de se préoccuper de la mortalité majorée dans la tranche de la population la plus âgée.

Les experts internationaux, quant à eux, s'émeuvent à l'idée d'une irruption épidémique dans les camps de réfugiés. Un premier cas a été décrit le 14 mars, dans un camp constitué d'un million de réfugiés, au Bangladesh. D'autant plus préoccupant que le pays ne comptabilise que 2 000 respirateurs pour plus de 160 millions d'habitants et que, dans les alentours immédiats, il n'y a aucun lit de soins intensifs !

Les pertes financières pour le continent africain sont abyssales. La Banque africaine de développement les estime de 25 à 100 milliards de dollars, la demande en matière première s'effondrant par le ralentissement économique mondial. Le FEM estime que la perte globale sera de 275 milliards de dollars. Néanmoins, chaque crise peut avoir des conséquences positives : selon le FEM, il s'agit d'une crise existentielle qui oblige les leaders africains à repenser la société et à rééquilibrer les priorités individuelles et collectives. Cette situation cataclysmique est donc l'opportunité d'une refonte totale et stratégique du développement humain, de l'intégration régionale, de l'industrialisation et de la digitalisation, de la diversification économique, des politiques fiscales et monétaires et de la solidarité internationale. C'est aussi le moment d'investir dans le secteur de la santé et d'atteindre 15 % du budget national, comme annoncé par les leaders africains en 2001 (cette cible est atteinte pour seulement cinq pays !). Il devient impératif pour les leaders de mettre en place une vraie politique de protection sociale et de réduire de façon drastique la dépendance en matière de médicaments (100 % sont importés).

Chapitre 6

Le « septième continent » appelé à la rescousse

La mobilisation des leaders industriels

Dans mon ouvrage précédent[46], je qualifiais les GAFA-BAT de « septième continent ». Détenteurs d'un réel contre-pouvoir, ils façonnent notre écosystème de soins et saisissent l'opportunité de la crise sanitaire pour y pénétrer plus encore, afin de s'y incruster définitivement. Même si ces sociétés ont indéniablement des intérêts économiques majeurs, tout n'est pas forcément négatif les concernant, car ils se mobilisent dans la guerre contre le coronavirus. On peut toujours se poser la question de savoir s'il s'agit de simples recherches d'effets d'annonces, qui risquent de se terminer en promesses non tenues, ou de réelles actions volontaires, concrètes et abouties. Il est parfois difficile de distinguer le vrai du faux. L'information est cependant peut-être plus fiable, si ces mêmes acteurs industriels déclarent collaborer activement avec des gouvernements ou des universités prestigieuses.

La lutte contre la désinformation

À Vancouver, au Canada, des manifestants s'insurgent contre la quarantaine instaurée au début de la première vague et qualifient l'épidémie de « *fake news* ». Aux États-Unis, fin juillet, un collectif de blouses blanches (America's Frontline Doctors) proteste devant la Cour suprême pour dénoncer le « canular COVID-19 ». Ils contestent l'utilisation des masques et demandent une remise en route de l'activité économique.

Les citoyens américains peuvent suivre à la télévision une série de documentaires, *Plandemic*, tissu de conspiration et de théories du complot.

Des personnages publics, comme Elon Musk, lancent de fausses informations et minimisent l'importance du virus, certainement pour maintenir leur activité industrielle lucrative. C'est à se demander si on peut croire l'annonce faite par le CEO de Tesla, quand il déclare que les lignes de fabrication sont détournées de leur finalité première pour fabriquer des respirateurs.

Donald Trump, touché par la COVID-19 qu'il s'est évertué à sous-évaluer pendant la première vague, est obligé de se faire hospitaliser au début du mois d'octobre. Il fait partie des personnes à risque, en raison de son âge (74 ans) et de son poids (indice de masse corporelle autour de 31). Il a 90 fois plus de chances de décéder qu'un jeune adulte. Immédiatement pris en charge par une horde de médecins du Walter Reed National Military Medical Center (hôpital de l'armée américaine), il bénéficie des meilleurs soins médicaux et d'un traitement expérimental constitué d'un cocktail d'anticorps et d'un antiviral, le remdesivir. Après seulement quelques jours, il parade en voiture, escorté par des agents des services secrets. Cette sortie a été fortement critiquée par James Phillips, du département de médecine de l'université de Washington, estimant que ces agents ont été inutilement exposés au risque d'infection. À la sortie de l'hôpital, le président fanfaronne, comme d'habitude, sans un mot d'empathie pour les familles des centaines de milliers d'Américains, qui n'ont pas bénéficié d'une prise en charge équivalente à la sienne et qui ont succombé. Sa victoire sur la COVID-19 devient un argument de campagne électorale, une indécence pour les multiples victimes de la pandémie. Il déclare par son moyen de communication préféré qu'il est « immunisé ». Qualifiée de « *fake news* » par les réseaux sociaux, la publication est bloquée à juste titre : personne ne peut affirmer avec certitude qu'après un épisode de

COVID-19, la personne guérie est immunisée, ni pour combien de temps.

D'ailleurs, concernant les traitements, la désinformation est de mise. Relevons ici quelques florilèges d'infox (informations toxiques) repérés sur la Toile. *The American Journal of Tropical Medicine and Hygiene* révèle une étude, qui a collecté les données dans 87 pays, selon laquelle la désinformation relative à la COVID-19 est à l'origine de milliers de morts. Huit cents individus sont par exemple décédés après avoir ingéré de l'alcool désinfectant, et 5 900 personnes ont nécessité une hospitalisation en urgence après avoir bu du méthanol (qui peut provoquer la cécité même à petites doses). Les théories de la conspiration fleurissent à travers le monde. Le Centre d'information et d'avis sur les organisations sectaires nuisibles, en Belgique, signale des dérives résolument sectaires. Certaines organisations, religieuses et spirituelles, vont jusqu'à inciter leurs adeptes à ne pas respecter les gestes barrières, ni les autres mesures qui visent à protéger la société. Souvent, ces organisations proposent, contre monnaie sonnante et trébuchante, des traitements à visée préventive ou curative, sans apporter la preuve de leur efficacité ni de leur innocuité.

Dès le début de la crise sanitaire, Facebook et Google se lancent seuls, ou en collaboration avec des instances gouvernementales, dans la chasse aux *fake news* sur Internet. Le secrétaire général de l'ONU, António Guterres, a d'ailleurs, sans désigner quiconque, dénoncé une épidémie dangereuse de désinformation. Il déclare que place nette doit être faite pour la science et la solidarité et déplore la floraison de prétendus conseils de santé et de mensonges, les théories du complot qui polluent Internet, la propagation de la haine, la stigmatisation et la diffamation, qui deviennent virales. Il poursuit en affirmant que le vaccin représente la confiance en la science. La Commission européenne, estimant nécessaire d'appliquer une série de mesures pour lutter contre ces fameuses *fake news*, exhorte les réseaux sociaux à publier un rapport mensuel sur les différentes actions entreprises pour réduire le tsunami de désinformations. Les GAFA doivent détailler leurs efforts et démontrer qu'ils réorientent bel et bien leurs utilisateurs vers des sites qui divulguent des informations validées et fiables, en particulier provenant d'instances officielles comme les agences de santé (nationales et internationales). Google annonce d'ailleurs qu'il bloque des millions de tentatives d'arnaques en ligne par semaine. Selon les responsables de la firme, les hackers utilisent la peur de la population pour créer un sentiment de besoin urgent, ils incitent les utilisateurs à faire des dons à des instances internationales (l'OMS par exemple), bien entendus détournés, à télécharger des fichiers malveillants ou à acheter des produits prétendument thérapeutiques, inutiles, voire dangereux.

Facebook s'est engagé à supprimer de ses réseaux toute information fausse ou théorie de conspiration qui circule sur la COVID-19. La société fait le pari de l'automatisation de ce processus de « censure », mais admet une possibilité d'erreurs à la mise en place de cette technologie, et des temps de réponse et d'action qui peuvent sembler longs au départ. La société contacte aussi l'utilisateur du réseau social, qui aurait réagi favorablement à une fausse information en le réorientant vers des sites contenant de l'information validée, comme celui de l'OMS. Facebook met également à disposition un programme global qui doit faciliter l'échange d'informations et la mise en place d'une action plus concertée entre les différents gouvernements. Il est destiné à promouvoir les échanges entre les ministères de la Santé et l'ONU. Facebook veut aussi aider les instances gouvernementales, institutionnelles et internationales à mieux communiquer vis-à-vis du grand public, par le biais de la fonctionnalité « Messenger ».

Google collabore avec le NHS britannique, pour mettre à disposition du grand public des informations vérifiées concernant le coronavirus. L'application Healthinote (Cognitant Group) relaie des informations qui proviennent de sources fiables, comme le NHS, les universités et les groupes pharmaceutiques (Bayer, Pfizer et UCB).

Apple, grâce à son assistant virtuel Siri, guide ses utilisateurs à travers des informations validées par le CDC et peut les orienter vers une prise en charge adéquate si nécessaire.

Twitter a inséré un encart qui invite ses utilisateurs à consulter les sites officiels et gouvernementaux dès qu'ils utilisent le hashtag #covid19 ou #coronavirus. Le réseau table, comme Facebook, sur l'utilisation de l'IA pour automatiser le contrôle du contenu. Dans un premier temps, les utilisateurs repérés sur base de cette sélection automatique ne sont pas exclus, au risque d'éventuelles erreurs d'appréciation au début de ce processus, mais l'option est sérieusement envisagée dans un second temps.

YouTube annonce vouloir renforcer son système de modération de contenu, du moins pendant la durée de la pandémie, mais limitera l'initiative à certaines chaînes sensibles.

Snapchat développe plusieurs applications afin d'éduquer et de renseigner: My Social Distance, en collaboration avec l'OMS, pour encourager les utilisateurs à respecter la distanciation physique; Lens, en réalité augmentée, pour promouvoir le lavage des mains et éviter de se toucher le visage; Zenly, pour permettre aux utilisateurs de comptabiliser le temps passé chez eux et de participer à un concours de confinement grâce à la géolocalisation. Comme les autres réseaux, Snapchat participe aussi, par le biais de sa fonctionnalité Discover, à la lutte contre les *fake news*. La plateforme est alimentée, entre autres, par des sources provenant de NBC News, le *Washington Post* et *Le Monde*.

En Chine, Alibaba et Jack Ma publient un manuel gratuit de prise en charge médicale validée et destiné aux soignants du monde entier, en y regroupant les conseils et traitements qui ont été utilisés à l'hôpital universitaire de Zhejiang, à Hangzhou. Les médecins de cet hôpital se targuent de n'avoir eu à déplorer aucun décès, aucune contamination du personnel, et ce, après l'admission de plus de 100 cas. Cette information est difficilement contrôlable...

Initiatives des géants du numérique

> *Carte interactive*

Les services de premier secours des établissements de santé et les autres structures critiques ont un accès privilégié au service Azure, le *cloud* de Microsoft, même si la demande explose pour d'autres domaines d'application, comme le télétravail et l'enseignement à distance. La plateforme est utilisée par les gouvernements italien et espagnol notamment, afin de coordonner la réponse à la crise et tenir les citoyens informés. L'université Johns Hopkins, aux États-Unis, a conçu avec Microsoft une carte interactive, devenue une référence, pour suivre l'avancée de la crise sanitaire au niveau mondial et en temps réel.

> *Matériel médical*

Apple, par le biais de son CEO Tim Cook, annonce son aide pour l'approvisionnement de millions de masques aux professionnels de soins aux États-Unis et en Europe. Amazon livre à domicile des kits de dépistage dans la ville de Seattle, où se trouve d'ailleurs le siège américain de la société. Ces deux actions sont faites dans le contexte du programme SCAN[47], un projet de recherche publique partiellement financé par la Fondation Bill & Melinda Gates. Le géant américain du commerce électronique lance une initiative pour l'accélération de la recherche et du développement dans les domaines du dépistage, du diagnostic et du traitement, avec une première mise à disposition de 20 millions de dollars, accessibles aux institutions accréditées. Alibaba fournit ses capacités logistiques au gouvernement français pour acheminer un lot de kits de dépistage. La marchandise chinoise transite d'ailleurs par l'aéroport de Liège, qui est reconnu par l'OMS comme un *hub* européen pour le transport de matériel médical. Un autre géant chinois, Tencent, crée un fonds de 100 millions de dollars, essentiellement destiné à faciliter la commande et la livraison de matériel médical à travers le monde, sans préciser les pays concernés.

Certains acteurs du monde des jeux, comme Razer, reconvertissent leurs usines qui fabriquent des accessoires pour les jeux électroniques, afin de produire des masques pour les distribuer gracieusement aux soignants à travers le monde.

D'autres acteurs industriels, en dehors du monde du numérique, s'engagent dans la même voie, que ce soit pour fabriquer des masques de protection ou du matériel respiratoire. Le groupe LVMH, spécialisé dans l'industrie des produits de luxe, affirme détourner une ligne de fabrication pour produire des gels hydroalcooliques.

Les grands capitaines industriels ne sont pas les seuls à s'engager. Par exemple, une petite entreprise familiale de jeans, l'atelier Tuffery, qui existe depuis 1892, transforme une partie de son activité afin de produire des masques en tissu pour le personnel hospitalier.

> *Dons*

Étant donné les moyens financiers illimités dont disposent les acteurs du « septième continent », de multiples promesses de dons sont faites, à hauteur de centaines de millions de dollars, comme celui de l'entreprise chinoise ByteDance à l'origine de l'application TikTok. Elles viennent allonger la liste déjà longue d'autres donateurs potentiels qui veulent soutenir la recherche médicale, les établissements de santé, contribuer à la fourniture des équipements de protection aux soignants en première ligne, ainsi qu'apporter une aide financière aux associations qui aident les démunis. Cette solidarité peut s'exprimer sous d'autres formes, comme le don de 2 000 vidéophones Portal au NHS particulièrement destiné aux résidents des maisons de retraite britanniques. Le NHS a d'ailleurs l'intention d'en acquérir 100 000 de plus à un prix préférentiel.

> *Supercalculateurs*

La puissance informatique du monde digital et connecté est elle aussi mise à profit. C'est le cas de Nvidia (entreprise californienne spécialisée dans les processeurs et cartes graphiques pour PC et consoles de jeux), de Lenovo (entreprise chinoise qui fabrique des ordinateurs, des téléphones, des serveurs informatiques et des télévisions connectées) et Intel Corporation (basée également en Californie, premier fabricant au monde de semi-conducteurs). Toutes ces sociétés prêtent main-forte aux acteurs scientifiques et médicaux en mettant à disposition leur formidable puissance de calcul. Les chercheurs du monde entier ont accès et ce pour une durée de quatre-vingt-dix jours au logiciel Parabricks (Nvidia), qui utilise les GPU[48]. L'idée est de réduire drastiquement le temps requis pour analyser le génome du virus (vingt minutes contre plusieurs heures). Nvidia effectue aussi une mise à jour de sa plateforme Clara qui, hormis l'analyse génomique, se spécialise en imagerie médicale. Ils espèrent ainsi contribuer à l'accélération du développement de l'IA capable de détecter automatiquement les signes radiologiques de l'atteinte pulmonaire par le coronavirus. Le développement de ces algorithmes est fait en collaboration avec le NIH, sur base de sets de données en provenance de Chine, d'Italie, du Japon et des États-Unis. Ces pays investissent dans le domaine de la vidéosurveillance, pour contrôler le respect des gestes barrières et la surveillance des patients alités. Quant à Lenovo et Intel, ils se sont associés au Beijing Genomics Institute, l'un des plus grands centres de séquençage de l'ADN au monde, et mettent à disposition un supercalculateur.

Dans le même esprit, la société Folding@home, qui s'est fait connaître au niveau international par le partage de la puissance de calcul non utilisée d'ordinateurs personnels de citoyens volontaires, offre également des moyens énormes de calculs intensifs. Ils comptabilisent une puissance cumulée de 470 pétaflops (l'équivalent de 470 millions de milliards d'opérations à la seconde, soit la somme des sept calculateurs les plus puissants au monde).

Le gouvernement américain a demandé à IBM de mener un consortium nouvellement créé (COVID-19 High Performance Computing Consortium), dans lequel figurent des partenaires officiels, comme le département de l'Énergie et l'Administration nationale de l'aéronautique et de l'espace (NASA[49]), et des acteurs de la nouvelle économie, comme Microsoft, Google et Amazon. Ce consortium regroupe seize supercalculateurs sur le territoire américain pour une puissance cumulée de 330 pétaflops.

L'Institut polytechnique Rensselaer à New York, qui dispose d'un supercalculateur classé 24e ordinateur le plus puissant au monde et qui est dans le top trois en matière d'efficience énergétique, met à disposition des agences gouvernementales, des instituts de recherche et du secteur des soins de santé un potentiel de 8 quadrillons (l'équivalent d'un million de milliards) de calculs à la seconde sur son AiMOS[50].

En France, le Grand équipement national du calcul intensif mentionne vingt projets scientifiques rendus possibles grâce à l'accès aux supercalculateurs Joliot-Curie et Occigen. Ces projets portent par exemple sur la simulation de protéines fonctionnelles et l'identification de médicaments susceptibles de bloquer le virus.

> *Protection du personnel*

Amazon a mis en place un système par caméra qui annonce aux employés s'ils respectent les règles de distanciation physique lors de leurs déplacements dans les couloirs. Ils peuvent ainsi visualiser si la distance est correcte, grâce à l'IA qui les entoure d'un cercle rouge ou vert sur un écran qui projette les images sur de multiples écrans disséminés dans l'entreprise. Amazon se préoccupe également de la santé de ses salariés, quand la société décide d'équiper les immenses entrepôts de stockage de caméras thermiques. Jeff Bezos répond ainsi aux fortes critiques émises suite à l'infection par la COVID-19 d'employés de dix-neuf entrepôts aux États-Unis.

Microsoft, soucieux de préserver ses employés sur leur lieu de travail et de maintenir l'activité, collabore avec United Health. Les salariés ont accès à une application qui pose des questions relatives à d'éventuels symptômes. En cas de suspicion d'infection, l'application dirige les employés vers la commande d'un test de dépistage, suivi d'un rapport immédiat du résultat au principal intéressé, également envoyé à l'employeur. Ils proposent un protocole pour le retour au travail en toute sécurité et rappellent par cette même voie les directives en matière de gestes barrières.

La plateforme de location en ligne Airbnb lance une initiative plus qu'originale à l'appel du gouvernement français, initiée en mars et valable jusqu'à fin avril. « Appart solidaire » a pour but d'octroyer un logement gratuit au personnel soignant et aux travailleurs sociaux qui vivent à plus de trente minutes de leur lieu de travail. Au-delà de cinq nuitées, les hôtes volontaires reçoivent un dédommagement forfaitaire de 50 euros.

En Angleterre, l'opérateur télécom Vodafone installe des caméras thermiques à l'entrée de ses locaux capables d'analyser huit employés simultanément, et jusqu'à cent à la minute. Certains fabricants, comme D-Link, ont saisi l'occasion pour adapter leur produit de base, destiné à mesurer le flux de personnes qui rentrent et sortent, en y incorporant une caméra thermique couplée à de l'IA, qui sonne l'alarme si la température de surface corporelle d'un individu est élevée. Le résultat n'étant pas équivalent à une mesure de la température, il doit être confirmé par un thermomètre digital.

Fitbit propose aux employeurs un tableau de bord à remplir par les employés sur l'exposition récente au virus et les résultats d'éventuels dépistages. En parallèle, ces derniers portent un bracelet qui alimente la banque de données avec des signes vitaux. Ils sont conseillés sur la marche à suivre en cas de suspicion d'infection.

L'application Sonde One permet, sur la base de la voix, avec d'autres informations fournies par l'utilisateur du smartphone (réponses à un questionnaire de santé), d'effectuer un tri entre ceux qui peuvent venir sans danger au travail et ceux qui devraient s'isoler à domicile. Ce concept n'est pas nouveau et intéresse également les chercheurs de l'université Carnegie Mellon, en Pennsylvanie, qui analysent les profils de la voix afin de détecter des maladies respiratoires. Pas étonnant dès lors que certaines sociétés aient mis en place cette technique au moment de relancer l'activité en présentiel.

Comme partout, les institutions pour personnes âgées aux États-Unis sont un nid de propagation virale. Le pays compte 15 000 maisons de repos dans lesquelles on retrouve des problèmes identiques : l'impossibilité de dépister rapidement la présence du virus chez tous les occupants, les difficultés à transmettre des données fiables sur l'ampleur de la contamination aux autorités sanitaires, et surtout un manque criant en ressources humaines médicales. On estime que 11 millions d'Américains (dont 2,7 millions de seniors) vivent dans des régions éloignées des structures hospitalières, et donc d'unités de soins intensifs. Pour pallier ce problème, la compagnie CarePredict a développé un outil appelé PinPoint, capable de tracer les contacts dans l'institution, d'identifier les itinéraires et le trafic entre les chambres, autant pour le personnel soignant que pour les pensionnaires. Dès le moment où quelqu'un est testé positif à la COVID-19, PinPoint identifie les contacts (jour et heure des contacts, lieu et déplacements de la personne infectée dans les lieux communs et dans les chambres). Une telle application aurait certainement permis de détecter plus rapidement la climatisation comme potentielle source de virus.

Solutions innovantes et intelligence collective

Les chatbots, un outil indispensable

Dans un monde de plus en plus connecté, nous nous sommes habitués à obtenir des services via un chatbot, sans être amenés à rencontrer physiquement un humain. Cela ne nous étonne plus dans le domaine bancaire, les assurances, l'administration, le commerce et les loisirs. Avouons-le, le gain de temps et le service personnalisé et adapté à nos besoins sont appréciables. Pourquoi cela devrait-il être différent dans le monde des soins ?

Pendant une crise sanitaire, les chatbots apportent un avantage considérable : ils évitent des contacts interhumains directs, et donc la transmission virale. Ils deviennent incontournables dans les grandes institutions hospitalières. La plupart d'entre eux sont aisément modulables et peuvent donc être adaptés aux exigences propres à chaque institution, aux flux de son organisation et à sa manière de travailler. Ils peuvent détecter un certain nombre de symptômes à distance, et donc permettre un triage. Ils distillent aussi de l'information contrôlée par rapport à la maladie et des conseils de qualité professionnelle et individualisés grâce à de l'IA embarquée. Ils peuvent renseigner l'utilisateur quant à la marche à suivre pour le dépistage, le diagnostic et le traitement. Un exemple parmi d'autres est l'assistant virtuel Siri (Apple), qui redirige les personnes inquiètes vers des sites où se trouve de l'information fiable (comme le site officiel du CDC). Le chatbot conseille le patient en fonction des réponses préalablement fournies par l'utilisateur et peut organiser le contact avec son médecin généraliste. L'application offre une liste de service de téléconsultation, si le patient n'a pas un médecin généraliste attitré.

Un autre exemple d'application est celui de Microsoft. Les ingénieurs ont développé le Plasma Bot. Le but de cet outil est de sélectionner les patients qui pourraient potentiellement servir de donneurs de plasma en interrogeant les personnes candidates pour le don de plasma afin de déterminer leur statut infectieux et la durée depuis la fin des symptômes.

Les GAFA ne sont pas seuls actifs dans ce domaine. Les institutions de soins, comme l'hôpital de l'université de Californie à San Francisco, se tournent résolument vers cette technologie. Elles demandent aux professionnels de soins actifs dans leur réseau de se soumettre de façon journalière au chatbot, afin de détecter rapidement les membres du personnel potentiellement malades. Le but est de protéger efficacement les patients de l'institution en isolant au plus vite les soignants infectés. L'UCSF va plus loin avec d'autres institutions hospitalières (Northwell Health à New York et UNC Health Alliance) en développant un outil similaire, cette fois destiné au grand public. Elles y incorporent les directives en matière de prise en charge des patients potentiellement infectés provenant du CDC et de leurs cliniciens. Elles veulent à tout prix éviter l'engorgement de leur service d'urgence et savent que la gestion des patients, quelle que soit la pathologie, par téléphone ou par télémédecine, a ses limites, ne serait-ce que par la limitation des ressources humaines disponibles en temps de crise sanitaire. L'outil téléchargeable contient donc un moyen de *screening* et de triage, un système qui permet de communiquer des résultats de laboratoire aux patients et de les conseiller pour la prise en charge, et un dispositif qui permet de contrôler le respect de l'isolement. La Mayo Clinic (Rochester, New York) mise sur l'assistant personnel Amazon Alexa. Quand le patient demande à Alexa d'ouvrir « Mayo Clinic Answers on COVID-19 », il accède non seulement à des informations récentes et validées, mais Il peut aussi utiliser l'outil de *screening* qui lui indiquera s'il est judicieux de se faire dépister. Il obtient immédiatement l'information sur la procédure à suivre, basée sur les directives du CDC et des experts de la Mayo Clinic.

En France, le gouvernement utilise le chatbot de Facebook et la messagerie instantanée WhatsApp, afin de diffuser largement des recommandations sanitaires dans la population. Ces chatbots font appel à des informations contrôlées et validées pour donner suite aux questions les plus fréquentes des utilisateurs. Comme dans d'autres pays, cette technologie a permis de répondre à des centaines de milliers de messages. Le gouvernement français a aussi lancé une application nationale : AlloCovid. Celui-ci peut gérer mille appels en simultané. Le patient appelle un numéro gratuit et est mis en contact avec le chatbot, qui est disponible sept jours sur sept, vingt-quatre heures sur vingt-quatre. Une fois connecté, le patient répond à un certain nombre de questions. En cas de suspicion de la COVID-19, il est mis en relation avec un professionnel de soins, adapté à son profil personnel.

Il existe aussi des initiatives locales, dont l'initiative du CHU de Toulouse. Le centre avait déjà construit un dispositif de télésuivi avec un chatbot spécialisé pour des patients souffrant de maladies rares, et il avait déjà évoqué, avant la crise sanitaire, son intention d'élargir le champ d'application au territoire national (en collaboration avec la start-up Botdesign). Le chatbot CoviBot envoie une fois par semaine quatre questions par SMS aux utilisateurs, qui sont destinées à dépister des situations à risque. En fonction des réponses, le chatbot conseille le patient sur la marche à suivre.

Hackathons et coalitions diverses

Un autre phénomène illustratif du changement sociétal, par rapport à la crise du SRAS en 2003, est le lancement de « hackathons » (fusion de *hack*, « pirater », et de « marathons », allusion au travail de développement d'un concept, sans interruption sur deux jours en général). L'idée est de trouver des solutions rapides. Il s'inscrit dans une philosophie de co-conception, d'économie collaborative et de partage.

L'OMS a lancé un hackathon mondial en ligne, pour répondre aux défis lancés par la pandémie, en collaboration avec Facebook, Microsoft, Pinterest, TikTok, Twitter et WeChat, entre autres, qui ont mis leur technologie à disposition. Les sept thèmes retenus sont : la santé, les populations vulnérables, les entreprises, l'éducation, le divertissement, la communauté et une catégorie « autre » pour laisser libre cours à l'imagination des participants.

L'Allemagne, la Finlande et l'Estonie ont lancé leur propre initiative. La Belgique, en partenariat avec le monde des technologies, des start-up et des instituts de recherche, a lancé « Hack the Crisis » le 27 mars. L'objectif consiste à faire collaborer différentes équipes à distance sur des problématiques socio-économiques corrélées à la crise. En Angleterre, c'est une coalition entre Open Data Institute Leeds, le NHS Digital et Beautiful Information qui lance « Open Data Saves Lives ». Ils visent un partage transparent des données afin que les gouvernements locaux et services publics puissent avoir une vision plus précise de la réalité du terrain.

En France, la « Coalition Innovation Santé – Crise sanitaire », initiée par France Biotech, France Digitale, MedTech in France et AstraZeneca et appuyée par l'AP-HP notamment, se met en place pour lancer un premier appel à projets innovants sur deux thèmes : l'engorgement des systèmes de santé et le suivi des patients chroniques (asthme, diabète, insuffisance cardiaque…).

Aux États-Unis, le regroupement des forces se fait dans le secteur privé, en incluant des fabricants de dossiers médicaux, le monde de la technologie et les systèmes de soins de santé. Leur but est de développer au plus vite des applications sécurisées, respectueuses des règles de l'éthique, innovantes et disponibles en *open source*. Les possibles applications sont extrêmement diverses et vont du traçage épidémiologique aux moyens de diagnostic en passant par le développement de traitements et de vaccins. Des institutions prestigieuses lancent également leur propre initiative, comme le MIT à Cambridge, dans le Massachusetts (MIT COVID-19 Challenge: Beat the Pandemic). Tous les aspects de la crise sont abordés, de l'isolement imposé par la quarantaine à l'évaluation de la réponse immunitaire. Le NIH a organisé un groupe de travail avec différentes instances gouvernementales et les principaux acteurs de l'industrie pharmaceutique, auquel s'est joint l'AEM, pour cumuler toutes les forces dans la course folle à la recherche de moyens de traitement et de vaccins.

Enfin, la Decentralized Artificial Intelligence Alliance lance un COVIDathon sans but lucratif de huit semaines sur quatre sujets : l'innovation en *open source* (applications et code source accessibles à tous), l'épidémiologie et médecine, la sécurité des données personnelles et le maintien de la vie privée et sur les outils d'information.

Un scénario catastrophe pourtant anticipé

Les prédictions de Bill Gates

En mars 2015, le cofondateur de Microsoft Bill Gates déclare, à l'occasion d'une conférence TED, que 10 millions de morts seraient engendrés dans les prochaines décennies par un virus fortement contagieux plutôt que par une guerre. Il signale qu'aucun gouvernement dans le monde n'est prêt à y faire face. Et pourtant, ce n'est pas faute d'avoir été avertis par les infectiologues. Selon lui, nous manquons de moyens sur le terrain autant dans le domaine matériel qu'humain (pénurie de ressources humaines médicales, suffisamment bien formées et préparées), mais aussi pour effectuer une étude épidémiologique approfondie. Il considère que la crise d'Ebola a été l'illustration de notre incapacité à gérer un problème sanitaire de ce type. Et si la fièvre hémorragique n'a pas fait plus de dégâts, c'est, d'une part, grâce aux héros sur le terrain (comme l'ONG Médecins sans frontières), d'autre part, parce que cette maladie ne se propage pas par voie aérienne, et enfin parce qu'elle a atteint principalement des zones non urbaines, faiblement peuplées. Il déplore que nous n'ayons pas tiré les leçons de cette crise : les systèmes de santé ne sont toujours pas suffisamment bien dotés pour affronter l'irruption d'une épidémie mettant en danger la population mondiale. Il aurait fallu, à ses yeux, constituer une réserve médicale capable d'intervenir rapidement n'importe où, secondée par des dispositifs logistiques militaires. Ces « soldats » anti-pandémie doivent être préparés et disponibles séance tenante, à l'image des troupes de l'OTAN. Nous n'avons pas non plus fait les efforts nécessaires pour récolter du matériel, afin de concevoir et développer des armes efficaces pour lutter contre de telles maladies. Dès lors, nous avons perdu une belle occasion, car les coûts de telles crises sanitaires sont largement plus élevés que ceux du développement et de la fabrication de traitements et de vaccins. La crise Ebola a été un signal d'alarme, mais nous ne l'avons pas entendu.

Exactement cinq ans après son TED Talk, quand la crise de la COVID-19 explose, sans triomphalisme aucun, Bill Gates souligne la nécessité de trois mesures afin d'éviter des centaines de milliers de morts :

1) Un *lockdown* national, et non morcelé par État, voire par comté, comme aux États-Unis. Il appelle ses concitoyens à respecter scrupuleusement ce confinement, argumentant que moyennant cet effort celui-ci n'aura peut-être pas besoin d'être répété ;
2) Le dépistage, partant de l'adage « Pas de fumée sans feu » ;
3) Le développement d'un vaccin ou de traitements qui peuvent atténuer la gravité de la maladie. À cet effet, en tant que cofondateur de la Fondation Bill & Melinda Gates, il annonce le financement à concurrence de 100 millions de dollars de la construction de sept usines dédiées à la fabrication de ces précieux vaccins.

Globalement, il espère que l'humanité va enfin tirer des leçons de cette pandémie, car ce type de problème sanitaire, selon lui, va se répéter tous les vingt ans: chaque génération aura le triste privilège d'y être confrontée.

Bill Gates n'a pas été le seul à lancer des alertes. Richard Horton, le rédacteur en chef de *The Lancet*, a écrit voilà vingt-cinq ans déjà que la protection à mettre en place en cas d'épidémie dépendait essentiellement du niveau d'anticipation et d'engagement des politiciens.

Des signaux d'alerte ignorés

Les journalistes du *Genetic Engineering and Biotechnology News* se sont soumis un exercice de style très instructif: ils ont relevé une multitude d'alertes aux États-Unis, émises entre 2005 et janvier 2020, concernant l'arrivée d'une pandémie. Une liste surréaliste, dont quelques points significatifs sont mentionnés ci-dessous.

- **Novembre 2005:** le président George W. Bush fait un discours au NIH et explique ses plans d'action pour la prévention d'une pandémie. Il conclut que des vies seront perdues inutilement, si aucune action n'est mise en place…
- **Février 2006:** lors d'un TED Talk, l'épidémiologiste Larry Brilliant, directeur exécutif de la fondation philanthropique google.org, déclare que les coûts astronomiques d'une pandémie occulteraient les vies perdues. Selon lui, la question n'est pas de savoir si elle arrivera mais quand elle arrivera. C'est aussi lui qui, récemment, a qualifié Donald Trump de dirigeant le plus irresponsable qu'il ait jamais connu de sa vie. À ses yeux, aujourd'hui, un retour à la normale requiert trois éléments clés indispensables: une compréhension complète de la dynamique de la pandémie, un traitement efficace ou un vaccin et un nombre suffisant de personnes indispensables à la société et immunisées. Pour l'anecdote, il est le conseiller scientifique de l'équipe qui a réalisé le film *Contagion*.

- **Juillet 2006 :** Michael Bloomberg, maire de New York, souligne qu'une pandémie massive laisserait la ville désarmée car elle manque cruellement de ventilateurs. Il instaure une réserve stratégique, qui par la suite sera abandonnée par manque de moyens budgétaires.
- **Février 2007 :** lors d'un TED Talk, Laurie Garrett, Prix Pulitzer pour sa couverture journalistique de la crise Ebola en 1996, décrit exactement la cascade de cytokines qui tuent les patients en détresse respiratoire aigüe.
- **2011 :** À la fin de la projection de *Contagion*, on interviewe une des actrices principales, Kate Winslet, qui sera tout à fait à même d'expliquer le fameux « R0 », tant utilisé par les médias pendant la couverture de la crise sanitaire actuelle.
- **2012 :** le livre *Spillover: Animal Infections and the Next Human Pandemics*, de David Quammen, décrit parfaitement la transmission de maladies du monde sauvage à l'homme.
- **2014 :** Barack Obama, lors d'une allocution au NIH, plaide pour la mise en place d'une infrastructure qui permette une réaction rapide en cas d'épidémie. Il visite le NIAID, accompagné par le docteur Anthony Fauci.
- **2015-2016 :** les prestigieux journaux scientifiques *Nature Medicine* et *Proceedings of the National Academy of Sciences* relaient les inquiétudes de Ralph Baric, épidémiologiste de l'université de Caroline du Nord, quant à l'éventualité d'une épidémie, et de Robert Bazell, professeur auxiliaire de biologie cellulaire moléculaire et de développement à l'Université de Yale, qui met en garde contre la possible réémergence du SRAS-CoV.
- **2016 :** nous avons déjà mentionné le TED Talk de Bill Gates et ses multiples avertissements, mais il fera le même exercice vingt mois plus tard au FEM – et en 2017, lors d'une séance plénière de l'American Society of Human Genetics. Susan Rice, du Conseil de sécurité

nationale aux États-Unis, résume un long rapport en un livret dont le titre est plus qu'évocateur et plutôt adapté à la nouvelle administration qui se mettra en place en janvier 2017 : *Pandemics for Dummies* (« Pandémies pour les nuls »).

- **Janvier 2017 :** Anthony Fauci déclare que la nouvelle administration sera confrontée à ce type de crise sanitaire globale.
- **Janvier 2019 :** Dan Coats, directeur de la National Intelligence, publie le rapport issu de son administration, dans lequel il affirme que les États-Unis et le monde sont vulnérables face à une épidémie de grippe à large échelle, qui pourrait entraîner une hécatombe.
- **Juillet 2019 :** les responsables du rapport émis par l'Agence fédérale de gestion des urgences décrivent un scénario catastrophe dû à des pénuries en matériel médical, une pression ingérable sur les structures hospitalières et un désastre économique provoqué par un *shutdown*.
- **Novembre 2019 :** le Centre national du corps médical du NCMI lance l'alerte d'un foyer épidémique à Wuhan et qualifie l'événement de « potentiellement cataclysmique ». Dans le journal de bord de la COVID, nous signalons l'attitude de déni des autorités américaines en place par rapport à cette conclusion.
- **4 janvier 2020 :** un jour après que la Chine a officiellement déclaré le foyer inquiétant au CDC, la journaliste canadienne spécialisée en maladies infectieuses, Helen Branswell, lance l'alerte dans un article publié par *STAT*, s'inquiétant de la possibilité d'une propagation accélérée par les voyages internationaux et les déplacements par avion.
- **25 janvier 2020 :** la docteure Nancy Messonier, directrice du Centre national de vaccination et des maladies

respiratoires du CDC, appelle à se préparer à une possible pandémie.

- **28 janvier 2020:** James Lawler, de l'université du Nebraska publie un commentaire sarcastique sur une chaîne de messages électroniques, qu'il intitule « La série des grandes sous-estimations » : « Le retrait de Napoléon de Moscou – une petite promenade qui a mal tourné; Pompéi – une petite tempête de poussière; Hiroshima – une mauvaise vague de chaleur estivale; et Wuhan – juste une mauvaise grippe de saison. »

Chapitre 7

Quand la Chine éternue, le monde s'enrhume

La globalisation du désastre économique

Selon les experts économiques interrogés, il est incontestable que la crise provoquera une récession, dont l'importance dépendra de la durée du confinement et de la nécessité d'arrêter à nouveau l'activité en cas de reprise des contagions. Même si la plupart des pays ne veulent pas entendre parler d'une deuxième période de confinement, Israël, en septembre, est un des premiers pays qui reconduit des mesures drastiques pour endiguer l'épidémie.

Au moment de la crise des *subprimes* en 2008, la progression du désastre économique a été comparée à une « épidémie virale ». Cette fois, la pandémie virale et la crise économique vont de pair. Selon le FEM, la situation est plus grave encore, car le « système immunitaire » contre la crise économique est fortement affaibli, entre autres parce que les grandes puissances ont utilisé l'économie non comme un moyen de prospérité globale, mais comme une arme pour affaiblir l'autre. Les experts du FEM soulignent qu'il serait erroné d'imaginer que chaque pays soit en capacité de s'en sortir sans faire preuve de solidarité. Le confinement et la fermeture des frontières ne peuvent en aucun cas être envisagés pour rétablir le bien-être économique. Une solidarité doit également se dessiner par rapport aux pays les moins bien lotis. Ironiquement, au Burkina Faso, on a rapidement remplacé le nom COVID-19 par le plus qu'évocateur « Pochvid-20 ». Dans ce pays, 40 % de la population vit sous le seuil de pauvreté et ne bénéficie d'aucune protection sociale. Difficile d'envisager un confinement efficace quand la population ne sait « comment survivre demain ». Selon le professeur Patrick Condon de l'université de la Colombie-Britannique, spécialiste en urbanisme, nos villes, plus qu'avant, sont vouées à être organisées par strates socio-économiques, avec la création de forteresses pour nantis, protégés des nécessiteux.

La Banque mondiale a établi une cartographie des zones à risque d'explosion épidémique, sur base de la richesse de leurs habitants. La richesse est inversement liée à la disponibilité de structures sanitaires, d'approvisionnement en eau claire, de pollution environnementale et de disponibilité de structures de soins. Les individus habitant les régions les plus défavorisées ne peuvent ni appliquer la distanciation physique, ni respecter les règles élémentaires de l'hygiène, les rendant particulièrement vulnérables à la COVID-19. En revanche, la densité de la population ne semble pas jouer un rôle dans le taux d'infection. Ce constat provient d'une étude effectuée dans 284 villes chinoises. Le phénomène s'explique par la disponibilité des technologies modernes, comme Internet à haut débit et la livraison à domicile de repas et de produits de première nécessité, qui facilitent le respect du confinement. Évidemment, ce type de technologies n'est envisageable et rentable que si la densité de la population est suffisante.

Une récession économique inégale selon les secteurs

Les stigmates de l'arrêt de l'activité économique ont été visibles partout dans le monde : des champs laissés à l'abandon en Chine, avec les récoltes qui pourrissent sur place faute d'ouvriers pour les ramasser ; les ciels particulièrement bleus de ce printemps 2020, qui ne présentent plus les multiples stries laissées par les avions de ligne ; une ligne d'horizon clairement dessinée tout comme les reliefs de nos agglomérations urbaines, délivrés des gaz d'échappement. Dans nos villes, on se surprend à entendre avec enchantement le sifflement des oiseaux, dont on avait même oublié l'existence. En revanche, dans les magasins, la peur de manquer a précipité nos concitoyens à se ruer sur les produits dits « essentiels », même si la grande distribution n'a jamais déclaré un état de pénurie.

Malgré tout, certains secteurs ont profité de cette crise. Dix tendances à la hausse sautent aux yeux : la vente en ligne, la livraison par robot, les paiements sans contact physique, le télétravail et l'apprentissage à distance, la télémédecine, le divertissement en ligne, la fabrication en flux tendu en fonction de la demande, l'impression 3D, les robots et les drones, le développement de la 5G et des technologies d'information et de communication.

La chute vertigineuse de l'industrie électronique

De grands acteurs du monde industriel et des fabricants d'électronique, comme Apple, Nintendo et Hitachi, ont été paralysés car beaucoup de leurs composants et produits sont fabriqués par Foxconn, un groupe industriel taïwanais dont les usines sont localisées en République populaire de Chine. Foxconn, premier sous-traitant mondial pour l'électronique grand public, décide de mettre tous ses ouvriers en quarantaine dès leur retour du congé du nouvel an lunaire. Immédiatement, la société Apple mentionne qu'elle rencontre des difficultés pour livrer les 80 millions d'iPhone prévus pour la première moitié de l'année 2020. Les ventes des smartphones s'écroulent simultanément avec une baisse de 38 % en février, conséquence des mesures drastiques de mise en quarantaine du personnel des usines en Chine. Ce *lockdown* rallonge les délais de production, mais plusieurs pays ferment tout commerce avec l'étranger qui n'est pas considéré comme indispensable. Le Sud-Coréen Samsung affiche un chiffre d'affaires de 41,7 milliards d'euros le premier trimestre, soit une baisse marquée de 7,6 %. Pour le géant électronique, outre la baisse de la vente des smartphones et des télévisions, il y a une explosion de la demande pour les ordinateurs personnels et les composants électroniques en particulier de la mémoire. Les ventes de montres connectées enregistrent une hausse de 20 % au premier trimestre 2020. Les consommateurs les achètent pour surveiller leur santé et leur activité physique.

Et même si les chaînes de production chinoises se sont remises en route, cela ne signifie pas pour autant une relance économique, puisque le confinement est prolongé dans différents pays du monde, qui sont habituellement les acheteurs des produits provenant de Chine. L'industrie chinoise, première à sortir du *lockdown*, a non seulement vu sa production industrielle chuter de 13,5 % dans les deux premiers mois de l'année, mais elle absorbe également un deuxième choc économique lié à la chute vertigineuse de la demande mondiale. Cette deuxième vague économique n'est pas uniquement limitée aux domaines de la production et de l'exportation. Le Fonds monétaire international (FMI) observe par ailleurs une réduction de 30 à 40 % en matière d'investissements.

Cette crise révèle indubitablement l'extrême dépendance de l'ouest vis-à-vis de ces sous-traitants de l'est. Certains capitaines industriels veulent d'ailleurs repenser complètement leur stratégie. Pascal Viaud, directeur général d'UBIK Ltd, une société taïwanaise spécialisée dans les partenariats et la coopération industrielle, estime que ce modèle de gigantisme et de globalisation vient de subir un échec cuisant. Beaucoup d'entreprises se rendent compte qu'elles dépendent directement ou indirectement de l'Asie, et la crise actuelle les fait réfléchir sur des solutions de sous-traitance régionales et locales. Va-t-on sonner le glas du *made in China*? Pas certain, selon la firme Deloitte, un des plus importants cabinets d'audit au monde. Indéniablement, une partie de l'activité sera relocalisée dans nos pays, et c'est certainement favorable à notre économie, mais en Asie on transforme et automatise de plus en plus les chaînes de production et la logistique, et on s'affranchit de la nécessité de ressources humaines pour faire tourner le secteur. Il ne faut pas oublier que la Chine possède déjà 260 000 robots dans la production manufacturée, là où pour les autres pays le chiffre cumulé ne représente que 150 000 unités. Par l'automatisation, on adapte mieux la production à la demande et, par la même occasion, on atténue les risques financiers liés à l'établissement de considérables stocks d'invendus. Ces pays d'Asie, conscients du danger de fuite d'activité et donc de capitaux, ne se laisseront certainement pas faire. Mais, d'un autre côté, de plus en plus de consommateurs se tournent vers une production plus locale, car ils estiment que les produits sont de meilleure qualité. Néanmoins, il est fort probable qu'une relocalisation nationale et régionale de certaines activités industrielles, souhaitée par différents dirigeants politiques pour s'affranchir de cette dépendance totale aux pays d'Asie du Sud-Est, risque bien de se faire au détriment de pays émergents.

Que le monde économique d'après-COVID se souvienne de trois éléments clés: le libre-échange de produits essentiels, l'automatisation et la robotisation de la production, et l'abolition du protectionnisme commercial.

L'essor de l'e-commerce

Le secteur qui tire son épingle du jeu est la vente en ligne. Jeff Bezos, le dirigeant d'Amazon, peut se targuer d'une augmentation considérable de son activité. La firme enregistre 11 000 dollars de ventes à la seconde. Comme Bezos détient 11 % des actions, il s'est encore enrichi personnellement de plus de 20 milliards de dollars, là où les cinq cents plus grandes fortunes mondiales cumulent une perte de 553 milliards de dollars depuis le début de l'année, selon l'agence Bloomberg. La demande est telle que même la logistique rodée d'Amazon peine à suivre: les responsables sont obligés de déclarer que les disponibilités des produits et des créneaux de livraison sont limitées temporairement.

Le producteur de vêtements Gap s'est équipé de multiples robots pour automatiser la préparation des commandes en ligne, afin de répondre à la demande qui a littéralement explosé durant le confinement. L'entreprise doit combler au plus vite le manque d'effectifs, imposé par les règles de la distanciation physique et le confinement.

Des grandes enseignes de vente au détail, comme Carrefour et Casino, s'associent à des géants de la nouvelle économie tel Uber Eats, pour livrer le panier de la ménagère à domicile. Chez Carrefour, en un temps éclair, juste avant que le gouvernement prenne la décision de confiner, on crée et teste le site Les essentiels Carrefour, avec l'aide de l'éditeur de logiciels PrestaShop.

D'autres modèles préexistants, comme le *drive* ou le *click & collect*, voient une explosion de la demande. La hausse des commandes en ligne est de 50 à 400 %, selon les acteurs et selon les régions, mais fluctue surtout en fonction du risque local de contamination. Aujourd'hui, la question est de savoir si ce changement d'habitudes des consommateurs va persister au-delà de la crise sanitaire.

Pour pallier la pénurie de moyens de livraison, on voit aussi certaines solutions originales, comme l'utilisation de véhicules autonomes et de drones. À défaut de pouvoir transporter des personnes, confinement oblige, la société Pony.ai s'est rapprochée d'une plateforme d'e-commerce afin de proposer ses services pour acheminer la marchandise (repas et biens de première nécessité) aux consommateurs. En Californie, des drones roulants, comme Nuro dans les villes de Santa Clara et San Mateo en Californie, et Kiwibot à Medellin en Colombie, sont lancés en phase pilote pour quelques clients sélectionnés. Les deux compagnies espèrent bien que l'expérience sera concluante pour s'élargir à d'autres villes. Les drones sont bien entendu désinfectés après chaque utilisation. Le drone volant Wing, filiale d'Alphabet (Google), a doublé son activité de livraison dans la ville de Christiansburg aux États-Unis et à Canberra en Australie. Les drones sont limités par le poids qu'ils peuvent livrer (de 2 à 3 kg), mais les responsables soulignent l'avantage du maintien du principe de distanciation physique, ne faisant courir aucun risque aux consommateurs.

Même les autorités gouvernementales mettent en place des outils d'aide pour accélérer la vente de détail en ligne. Un guide pratique a été mis à la disposition des commerçants français afin de faciliter la transformation digitale du secteur et l'accessibilité à l'e-commerce par le biais de la plateforme France-Num. À nouveau se pose la question de savoir si ces transformations encouragées par les autorités vont perdurer.

La nécessité d'une résilience organisationnelle

De toute évidence, on recense des victimes de ce chamboulement économique, à tous les niveaux (petites et moyennes entreprises, commerces en tout genre, hôtels, restaurants et bars, artistes et salles de spectacles, salles de sport et activités de loisirs), y compris au niveau des acteurs de cette « nouvelle économie » qui commencent à peine à faire partie de nos paysages urbains. Que penser, en effet, des loueurs de vélos et de trottinettes électriques, ou des plateformes destinées au covoiturage ? Les frais fixes tombent chaque mois, avec peu ou prou d'entrées. Ont-ils une trésorerie assez solide pour traverser une période de confinement et de distanciation physique prolongée ? Devant le risque sanitaire inhérent au partage, les consommateurs vont-ils se détourner de ce type de transport ? Tout dépendra de l'encombrement du marché.

Même les grands sont obligés de revoir leur politique commerciale. Uber, par exemple, face à une forte baisse de la demande de voiture de transport avec chauffeur (VTC), crée une plateforme Work Hub, afin de mettre en relation les chauffeurs désœuvrés et les livraisons à domicile comme Domino's Pizza, qui font face à une augmentation considérable de la demande. Pour son activité de vélos et de trottinettes électriques, Uber envisage de mettre en place un protocole de nettoyage quotidien. Pour les VTC, les chauffeurs doivent assurer eux-mêmes la désinfection du véhicule entre chaque client. En revanche, Uber leur fournit des masques, intervient dans l'achat d'une vitre de séparation et des lingettes et des gants. Pas certain que ces mesures rassurent le consommateur. Après avoir envisagé le licenciement de 20 % de ses effectifs (5 400 postes), Uber congédie finalement 6 700 personnes en deux vagues. L'entreprise déclare revoir ses plans stratégiques en matière de certaines activités « expérimentales », comme les voitures autonomes. L'entreprise de VTC Lyft, qui s'est moins diversifiée qu'Uber tant en activité qu'en localisation géographique (uniquement basée en Amérique du Nord, et plus particulièrement en Californie), est plus sévèrement touchée encore et se débarrasse de 17 % de ses effectifs. Pour les employés non licenciés, une réduction des revenus de 10 % est imposée aux salariés et de 30 % à l'équipe de direction. Enfin, le constructeur automobile Ford a accéléré les essais, en visant particulièrement la livraison de marchandises et la micromobilité, mais retarde à 2022 l'utilisation commerciale de véhicules autonomes.

Airbnb, depuis le *lockdown* dans différents pays, ne peut plus compter sur la location de logements entre particuliers. La société envisage d'ajouter au portfolio habituel des logements de moyenne et longue durées destinés aux personnes en mission de travail ou aux étudiants, par exemple. Ce principe tombe à point nommé, puisque des professionnels de soins en première ligne prennent la décision de s'éloigner et de s'isoler de leur famille et de leurs proches. Airbnb veut aussi renforcer considérablement le nombre d'hôtes afin d'être fin prêt quand les voyages vont redémarrer. Deux levées de fonds successives de 1 milliard de dollars chacune pour financer cette nouvelle stratégie ont été effectuées, dont une partie (250 millions de dollars) est réservée comme aide financière pour leurs hôtes avec un effort particulier envisagé pour leurs « superhôtes » (10 millions de dollars).

Le monde des soins à bout de souffle

Ce désastre économique planétaire laissera bien entendu des traces profondes au niveau du financement du secteur des soins. Selon l'American Hospital Association, le coût lié à la crise aux États-Unis est estimé à 200 milliards de dollars en seulement quatre mois (en raison des dépenses occasionnées pour gérer la crise et des moindres revenus et coûts indirects et exceptionnels liés à la prise en charge de logements, garderies et transports pour permettre aux professionnels des soins de travailler). En Belgique, la somme est de 7 à 8 milliards d'euros, avant l'arrivée de la deuxième vague de l'épidémie ! Des chiffres qui laissent sans voix...

Nous avons été témoins, ces derniers temps, des tentatives désespérées de procéder à des économies dans ce secteur, ou du moins à retarder des achats et investissements considérés pourtant comme nécessaires par les soignants. Certains politiciens, ayant estimé que ce secteur, au détriment des autres, a une fâcheuse tendance à dilapider l'argent public, ont donc appliqué des restrictions et des « coupes sombres » budgétaires, non sans conséquences sur la capacité à affronter une crise. Une bombe à retardement, selon Mehdi Shiva, spécialiste de l'économie de la santé à l'université d'Oxford. D'une part, il est inacceptable que la majorité des pays de l'OCDE ne consacrent que 0,5 % de leur PIB aux soins de santé, d'autre part se fait sentir le manque cruel d'une feuille de route avec mesures et directives à suivre en cas de crise – ce qui éviterait le tâtonnement politique que nous subissons actuellement –, enfin il faudrait se doter de méthodes pour juger l'efficacité et le coût sociétal desdites mesures.

Selon le rapport annuel de la banque Belfius, le secteur des soins de santé en Belgique est structurellement malade, avec approximativement 40 % des hôpitaux qui sont déjà dans le rouge. Des chiffres confirmés par le rapport MAHA-2020. Des initiatives sont prises pour maintenir désespérément les systèmes de soins, mais encore faut-il qu'elles soient réfléchies.

Rien n'est moins sûr, et j'en veux pour exemple la décision prise aux États-Unis par le HHS. L'aide financière allouée dépendra de la facturation « historique » adressée à Medicare, et donc des anciens revenus engendrés par les institutions en dehors de la période de crise. Pour la première tranche d'aide de 30 milliards de dollars, des États comme le Montana et le Nebraska, qui n'ont pas été particulièrement touchés par la pandémie, recevront 300 000 dollars par cas de COVID-19 enregistré, tandis que l'État de New York, qui s'est retrouvé au cœur de l'épidémie américaine, ne recevrait que 12 000 dollars par cas. Le tollé provoqué par cette décision a conduit le HHS à rectifier le tir en stipulant que la deuxième tranche d'aide de 100 milliards de dollars viserait essentiellement les institutions des grandes agglomérations urbaines, ainsi que les petites structures rurales qui ont été frappées de plein fouet par la pandémie.

L'avenir de l'économie après la pandémie

L'Organisation internationale du travail estime une perte de 195 millions d'emplois à temps plein entre avril et juin, plus particulièrement dans les pays les plus vulnérables. Aux États-Unis, les assureurs tirent la sonnette d'alarme : les citoyens doivent s'assurer pour couvrir la prise en charge de leurs soins de santé, à titre personnel ou couverts par des assurances contractées par leurs employeurs, mais qu'adviendra-t-il des 45 millions d'Américains qui risquent de perdre leur emploi, temporairement ou définitivement ? D'après une enquête de l'ONG Families USA, à la mi-juillet, déjà 5 millions d'Américains ont perdu leur assurance payée par les employeurs. Du jamais vu en un temps aussi court ! Pour preuve, les files interminables de voitures qui attendent des colis alimentaires distribués par des associations syndicales ou caritatives.

La croissance mondiale est en chute libre. Le FMI considère que la récession actuelle est au moins comparable à celle de 1929. La Commission européenne prévoit une baisse de son PIB de 7,7 %, mais évoque en même temps un rebond de 6,3 % en 2021. Un plan franco-allemand propose 500 milliards d'euros en guise de relance, via un mécanisme inédit de mutualisation de la dette. Cette somme vient s'ajouter aux 500 milliards, sous forme de prêts, proposés par les ministères des Finances européens.

Au FEM, 350 experts du risque ont été invités à remettre un rapport sur les préoccupations des dix-huit prochains mois. Hormis l'éventualité d'une deuxième vague, ils mentionnent l'économie (récession globale et prolongée), la sécurité informatique, l'environnement et l'anxiété sociale (chômage, conflits intergénérationnels et avènement d'une pandémie de maladies mentales, en particulier une vague de suicides).

Les conséquences financières et économiques auraient-elles été moindres, sans les mesures de confinement et de distanciation physique ? Selon une étude publiée par des chercheurs de l'université de Cambridge et des experts de la Réserve fédérale américaine, cela aurait provoqué une chute économique deux fois plus importante que celle que nous connaissons. Le retour au travail aurait provoqué une telle vague de malades que le maintien de toute activité aurait été sérieusement compromis par l'absence de ressources humaines qualifiées. Le recul de l'économie, sans confinement et sans distanciation sociale, aurait été de 30 %. Dans le cadre du confinement, où 15 % des travailleurs essentiels prestent et 40 % des non-essentiels télétravaillent, le dommage économique ne serait que de 15 %.

Outre les sociétés civiles qui ont souffert de cette crise, les individus ont subi des conséquences financières plus ou moins importantes. C'est une des raisons pour laquelle Ursula von der Leyen, la présidente de la Commission européenne, plaide pour une Europe de la santé, en octroyant davantage de moyens à l'ECDC et à l'AEM et en mettant en place une Agence européenne de recherche et de développement biomédicaux, mais aussi en proposant un salaire minimum pour contrer l'accroissement de la pauvreté.

> *Que deviendra le continent africain ?*

Le FEM estime que ce continent à lui seul va faire face à une perte de revenus de 275 milliards de dollars. En pleine réflexion sur les défis à relever (développement humain, industrialisation et digitalisation, diversification économique, politique financière nationale et internationale, et solidarité), certains pays ont déjà majoré leurs investissements en matière de soins de santé. La sécurité sociale a été mise en place dans quelques pays seulement, comme le Kenya et la Guinée équatoriale. La dépendance absolue (quasiment 100 %) en approvisionnement en produits pharmaceutiques a éclaté au grand jour et requiert des mesures immédiates. Ce sont des défis colossaux, mais peut-être aussi de formidables opportunités mises en lumière par la crise liée à la COVID-19.

Renouvellement des modes de travail

La transformation digitale des entreprises qui a été imposée est la caractéristique la plus marquée de cette crise sanitaire mondiale. La plupart des spécialistes la considèrent comme la plus grande pression technologique que le monde du travail ait connue.

Avant 2020, nombre de secteurs étaient frileux à l'idée de mettre en place le télétravail. La crise a permis un test grandeur nature dans quasiment tous les domaines d'activités humaines. Et il apparaît que les employés y ont pris goût : un sondage effectué aux États-Unis montre que 43 % des personnes veulent continuer l'expérience et se demandent comment convaincre leur direction.

Le groupe automobile PSA en France envisage la permanence de la mesure pour 80 000 de ses employés (non liés directement aux chaînes de montage). Mark Zukerberg annonce que dans dix ans, la moitié des 48 000 employés de

Facebook pourraient travailler de chez eux. Dans le processus de recrutement de l'entreprise mise en place aujourd'hui est mentionné que tout nouveau poste sera disponible en télétravail, quoique la transformation progressive doive se mettre en place dès à présent, y compris pour ceux déjà engagés par la firme.

Il est plus que probable que les réticences initiales liées au télétravail vont voler en éclats. C'est d'ailleurs le constat fait au début de la deuxième vague. Certes, des prérequis sont nécessaires pour basculer vers ce nouveau modèle, notamment requalifier et former les collaborateurs et surtout les équiper du matériel adéquat. À ce propos, contrairement au marché des smartphones, la vente des ordinateurs portables a explosé, augmentant de 15 à 20 %, étant donné les besoins accrus des entreprises qui confinent leurs collaborateurs. Selon deux producteurs bien connus (Hewlett Packard et Lenovo), le niveau de ventes observé est équivalent à celui des fêtes de fin d'année et du « Black Friday ».

Des chercheurs israéliens ont avancé une idée quelque peu « saugrenue ». Pour contenir l'infection, ils proposent de travailler quatre jours, puis de rester dix jours à la maison. Ils partent du principe que si le salarié est infecté pendant les quatre jours de travail en présentiel, il développera forcément les symptômes dans les dix jours consécutifs. Le salarié symptomatique pendant cette période d'écartement restera donc isolé et ne risquera pas de contaminer ses collaborateurs. Ils ont même avancé, en effectuant des simulations par ordinateur, que la valeur R0 serait inférieure à 1, que l'activité pourrait continuer et que l'épidémie s'arrêterait.

On a vu des situations étonnantes pendant le confinement. Comme cette cour de justice se tenant par visioconférence au Texas. Il s'agissait d'un conflit d'assurance, un procès pendant lequel le juge a dû aider techniquement plusieurs jurés qui peinaient à utiliser l'application Zoom. Basculer vers un nouveau paradigme nécessite d'adapter les moyens techniques et de former les individus.

La perte d'emploi est indubitablement un risque majeur en 2021 pour nombre de salariés. Au sein du FEM, 43 % des experts estiment que le chômage sera structurel et persistant, particulièrement pour les jeunes. L'université des Nations unies craint que la crise économique pousse un demi-milliard d'humains vers la pauvreté. Le progrès technologique global pourrait reculer de trente ans. L'Organisation internationale du travail estime que l'impossibilité de sortir et de travailler porte préjudice aux moyens de subsistance et de survie de 1,6 milliard d'actifs dans l'économie parallèle, ce qui représente quasiment la moitié des forces de travail au niveau mondial. Pas étonnant qu'une alliance internationale ait été créée, entre autres par Hilde Schwab, épouse de Klaus Schwab (fondateur du FEM), qui rassemble quarante organisations, afin de coordonner l'aide portée aux entrepreneurs sociaux.

La société McKinsey estime que les mesures mises en place vont perdurer sous une forme hybride, mixant savamment travail à distance et en présentiel. Selon Eric Hazan, directeur associé senior du cabinet et spécialiste Future of Work, de nombreuses années ont été nécessaires pour atteindre un taux de 10 %. Et en seulement quelques mois, ce chiffre a explosé pour s'élever à 90 %. Deux enjeux majeurs y sont liés : l'évolution des compétences et l'automatisation des fonctions. Aux États-Unis, on estime qu'un tiers de la force de travail pourrait travailler de son domicile dès à présent. Nombre d'employés y voient des avantages, comme les horaires flexibles et surtout la possibilité de travailler de n'importe où. Néanmoins, tout n'est pas forcément positif : l'isolement social, les difficultés de collaboration et de communication, les difficultés parfois de se déconnecter du travail, la perte progressive de la motivation, les possibles distractions à domicile, la crainte que les supérieurs n'apprécient pas à sa juste valeur le travail accompli, sans oublier les problèmes techniques de connexion et la sécurité des données. Certains managers sont hésitants et ont quelques difficultés à adopter ce nouveau modèle. Dans la plupart des cas, ce n'est que l'illustration d'une résistance au changement. Ils craignent par-dessus tout une baisse de la productivité, et accessoirement un étiolement progressif de la culture de l'entreprise et du sens de l'équipe. Mais ils commenceront certainement à s'y intéresser au moment où on leur annoncera que le travail à domicile, ne serait-ce qu'à mi-temps, représente une économie substantielle (estimée, selon certains économistes à 11 000 dollars par an et par employé). Pour être compétitifs en matière de recrutement de nouveaux talents, ils n'auront d'autre choix que de prendre en compte cet élément, car les salariés aujourd'hui valorisent la flexibilité du lieu de travail.

Selon le professeur Richard Baldwin, spécialiste en économie internationale et de la mondialisation, la crise sanitaire a provoqué quatre chocs majeurs : une perte massive en matière d'emploi, une transformation digitale phénoménale, une augmentation explosive du fardeau de la dette et des coûts liés aux espaces de travail délocalisés. Selon lui, ceux qui ont été confinés chez eux pour travailler vont rapidement céder la place à des « télé-migrants » (phénomène de globalisation) et des « robots en col blanc ». Par exemple, 37 % des emplois aux États-Unis pourraient être accomplis par des « télé-migrants ». Ne resteront dans l'entreprise que les salariés qui apportent une plus-value (empathie, intuition, créativité, éthique, curiosité, compréhension des interactions complexes entre humains), et particulièrement ceux qui sont indispensables pour ces interactions sociales (les ordinateurs et l'IA étant encore loin de rivaliser les humains dans ce domaine). Un argument soutenu par des chercheurs en psychologie, qui déclarent que seuls 30 % de l'information est échangée verbalement – ce constat donne une longueur d'avance à l'acteur humain. Mais ne nous leurrons pas, tout ce qui peut être raisonnablement automatisé, ou délocalisé, le sera !

Pour illustrer son propos, Baldwin utilise le concept de l'hystérèse (propriété d'un système qui ne suit pas le même chemin d'évolution en fonction des influences/forces externes). Pour comprendre ce qui nous attend, il explique la différence entre un élastique et un trombone : en tirant sur un élastique puis en le relâchant, la situation revient au point de départ (un choc temporaire a des effets temporaires) ; en déformant le trombone, ce dernier ne reprend pas sa forme initiale (des chocs temporaires provoquent des effets permanents). Ainsi, la dynamique des changements observés pendant cette crise sanitaire répond plus à l'histoire du trombone !

Conséquences du ralentissement de l'activité humaine sur l'environnement

Un simple petit virus aura été finalement bien plus efficace que les appels de l'écologiste Greta Thunberg, du moins à court terme. En deux mois, ce micro-organisme a cloué au sol tous les transports aériens, surpassant le *flygskam* (la honte de prendre l'avion). En 2019, les banquiers de l'Union des banques suisses s'effraient de la réduction de la croissance dans le domaine de l'aviation civile, qui fait suite à une conscientisation écologique. On prévoit dès lors un manque à gagner colossal de 2,8 milliards de dollars par an pour les grands constructeurs d'avions, comme Airbus. Au début de la crise sanitaire, des centaines d'avions circulent à vide en Europe, comble d'une réglementation ridicule qui stipule que les compagnies aériennes doivent occuper 80 % de leurs attributions au risque de les perdre (principe du *Use it or lose it*). Fort heureusement, cette règle sera ensuite assouplie. Cette réduction massive du transport aérien provoque une chute du prix des produits pétroliers dont nous profitons tous, et c'est là un paradoxe. En effet, le prix de l'essence n'a jamais été aussi bas, mais nos déplacements sont réglementés et limités par force de loi. Cette baisse de la consommation a indéniablement un impact sur la pollution et le réchauffement climatique. Pour s'en convaincre, il suffit de regarder les images de la terre fournies par la NASA, qui montrent une réduction significative des gaz à effet de serre, en particulier les particules de dioxyde de carbone (CO_2) et dioxyde d'azote (NO_2) au-dessus des grandes métropoles industrielles. Quand, en novembre 2019, des relevés faits à New Delhi indiquent une concentration de 810 microgrammes de particules fines par mètre cube d'air (32 fois supérieures aux taux recommandés par l'OMS), des mesures effectuées quelques semaines plus tard montrent que cette concentration n'est plus que de 44 microgrammes. Cette baisse phénoménale est liée à l'arrêt de l'activité dans les différents domaines, comme la construction et le transport, ainsi que la mise à l'arrêt de onze des douze centrales à charbon localisées aux alentours de la ville réputée comme la plus polluée au monde. La faune aussi a reconquis du terrain. Dans la baie du Nerul, à l'ouest de l'Inde, on a observé des rassemblements sans précédent de flamants roses, qui s'expliquent par l'excès de tranquillité imposé par le confinement et l'arrêt de toute activité.

Autre effet positif, le 25 juin, l'Agence spatiale européenne, la NASA et l'Agence d'exploration spatiale japonaise ont créé une plateforme accessible gratuitement qui rassemble en ligne les images collectées. Elles ont exprimé leur intention de la maintenir au-delà de la crise sanitaire

On se pose la question de savoir si ces effets immédiats ont ou auront un impact à long terme sur le réchauffement climatique, même si les experts ne le pensent pas. Mais voyons les choses positivement : la réduction de production de CO_2 dans les grandes agglomérations urbaines, ce CO_2 qui altère notre santé respiratoire et cardiovasculaire, est bienvenue, particulièrement pendant cette épidémie qui sollicite aussi nos cœurs et nos poumons. Cette réduction ponctuelle de gaz toxiques n'aura à elle seule que, finalement et malheureusement, peu d'effets sur la tendance générale à la hausse de la température terrestre observée ces dix dernières années.

Selon un article du FEM, la crise de la COVID-19 nous a appris qu'il fallait entreprendre cinq actions pour combattre la pandémie, qui peuvent aussi être mises à profit dans la gestion de la crise climatique :

1) Considérer sérieusement les risques d'une crise mondiale (qu'elle soit sanitaire ou climatique);
2) Choisir entre isolationnisme effréné et repli sur soi, ou au contraire réfléchir globalement pour faire face ensemble à une crise mondiale;
3) Définir notre priorité absolue: l'humain ou le gain économique?;
4) Faire confiance aux experts (spécialistes en épidémiologie, virologues et cliniciens), pour ne pas voir exploser notre système de santé sous la charge grandissante de la demande en lits de soins intensifs. Il serait grand temps que certains décideurs politiques finissent enfin par écouter les spécialistes en réchauffement climatique;
5) Faciliter l'accès aux moyens techniques utiles dans la gestion de cette crise sanitaire (comme le télétravail, y compris la télémédecine). Ils étaient largement disponibles avant l'éclosion de la pandémie, mais n'avaient jamais trouvé terre fertile, ni au niveau des décideurs ni au niveau du grand public[51].

En matière de climat, nous disposons de technologies qui peuvent nous permettre d'atteindre les objectifs, si la volonté politique suit. L'alignement historique qui a eu lieu entre les pays exportateurs du pétrole et les membres du G20, pour amortir les chocs du prix du pétrole, pourrait servir de prémisse à une collaboration future et globale en termes de sécurisation de l'énergie mondiale et de croissance économique. Est-ce le signe annonciateur d'une nouvelle volonté mondiale de transition énergétique vers plus de durable? Seuls deux scénarios après-COVID sont possibles: une fuite en avant, où on fait appel aux énergies non renouvelables pour relancer l'économie au plus vite, et donc produire « de plus en plus » en lieu et place du produire « mieux et écoresponsable »; ou une prise de conscience générale provoquant un changement en profondeur de la culture sociétale et de nos valeurs humaines. Malheureusement, dès le milieu de la pandémie, certains États déclarent déjà qu'ils vont réduire leurs prétentions climatiques et les sacrifier sur l'autel du bénéfice économique, quand bien même tout un chacun – dont les experts – est aujourd'hui conscient qu'il ne reste au maximum plus qu'une dizaine d'années pour renverser la tendance du réchauffement climatique.

Les experts du FEM rappellent que nous sommes tous témoins du réchauffement climatique, qui se traduit par l'inondation de contrées entières, une fonte massive des glaces en arctique, des feux dantesques en Californie qui se répètent chaque année. Ils estiment que la crise sanitaire nous donne cinq leçons: la planète n'attend pas, notre résilience face à une catastrophe est plus importante si nous travaillons ensemble, l'adversité accélère l'innovation, la digitalisation de nos sociétés est incontournable et les leaders doivent être audacieux et transparents.

Hubert Reeves, astrophysicien et écologiste franco-québécois mondialement connu, écrit que nous méritons d'être taxés d'« espèce nuisible » à la protection de la biodiversité. Un article récemment publié par la plateforme intergouvernementale IPBES[52] fait écho aux pensées de Reeves. Les pandémies telles que la COVID-19 risquent de se multiplier si nous continuons à détruire la nature. Une seule espèce est responsable de cette crise sanitaire: l'espèce humaine. Notre volonté de croissance économique à tout prix ne fait qu'aggraver le risque climatique et sanitaire. Il ne nous reste plus qu'une petite fenêtre d'opportunités pour éviter de semer les graines des crises futures, mais pour cela il faut des changements urgents et profonds. Les auteurs du rapport insistent sur trois domaines: une approche *One-Health*, qui reconnaît la complexité des interactions entre la santé des domaines du vivant (l'homme, les animaux et les plantes) et l'environnement; la nécessité de promouvoir rapidement des systèmes de santé dignes de ce nom dans les pays les plus vulnérables, afin d'éviter la survenue d'une épidémie qui peut se globaliser;

et l'obligation économique et financière d'investir dans des approches globales et préventives qui, bien qu'elles coûtent des dizaines de milliards de dollars, permettraient d'économiser des trillions de dollars que nous dépensons pour faire face à de telles crises.

Des scientifiques à Stanford saisissent la balle au bond en déclarant – sans aucune forme d'ironie – qu'à l'aube des voyages interplanétaires, il serait pertinent de mettre en place des directives et des moyens, afin d'éviter de contaminer la planète visitée et de ne pas rapporter de ces voyages lointains des éléments polluants extraterrestres.

Peut-être se souviendra-t-on de 2020 comme l'année pendant laquelle l'humanité a saisi l'occasion d'aligner les problèmes de crise sanitaire et de changement climatique, afin d'essayer de les résoudre conjointement. Les responsables du FEM, soulignent que, plus que jamais, nos divergences et divisions sociales, notre manque de justice et de coopération, notre absence de gouvernance globale et de *leadership* et la dégradation des réserves naturelles sont mis en lumière. Ils estiment qu'il est grand temps d'appuyer sur le bouton de réinitialisation, de réimaginer notre monde et de le rendre plus résilient.

Chapitre 8

Technologie et libertés individuelles

Le *contact tracing*: une opportunité à double tranchant

Le traçage des individus est systématiquement évoqué par les responsables nationaux pour sortir de la période de crise. Si, en temps normal, nous chérissons nos libertés individuelles, la situation mérite d'être réévaluée en temps de pandémie. Le constat est lapidaire : la population est irresponsable et ne respecte pas les gestes barrières. Les décideurs en matière de politique sanitaire sont donc amenés à mettre en place des systèmes de surveillance, que ce soit pour contrôler le respect de la quarantaine imposée ou identifier les contacts pour déterminer l'exposition éventuelle des individus à un risque de contamination par une personne positive.

Le principe est basé sur un échange de signal entre téléphones personnels par Bluetooth. Le téléphone portable de l'un enregistre les références de l'autre. Par la suite, l'individu peut être interrogé par le ministère de la Santé et accorder l'autorisation (ou non) de récolter la liste des signaux de contacts stockée sur son téléphone portable. En croisant ces listes, on peut déterminer si un individu a été exposé à une personne infectée, et donc la contacter. C'est le principe du *contact tracing* personnel (CTP). Il se concentre sur les interactions sociales qui sont le moteur de la propagation virale. Cette « biosurveillance » et le « traçage » par téléphone portable permettent donc d'identifier les nouveaux foyers infectieux, de comprendre les mécanismes de transmission et de mesurer la rapidité de la propagation.

Ces techniques de surveillance sont plus facilement mises en place dans les pays qui ne sont pas les défenseurs de droits civiques et de démocratie. En Europe, c'est une autre histoire, car même si la démarche est sécurisée et anonyme, beaucoup y voient une entorse sévère aux libertés individuelles. Force est de constater que ces systèmes de surveillance sont évoqués, développés, âprement débattus et parfois implémentés à des degrés divers dans les pays européens.

L'Asie : la collectivité avant l'individu

Les champions toutes catégories en matière de surveillance rapprochée sont sans conteste, ni sans surprise, les Chinois, suivis de près par d'autres pays asiatiques. Soyons honnêtes, le succès de la gestion de la première vague n'est pas uniquement attribuable au traçage individuel intensif (*backtracking*), il s'explique également par une politique très agressive et généralisée de dépistage, telle que d'ailleurs préconisée par L'OMS.

Très tôt dans la gestion de la crise, les autorités gouvernementales chinoises ont demandé aux citoyens de télécharger une application de CTP en scannant un code QR. Ils ont dû enregistrer leur nom, leur numéro de téléphone et leur numéro national d'identification. Cette application par la suite informe s'ils ont été en contact rapproché avec un cas positif. Selon la chaîne CNN, la Chine, qui n'est jamais à court d'idées quand il s'agit de surveillance des citoyens, a franchi une étape supplémentaire inimaginable chez nous, en installant des caméras de surveillance individuelles chez les assignés à domicile. Les autorités de Nanjing argumentent que ce dispositif augmente l'efficience de l'isolement, tout en réduisant les dépenses en matière de surveillance (pas besoin de faire du porte à porte). Ce n'est qu'un pas de plus dans un système de surveillance déjà massivement répandu dans les lieux publics à travers le pays.

La ville-État de Singapour, en particulier le Government Technology Agency of Singapore, a lancé au début de la crise l'application TraceTogether. Toutefois, après quelques semaines, Singapour a décidé d'abandonner cette stratégie car le nombre d'utilisateurs a été jugé largement insuffisant (seuls 25 % de la population, soit 1,5 million de citoyens). Selon une publication parue dans *Science*, il faut une adhésion minimale de 60 %. Les autorités de la ville-État ont par la suite décidé d'acquérir 5,7 millions d'objets connectés spécialement conçus pour retracer les contacts sociaux, et donc les chaînes de contamination. Reste à savoir comment le gouvernement va utiliser les informations personnelles récoltées.

L'Europe : la question de l'entrave aux libertés

La Commission européenne a mis à disposition une boîte à outils afin de permettre une approche coordonnée paneuropéenne qui vise à obtenir, d'une part, le respect de la distanciation sociale et le traçage du contact et, d'autre part, une approche commune pour modéliser et prédire l'évolution de la propagation virale, tout en respectant les contraintes liées à la protection de la vie privée et la sécurité des données. La Commission européenne a édicté des spécifications afin d'assurer l'efficacité, l'interopérabilité et la standardisation des applications retenues par les différents gouvernements. Elle vise bien entendu la possibilité de partager et d'agréger les données au niveau de l'ECDC, l'Europe étant plus forte quand elle est unie. Les pays de l'Union européenne appellent donc à l'interopérabilité des systèmes CTP, afin qu'ils puissent fonctionner sans discontinuer, dans l'enceinte de l'Union. Dix-huit pays européens, à l'exception de la France et de la Hongrie, sont d'ailleurs capables d'échanger les données provenant de leurs applications de traçage utilisées sur leurs territoires nationaux. Néanmoins, le spécialiste du marketing des applications mobiles Sensor Tower a publié des taux préoccupants d'adoption des CTP, avec des variations importantes d'un pays à l'autre : quand 14,4 % des Allemands ont adopté Corona-Warn-App à la mi-septembre, le taux correspondant en France pour StopCovid n'est que de 3,1 %, plaçant le pays en neuvième position du classement, qui est dominé par l'Australie (21,6 %) et la Turquie (17,3 %). Ce taux faible de téléchargements et d'utilisation s'explique par la crainte relative à l'exploitation des données sensibles, mais également par le manque de communication et de pédagogie des gouvernants. En Allemagne, on a vanté le succès du Corona-Warn-App, téléchargé plus de 18 millions de fois en date du 23 septembre (soit 22 % de la population, et un bond en avant de presque 8 % en une semaine). Toutefois, les utilisateurs qui reçoivent les résultats du test de dépistage des laboratoires allemands, directement et automatiquement sur leurs téléphones portables par le biais d'un code TAN ou QR, doivent choisir s'ils souhaitent le reporter dans l'application, et ainsi communiquer avec les autres téléphones. Le ministre de la Santé allemande, Jens Spahn, estime que 1,2 million d'Allemands ont ainsi reçu le résultat du test, mais seuls 5 000 d'entre eux ont choisi de le communiquer, ce qui est bien insuffisant.

En matière de CTP, l'Union européenne s'est tournée vers divers fournisseurs télécoms pour obtenir les données agrégées et anonymes provenant des mobiles des utilisateurs. Les opérateurs ont répondu positivement à la demande de l'exécutif européen. Les développeurs des applications de CTP et les décideurs politiques en Europe sont conscients qu'ils vont devoir être très prudents en matière d'utilisation de ces données. En cas de dérapage, l'Union européenne pourrait se retrouver sur le banc des accusés pour infraction au RGPD, qu'elle a elle-même mise en place. Il va falloir adapter ladite réglementation, car les chercheurs aimeraient avoir accès aux données de géolocalisation pendant deux ans. Ce qui pose problème aujourd'hui, car la période de sauvegarde de telles données ne peut excéder une année.

L'idée du *tracing* est louable, il s'agit de définir les besoins médicaux en fonction de la propagation de la maladie.

Toutefois, en France, la Commission nationale de l'informatique et des libertés (CNIL) soulève la question de l'éthique, car elle estime que de telles technologies peuvent fondamentalement bafouer les droits des citoyens tels que définis par la loi. Elle admet que le RGPD et la directive ePrivacy permettent le traitement de ces données de façon anonyme ou non en fonction de dispositions particulières. La CNIL, qui n'est pas la seule à s'inquiéter, puisque le Contrôleur européen de la protection des données est tout autant préoccupé par cette multiplication des systèmes de traçage, plaide pour un outil commun. Cette approche permettrait, d'une part, d'avoir de meilleurs résultats et, d'autre part, de mieux répondre aux exigences du RGPD. Les cent trente chercheurs, qui travaillent d'arrache-pied à la mise en place d'une plateforme (Pan-European Privacy-Preserving Proximity Tracing, PEPP-PT), proposent un traçage des contacts repérés par le biais des téléphones portables (basé sur la technologie Bluetooth) et maintiennent le principe d'une adhésion volontaire au système. Les contacts sont stockés sur un serveur central pour une période de deux semaines et les données sont accessibles à des « tiers de confiance » (en l'occurrence, les autorités sanitaires locales uniquement). Ces autorités sanitaires peuvent donc contacter certaines personnes exposées au virus à leur insu et leur prodiguer des conseils sur le dépistage et la quarantaine. Les chercheurs de l'université d'Oxford sont convaincus que ce type de technologie est un passage obligé. Le relevé « manuel » des contacts par enquête téléphonique (comme la solution mise en place par la Belgique initialement, avant le déploiement en septembre de l'application téléchargeable Coronalert) n'est pas réaliste à court terme. Comment, effectivement, se souvenir des contacts que l'on a eus les deux dernières semaines ? Et comment persuader les utilisateurs à partager leurs contacts ?

Dans un de ses derniers rapports, la CNIL souligne trois éléments à respecter impérativement, si on envisage de mettre en place StopCovid en France :

- Les données doivent être utilisées dans un but concret et préalablement défini ;
- La participation du citoyen doit être volontaire. Il doit donc pouvoir prendre librement la décision d'installer, mais aussi de désinstaller à tout moment, l'application sur son téléphone portable. S'il décide de ne pas télécharger l'application, cela ne peut en rien le pénaliser, que ce soit pour le dépistage ou l'accessibilité aux soins ;
- La CNIL estime que le gouvernement doit veiller à ce que l'atteinte à la vie privée soit en rapport avec le risque.

La défense de la vie privée est aussi l'argument principal utilisé par les autorités françaises pour ne pas sélectionner la solution technique mise au point par Apple et Google. Les responsables du gouvernement estiment qu'il s'agit d'une crise de santé publique, et par conséquent lutter contre le coronavirus doit rester une affaire d'État.

Dans un premier temps, la CNIL a refusé StopCovid, l'application comportant des irrégularités :

- Le filtrage de l'historique de contacts était effectué au niveau d'un serveur central, là où la CNIL estime qu'il doit se faire au niveau du téléphone de l'utilisateur ;
- Les destinataires des données n'étaient pas précisés, ni d'ailleurs les modalités d'opérations de lecture sur les équipements terminaux ;
- Le contrat entre le ministère de la Santé et l'Institut national de recherche en sciences et technologies du numérique n'était pas assez clair, la CNIL a donc demandé des informations complémentaires par rapport aux obligations du sous-traitant ;
- La collecte de l'adresse IP n'était pas acceptable.

La CNIL a donc mis en demeure le gouvernement et demandé que tous ces points soient réglés avant un lancement national. StopCovid sera activé par la suite (à la fin du mois de juillet).

D'autres initiatives françaises ont émergé, comme celle du fournisseur de télécom Orange qui collabore avec l'Inserm et s'associe en Île-de-France avec Capgemini (entreprise du numérique), le groupe Dassault (actif dans l'aviation, mais aussi éditeur de logiciels) et d'autres partenaires, pour expérimenter l'application StopC19. Cette application ressemble très fort à l'application gouvernementale StopCovid.

Les Anglais ont initialement opté pour une approche gouvernementale et centralisée. Ils ont finalement changé d'avis et se sont adressés à Google et Apple. Les deux géants de la Silicon Valley ont d'ailleurs annoncé une simplification du système commun : si les instances gouvernementales ont dû développer leurs propres applications qui se connectent avec le système développé par Apple et Google, maintenant il suffit de leur faire parvenir les informations spécifiques provenant des autorités sanitaires de chaque pays sur la marche à suivre si l'utilisateur est considéré à risque.

Selon Bloomberg, certains gouvernements des pays membres de l'Union européenne (l'Angleterre, la France et l'Allemagne, parmi d'autres) se sont aussi rapprochés d'acteurs privés, comme la start-up californienne Palantir Technologies, une société spécialisée en surveillance électronique. Celle-ci collabore en tant que partenaire stratégique avec différentes agences américaines, comme la CIA et la NSA. Sur son site officiel, Palantir propose ses services et ses connaissances technologiques aux gouvernements, pour tracer la propagation du virus et ainsi prévoir les pénuries en matériel médical et les problèmes d'approvisionnement. Cette information concernant le rôle potentiel joué par Palantir dans une démarche de *tracing* n'est pas anodine : Palantir a été créé par Peter Andreas Thiel, entrepreneur américain d'origine allemande, investisseur de capital-risque et cofondateur avec Elon Musk de PayPal notamment. Accessoirement, Thiel fait aussi partie de l'équipe des conseillers de Donald Trump. Le logiciel proposé est d'ailleurs celui utilisé par PayPal pour établir des liens entre numéros de téléphone, relevés de carte bancaire et casiers judiciaires, il est également destiné à détecter des anomalies en matière de mouvements d'argent et des flux financiers douteux.

En Italie, dès le mois de juin, l'application Immuni qui intègre l'interface de programmation d'application co-construit par Google et Apple (qui permet l'interopérabilité entre les smartphones androïdes et les iPhones) est testée dans 4 régions sur 16.

La Norvège demande aux citoyens de répondre volontairement à des questionnaires et de s'inscrire sur une application (Smittestop) qui permet le CTP par la technologie Bluetooth. Mais le NDPA[53] a banni l'application temporairement, craignant que la protection des données ne soit pas assurée, et ce, contre les protestations vigoureuses du Norwegian Institute of Public Health. Finalement, l'application a été abandonnée car considérée comme trop intrusive.

De manière générale, la plupart des applications n'ont pas connu de succès. Les citoyens des différents pays démocratiques ne font pas confiance aux gouvernements en place et sont allergiques au principe même du traçage ?

Les États-Unis : la liberté individuelle, une institution

La ville de New York, frappée de plein fouet par l'épidémie, a lancé une application de traçage avec le Mount Sinai Health System. Les citoyens des cinq arrondissements de cette mégapole tentaculaire téléchargent l'application afin d'aider les autorités à identifier la naissance des clusters dans les différentes communautés. L'objectif est d'allouer les ressources en fonction des besoins du terrain, d'améliorer le recrutement des citoyens pour participer à des essais cliniques et, d'un point de vue de santé publique, de mieux comprendre la propagation de la maladie dans les sous-populations. Après avoir rempli un questionnaire, les participants sont amenés à donner des informations journalières par le biais de SMS.

Des ingénieurs de la Silicon Valley se sont joints au Boston Children's Hospital pour créer covidnearyou.org, plateforme développée pour collecter les données de patients confinés. Ces derniers répondent à quelques questions sur leur état de santé, leurs contacts et leurs déplacements, et donnent leur code postal. L'ensemble des réponses est mis à disposition d'organisations sanitaires, comme le CDC. Même le département de la Défense collabore avec le CDC et le département de la Santé et des Services sociaux en proposant leurs capacités en matière d'IA pour analyser toutes ces données.

Selon le *Washington Post*, le gouvernement américain a rencontré Facebook et Google, afin de réfléchir à une démarche de CTP. Le CDC, dès la mi-mars, démarre une campagne de sensibilisation à ce sujet, afin que les Américains adhèrent, mais aussi pour les rassurer sur l'utilisation de ces données personnelles. Il n'est pas certain que les citoyens fassent confiance aux GAFA précités, qui à maintes reprises ont essuyé de fortes critiques compte tenu de la légèreté dont ils font preuve quant à la protection des données personnelles. Les autorités responsables de la santé publique auront certainement plus de succès en proposant des solutions techniques développées par des institutions prestigieuses comme le MIT et Harvard (Private Automated Contact Tracing, PACT), qui sont appréciées et jugées dignes de confiance par le grand public. La recherche automatisée privée des contacts PACT se base sur l'utilisation volontaire des *chirps* (chaînes de données à courte portée enregistrées sur les téléphones portables). Si un individu est testé positif à la COVID-19, les soignants envoient un code QR à l'utilisateur, qui lui permet de télécharger sa liste de *chirps* sur un cloud. Les autres participants peuvent y accéder et scanner automatiquement les données anonymes stockées sur le cloud. Ils sont dès lors avertis qu'ils ont eu un contact avec un patient positif. Par ailleurs, la technique mise au point tient compte de la durée de l'interaction entre les deux protagonistes et de la distance par rapport à la personne infectée.

Surveillance des lieux publics

Ne serions-nous pas aux prémices de « Big Brother » que prédisait George Orwell, dans *1984* ? Sans conteste, la réalité d'une « dystopie cyberpunk » frappe à nos portes, au regard des différentes technologies mises en place en guise de moyens de surveillance du citoyen. Il peut s'agir de solutions simples, comme celle utilisée en Pologne. Selon l'AFP, les autorités du pays demandent aux citoyens qui reviennent de voyage d'envoyer régulièrement des « selfies », pour prouver qu'ils respectent la quarantaine calfeutrée chez eux. En cas de manquement, la police est avertie et les contrevenants sont passibles d'une amende qui varie entre 100 et 1 000 euros.

> *Les drones*

D'autres approches sont techniquement plus complexes. Ainsi, ces drones de la police déjà utilisés, y compris en Europe, pour contrôler les sorties des citoyens confinés et veiller au respect des règles strictes de la distanciation sociale. En France, le Conseil d'État a interdit l'utilisation des drones par les préfectures de police pour surveiller le (dé)confinement, une décision applaudie par la Ligue des droits de l'homme. Certains drones sont par ailleurs équipés de capteurs qui mesurent la fréquence respiratoire et le rythme cardiaque, jusqu'à une distance de 5 à 10 mètres. De tels dispositifs peuvent détecter les personnes qui éternuent et toussent dans des lieux publics et qui risquent par conséquent d'en infecter d'autres. Vous avez peut-être vu ce robot qui ressemble à un chien (Spot, produit par Boston Dynamics), qui se faufile habilement entre les badauds ? Il est testé à Singapour pour rappeler les règles du confinement et veiller à la distanciation physique. La surveillance des lieux publics par drone est aussi appliquée chez nos cousins américains, comme à Westport, dans le Connecticut. Leurs drones sont également équipés de capteurs capables de mesurer la température corporelle, la fréquence cardiaque et respiratoire, ainsi que les éternuements et quintes de toux dans des lieux publics.

> *Les caméras de surveillance*

Elles font partie intégrante de nos paysages urbains depuis quelques années, mais aujourd'hui plus qu'avant elles fleurissent allègrement à tous les coins de rue. D'après un sondage Odoxa, 79 % des répondants estiment qu'il faudrait mettre en place des caméras thermiques, voire des dispositifs de reconnaissance faciale (51 %) pour contrôler si les personnes respectent la quarantaine imposée. Le maire de Cannes a pris la décision de couvrir sa ville et les transports en commun de caméras de surveillance, capables de déterminer en temps réel le respect du port du masque. Comme la mesure se fait en temps réel, sans enregistrement des données, il déclare respecter scrupuleusement la vie privée des citoyens et le RGPD. Cette initiative n'a pas été du goût de la CNIL, qui estime qu'il s'agit d'un non-respect de la protection des données personnelles, même si les images sont traitées en local et jamais stockées. La CNIL émet une mise en garde au maire qui décide dès lors d'arrêter brutalement l'utilisation de ces caméras. Trois lycées de la région Auvergne Rhône-Alpes ont installé des caméras thermiques pour éviter la naissance de foyers épidémiques en leurs murs. Les résultats des élèves et des enseignants sont présentés sous forme de statistiques au proviseur. À nouveau, levée de boucliers de la part de la CNIL !

> *Les satellites*

Leurs technologies embarquées sont également sollicitées. Une équipe de Berkeley utilise l'image satellite pour tracer l'apparition de foyers émergents dans des pays comme le Togo et le Bangladesh. Une approche similaire révèle que le début de l'épidémie en Chine est probablement situé autour de l'été 2019 et non pas en hiver. En étudiant l'occupation des parkings hospitaliers, le nombre d'appels téléphoniques et les recherches effectuées sur Internet avec des mots-clés qui correspondent aux symptômes de la COVID-19, l'équipe d'Elaine Nsoesie de l'université de Boston, spécialiste en

« épidémiologie digitale », avance l'hypothèse que la maladie a débuté à Wuhan en août 2019.

> *La réalité augmentée*

La compagnie KC Wearable a doté les policiers chinois d'un casque équipé de réalité augmentée : la technique utilise la reconnaissance faciale pour identifier immédiatement l'individu et mesure sa température corporelle. KC Wearable a également livré ce type de casques connectés en dehors de la Chine, par exemple à la police émiratie. Leur solution permet d'analyser 200 personnes à la minute, dans un rayon de 5 mètres. Une alerte est générée automatiquement et des mesures d'isolement peuvent être entreprises immédiatement. L'Italie s'est déclarée intéressée par une éventuelle acquisition. Dans la même veine, la start-up chinoise Rockid, autre spécialiste de la réalité augmentée, propose des lunettes capables de mesurer la température des personnes croisées dans la rue. Le gouvernement chinois en aurait déjà acquis mille, destinés à des employés travaillant dans le secteur public.

Le *tracking* numérique : l'alliance improbable des GAFA

Apple et Google s'associent officiellement pour développer une application capable de vous informer si vous avez récemment croisé quelqu'un atteint par la maladie grâce à la technologie Bluetooth. Par ce biais, ils sont capables de calculer avec précision la distance (réduite néanmoins) qui vous sépare des autres utilisateurs de portables. Le prérequis est bien entendu que l'utilisateur testé positif s'enregistre préalablement, ce qu'il ne fera que si l'anonymat est garanti.

Facebook et Google, en collaboration avec l'université Carnegie Mellon, ont élaboré une *heat map* (carte interactive qui recense le pourcentage de personnes avec des symptômes) sur la base d'une enquête en ligne (questionnaire sur les manifestations de la maladie). Ils déterminent ainsi l'importance de l'épidémie dans chaque comté des États-Unis et espèrent fournir un outil décisionnel aux responsables de la santé publique pour rationaliser l'utilisation des ressources sanitaires disponibles et gérer une remise en route des activités. Ils ont reçu plus d'un million de réponses par semaine. La possibilité de répondre à ce questionnaire, initialement réservé aux États-Unis, a été élargie au monde entier, cette fois sous la supervision de l'université du Maryland.

Facebook propose aux instances gouvernementales et responsables de santé publique trois cartographies afin de mieux gérer la crise. La première carte illustre la co-implantation des utilisateurs du réseau social, c'est-à-dire la probabilité que différents utilisateurs de Facebook se rencontrent physiquement. La deuxième carte concerne la plage de mobilité de l'utilisateur, donc ses déplacements. Une troisième carte complète les deux premières, en donnant des informations sur les connexions sociales et leurs distributions géographiques. Le tout est basé sur des données agrégées non individuelles afin de préserver la vie privée. C'est donc un moyen pour les autorités de définir où l'épidémie peut se déplacer et où les besoins en soins risquent de tourner court.

Google a également mis à disposition des gouvernements qui le demandent les données anonymes de géolocalisation des utilisateurs de l'application Google Maps. L'idée est de cerner la propagation géographique et l'effet de la distanciation sociale (télétravail et confinement) sur le pic d'incidence. Google précise qu'il respecte la vie privée de ses utilisateurs car les données sont présentées sous forme de graphiques, sans aucune donnée personnelle. Ces graphiques sont disponibles pour plus de 100 pays (à l'exception de la Chine et de la Russie), et on a observé par ce biais, à la date du 29 mars en France, une réduction de 88 % de la fréquentation des lieux de divertissement et de 72 % des magasins d'alimentation et des pharmacies.

Google lance une nouvelle fonctionnalité sur Google Maps, Coronalert, qui permet de suivre l'évolution de l'épidémie. Les données sont mises à jour une fois par semaine, un chiffre insuffisant dans la phase exponentielle de la courbe. L'application est disponible dans les systèmes d'exploitation de type Android et iOS. L'utilisateur a ainsi une vision immédiate du taux de contamination par 100 000 habitants, dans la région où Google Maps l'a localisé.

Défiance et réticences à l'égard des autorités

Essayons d'éviter des dérives qui ne font qu'exacerber la méfiance et la non-conformité de la population aux gestes barrières essentiels. En Russie, selon l'agence Associated Press, l'application qui doit permettre aux citoyens d'envoyer des selfies aux autorités, en guise de preuve de confinement, contient tellement de ratages et de bugs informatiques que les utilisateurs sont inondés d'amendes (56 dollars à chaque infraction). Rien de tel pour exacerber la défiance ! En Israël, le pistage policier a été interrompu : les données de géolocalisation des téléphones portables étaient utilisées pour contrôler les obligations d'isolement. Cette démarche a été qualifiée de violation de la vie privée par les parlementaires. Mais le Shin Bet, le service de sécurité intérieure, continue de pister les déplacements des personnes testées positives au virus, tout en affirmant que les données sont effacées après une semaine. Pas certain que les Israéliens croient cette déclaration des services secrets…

Les lanceurs d'alerte, à l'instar de l'emblématique Edward Snowden, nous mettent en garde contre ce glissement : nous acceptons aujourd'hui d'accorder plus de pouvoir à nos gouvernements, y compris de les laisser mettre en place des mesures intrusives qui entravent nos libertés personnelles et nos démocraties. Alors, pouvons-nous leur faire confiance ?

Cette inquiétude est relayée par l'Autorité de protection des données en Belgique, mais aussi par la Ligue des droits de l'homme et Amnesty International.

En France, un sondage Odoxa d'avril 2020 montre que 62 % des citoyens sont disposés à utiliser l'application gouvernementale StopCovid et 17 % y sont farouchement opposés. Il n'est pas étonnant que les jeunes soient visiblement plus enclins (72 % des 18-24 ans, par rapport à 54 % des 65 ans et plus). Ce même sondage révèle que 69 % de la population estime que la France n'utilise pas assez de moyens technologiques pour faire face à la crise sanitaire.

Une étude menée par Avira, un spécialiste de logiciels de protection de données, montre que 71 % des Américains excluent l'idée d'un tel traçage. Les plus réfractaires sont les personnes qui travaillent pour le gouvernement et les professionnels de soins. Peut-être sont-ils plus conscients que les autres des manquements en matière de sécurité des données, particulièrement si celles-ci sont stockées de façon centralisée ? L'étude révèle que 40 % des répondants déclarent ne pas faire confiance, quelle que soit l'organisation. Un tiers des sondés font étonnamment confiance à Google et Apple, 28 % à Microsoft et, en bon dernier, 14 % seulement au gouvernement !

Dans le royaume de Belgique, la décision a été prise de pratiquer le traçage par téléphone dans un premier temps. La personne pour qui le test de dépistage revient positif est censée être appelée, mais en réalité seule 1 personne sur 5 est contactée. Ce traçage est mis en place sous la houlette de Frank Robben, personnage sérieusement remis en question par les médias flamands du pays, car soupçonné de conflits d'intérêts multiples : d'une part, son mandat à l'Autorité de la protection des données (APD) est illégal, car les membres de cet organisme, destiné à empêcher l'État de violer des règles en matière de protection de données, n'ont pas le droit d'exercer un mandat public ; d'autre part, il est à l'origine du Comité de la sécurité de l'information (CSI), qui est en charge d'autoriser quiconque à puiser dans ces données. Ce CSI a par ailleurs été érigé contre l'avis de la Commission européenne et du Conseil d'État, car contraire au RGPD et à la Constitution belge. Olivia Venet, présidente de la Ligue des droits de l'homme, souligne qu'il s'agit d'une représentation feinte de la démocratie et considère que le contrôle des citoyens est démesuré. Après un tel déballage médiatique, il n'est pas certain que le citoyen lambda ait encore envie d'adhérer à un tel traçage...

Les autorités anglaises ont finalement une préférence pour une approche centralisée (solution développée par le NHS, unité du gouvernement chargée de définir la politique nationale pour la technologie, le numérique et la gestion des données) et rejettent donc l'option Apple-Google. Un rapport anglais souligne les limites des techniques du CTP : accessibilité de la population au numérique, volontariat de participation, couverture du réseau, protection de la vie privée. Les rédacteurs du rapport pensent qu'il faut mettre en place un groupe multidisciplinaire (Group of Advisors on Technology in Emergencies) afin qu'il travaille main dans la main avec le Scientific Advisory Group on Emergencies, comme garants.

En France, la question se pose de savoir si le citoyen n'accorderait pas plus de confiance à des solutions promulguées par des institutions de soins, comme l'AP-HP qui collabore avec SFR et l'Inria. SFR s'engage à fournir à l'AP-HP les géolocalisations, anonymes et agrégées, de ses clients afin de faciliter la tâche de l'organisation des soins en donnant une prévision d'un possible afflux de patients. Les chercheurs de l'AP-HP utilisent ces données fournies par SFR pour analyser la mobilité avant et après confinement, et intègrent par la suite ces données afin de modéliser la diffusion du virus dans la population. Il ne s'agit donc pas d'un vrai CTP, même si on utilise la fonction de géolocalisation du téléphone portable.

En Belgique, trois entreprises ont développé une application Flattening the Curve, disponible gratuitement, qui avertit les utilisateurs sur les endroits où plusieurs cas ont été diagnostiqués, et où le risque de contamination est élevé. L'utilisateur est donc lui-même géolocalisé à tout moment. Les données obtenues sont mises à disposition des autorités et des centres de recherche.

En Islande, le pistage gouvernemental Rakning C-19, qui utilise les coordonnées GPS des smartphones, ne donne pas les résultats attendus : seuls 38 % ont accordé leur confiance à l'application. Selon les scientifiques du MIT, ce type de traçage devrait être largement plébiscité par la population pour qu'il puisse porter des fruits.

Le gouvernement australien a pour sa part validé COVIDSafe. Dès son lancement et en vingt-quatre heures, l'application a été téléchargée 2 millions de fois, ce qui n'est pas négligeable dans un pays qui compte un peu plus de 25 millions de citoyens.

Reprise des activités sous haute protection

Les mesures barrières font désormais partie du paysage sociétal et vont pénétrer définitivement nos lieux de travail. Anthony Fauci estime aujourd'hui que nous ne devrions peut-être plus jamais envisager de nous serrer la main à l'avenir, un choc culturel quand employés, collaborateurs et collègues ont l'habitude de se saluer le matin en se donnant la bise en guise de bonjour. Ce geste est devenu socialement inacceptable, définitivement à proscrire.

Les lieux de travail, les moyens de transport, les institutions d'enseignement et d'éducation, les installations sportives et les lieux de divertissement nécessitent des adaptations en urgence afin de permettre une reprise progressive de l'activité tout en respectant la sacro-sainte distanciation physique. Une mesure protectrice certainement plus simple à mettre en place dans les grandes entreprises que dans les PME. Les lois et règles qui régissent le monde du travail vont devoir s'adapter à cette nouvelle « normalité ». En France, par exemple, la loi qui précise les « modalités de délibération des assemblées et organes dirigeants des personnes morales et entités dépourvues de personnalité morale de droit privé » a été modifiée en urgence pour faire face à la nécessité d'abolir immédiatement les réunions en présence physique.

Le non-respect de ces nouvelles règles dans le milieu de travail sera dénoncé par les syndicats et verbalisé par les autorités. Et si ce ne sont pas les autorités qui interviennent de façon énergique, le virus nous sanctionnera. En Corée du Sud, par exemple, une flambée de nouveaux cas a fait suite à une baisse de vigilance pendant un *revenge shopping*, à la réouverture des magasins. Dans le quartier Itaewon à Séoul, réputé pour sa vie nocturne, la reprise de l'activité s'est également soldée par une recrudescence des infections. En Europe, la sortie du confinement et la réouverture des restaurants et bars a été suivie par une montée en flèche des cas testés positifs. Les autorités de différents pays, dont le nôtre, doivent donc imposer de nouveau des fermetures temporaires, voire complètes, pour des périodes déterminées. La foire d'octobre, véritable institution et très populaire dans la « cité ardente » (Liège), autorisée par le bourgmestre, sera annulée à seulement quelques jours du début de l'événement, au désespoir des forains pour qui l'année 2020 est une véritable *annus horribilis*.

Il va falloir être prudent et inventif. Notre façon de travailler doit être revue à la lumière des risques de contagion. Ainsi, certains dirigeants d'entreprises décalent les horaires d'arrivée des employés afin d'éviter qu'ils se retrouvent entassés au même moment dans les locaux communs exigus, comme les vestiaires. D'autres font appel à la technologie pour inciter les travailleurs à respecter la distanciation physique, tel le bracelet électronique de Rombit porté par les ouvriers du port d'Anvers. Ce système était utilisé pour assurer la sécurité sur ce lieu de travail réputé dangereux (avertir les employés de l'approche d'un véhicule, lancer l'alerte si quelqu'un tombe à l'eau ou donner accès à des zones de contrôles aux personnes autorisées), puis l'application a été détournée pour sonner l'alarme dès que l'on s'approche trop près d'une autre personne. VitalTech de Zebra peut enregistrer une distanciation non respectée et sait également avec qui vous êtes. Safe Distance (produit par la start-up Lopos, issue de l'université de Gand) est utilisé par certaines compagnies de la construction, et ne coûte que 99 dollars l'unité. Le problème de ces dispositifs réside dans le traitement des informations collectées sur les employés.

Dans le secteur de l'éducation, on divise les élèves/étudiants en petits groupes afin d'en limiter le nombre dans un local. Pour appliquer cette règle, il faut réduire le nombre d'heures d'enseignement en présentiel pour chacun d'eux et basculer sur un modèle d'enseignement virtuel. Si le confinement a été difficile à mettre en place, le retour au travail et dans l'enseignement l'est bien plus. Le virus est le même partout, et pourtant on observe des différences majeures entre pays voisins comme la France et la Belgique, quand il s'agit d'ouvrir à nouveau les écoles. La divergence des directives est telle qu'on en perd son latin. En France, à un moment donné, il est strictement interdit de se réunir sur la voie publique à plus de 10 personnes, mais on autorise des classes de 15 élèves, en argumentant que les moins de 15 ans sont moins porteurs et transmettent moins la maladie. Certes, il peut être difficile de faire comprendre aux jeunes gens qu'il faut respecter la règle de la distanciation physique. On peut aisément comprendre qu'ils sont ravis de se retrouver enfin après de longs mois d'isolement, et la limitation des brassages est impossible à mettre en place. On verra une progression rapide des nouvelles contaminations dès la reprise universitaire. Certaines écoles chinoises, toujours pragmatiques, ont décidé d'équiper leurs élèves d'un couvre-chef étonnant, doté de deux languettes d'une longueur telle qu'elle doit les inciter à maintenir la distanciation requise. Ils se sont très certainement inspirés de la dynastie des Song (entre 960 et 1279 apr. J.-C.), les hauts dignitaires de la cour impériale étaient effectivement équipés de chapeaux dotés d'appendices latéraux horizontaux, qui devaient les empêcher de se rapprocher physiquement, afin d'éviter messes basses et complots.

> ***Comment sécuriser lieux de travail et lieux publics ?***

Le virus peut survivre sur des surfaces, dont la durée dépend de la qualité des matériaux: vingt-quatre heures sur du carton, et de deux à trois jours sur du plastique ou du métal. La désinfection des surfaces est heureusement très facile et efficace, puisqu'une solution contenant au moins 62 % d'alcool, ou 0,1 % d'hypochlorite de sodium (eau de Javel), l'inactive quasiment instantanément. Une équipe de l'université des sciences et technologies de Hong Kong affirme avoir développé depuis déjà une dizaine d'années un produit (MAP-1) applicable sur toute surface, capable d'inactiver plusieurs virus, y compris le SARS-CoV-2. Le seul inconvénient de ce produit est son prix, trop cher pour les particuliers, mais peut-être accessible pour le monde du travail et les hôpitaux.

En revanche, la persistance du virus dans l'air ambiant est un problème plus complexe à résoudre. Le SARS-CoV-2 survit approximativement trois heures dans l'air. Comment protéger les personnes dans de telles conditions ? Dans les universités du Michigan et du Minnesota, on s'est inspiré dès le début de la crise sanitaire d'une technique utilisée dans les porcheries, dans lesquelles les animaux sont particulièrement sensibles aux virus respiratoires (PRRSv[54]). Ils ont développé un réacteur capable de produire des particules chargées, obtenues par l'application de différentes énergies électriques à des gaz inertes. En résulte un gaz partiellement ionisé (*cold plasma*). Ces particules de gaz chargées sont capables d'inactiver le virus efficacement dans l'air ambiant. D'autres industriels proposent le principe de l'oxydation photoélectrique, déjà utilisé dans certains hôpitaux américains pour filtrer l'air efficacement. Ce principe est basé sur le passage de l'air contaminé dans un tunnel où rayonnement UV et oxydation électrique (ionisation de l'air) détruisent le virus. À l'université de

Houston, on compte sur la chaleur pour détruire le virus, en faisant passer l'air par un filtre capable de chauffer à 200 °C.

Le MIT à Cambridge collabore avec une start-up, Ava Robotics, pour développer un robot autonome qui désinfecte l'air et les surfaces avec des rayons UV. Le but est de limiter autant que possible l'exposition du personnel aux agents infectieux. Cette technologie, déjà utilisée dans des entrepôts, a été transposée dans les hôpitaux. On envisage aussi l'utilisation des UV-C pour la stérilisation des masques de protection. Il faut pour cela des systèmes complexes, qui exposent de façon homogène la totalité des surfaces du masque, et cela n'est pas simple.

Chapitre 9

Enjeux et mutations dans le secteur des soins

La transition numérique : l'importance des données de santé

Si on a tendance à marteler, et c'est nécessaire, que les moyens de lutte contre la pandémie sont ceux qui constituent le quintet classique (distanciation physique, dépistage, traçage des contacts, isolement et traitement), on ne peut passer à côté d'un sixième élément incontournable : les données. Quand on évoque les données, on réfléchit en termes de volume (quantité), de véracité (qualité, donc données complètes et vérifiées), de variabilité (provenant du plus de sources possibles) et de vélocité (rapidité d'accès). Elles sont essentielles pour comprendre la pandémie, et elles doivent permettre d'y répondre de façon efficiente, rationnelle et documentée.

Le partage des données, un impératif

Le *Journal of the American Medical Association* établit trois constats en la matière :

1) 1 patient sur 5 découvre des erreurs dans son dossier (diagnostic, anamnèse, traitements). Dans 40 % des cas, il s'agit d'une erreur grave. La crise sanitaire a permis d'éclairer les lacunes à tous les niveaux, y compris gouvernemental où beaucoup de données essentielles sont manquantes et empêchent donc une gestion performante de la crise sanitaire. On a par exemple observé au CDC que, pour les cas rapportés de COVID-19 (infor-

mations transmises par téléphone ou par fax, moyens obsolètes !), il manquait des données essentielles dans 90 % des dossiers, comme l'âge, le genre ou la race. Suite à ce constat lapidaire, les responsables du CDC veulent instaurer une application qui permette de générer un rapport électronique instantané, à partir du dossier médical personnel ;

2) Dans le secteur médical, le partage des données souhaité par les instances du CDC est loin d'être un principe universellement accepté, ni techniquement possible. L'échange de l'information essentielle doit dépasser les frontières du secteur des soins (l'hôpital ou la pratique libérale). Tous les autres prestataires de services et de soins, qui gravitent autour des multiples dimensions qui constituent la santé individuelle et sociétale, doivent être englobés dans ce partage essentiel d'informations. Les décideurs politiques doivent prendre conscience rapidement de l'utilité et de la nécessité de cette interopérabilité, et tout mettre en œuvre pour enlever les barrières réglementaires. Il doit y avoir des incitatifs pour que tous les acteurs du terrain y adhèrent pleinement. Les industriels qui travaillent sur la technologie doivent être sensibilisés au problème et incorporer d'emblée des solutions dans toutes les propositions techniques faites aux utilisateurs. Les observateurs du monde des soins sont unanimes sur la question : nous passons d'une situation du « Je pourrais partager très éventuellement ces données » à « Je dois le faire pour le bien de tous ». Pendant cette crise, on a pu constater que des instances gouvernementales ont, de façon rapide et provisoire, allégé les règles strictes en matière d'échange de données, allant jusqu'à admettre que certains fournisseurs de solutions techniques et leurs utilisateurs cliniques ne devaient pas – du moins dans un premier temps – répondre à l'entièreté des exigences soumises à la loi sur la gestion électronique et la dématérialisation

de l'assurance maladie aux États-Unis (HIPPA), en insistant toutefois sur l'utilisation sécurisée de telles données personnelles hautement sensibles;

3) La culture dans le monde des soins doit évoluer, et les soignants doivent se familiariser avec une approche analytique des données.

Plusieurs instances officielles et privées vont plaider pour le principe de l'*open data*. Le docteur Deborah Birx a mentionné à maintes reprises combien il est crucial d'avoir accès à de colossales quantités de données agrégées, afin de pouvoir prendre des décisions éclairées. Il ne s'agit pas seulement d'avoir des informations superficielles sur les caractéristiques de base des patients et des traitements (quel médicament appliqué par perfusion, quelle dose et quelle fréquence). Pour elle, il faut aller plus loin aujourd'hui, puisque la technique nous permet d'accéder à une multitude d'autres sources potentielles de données, comme celles propres aux systèmes de perfusion ou les respirateurs connectés. Malheureusement, il s'agit encore de la chasse gardée des constructeurs qui chérissent leur format propriétaire non standardisé et rendent non échangeables les données, du moins pas sous leurs formes actuelles. Birx conclut que la simple documentation des soins n'est plus suffisante, car les vies de centaines de milliers d'individus et l'économie mondiale dépendent de l'accessibilité aux données multiples.

La Commission européenne a lancé une plateforme de partage de données, accessible aux chercheurs du monde entier. Elle contient, par exemple, des séquençages d'ADN, des structures de protéines, des résultats de recherche préclinique et clinique et des données épidémiologiques. Elle se positionne donc radicalement en faveur de cette mouvance d'*open source*, afin de la rendre plus efficiente, plus fiable et plus réactive aux défis sociétaux. En même temps, elle teste l'initiative European Open Science Cloud, qui vise à offrir un environnement sécurisé aux chercheurs.

Aux États-Unis, la FDA collabore avec la société Aetion (basée à New York). Celle-ci met à disposition sa technologie (Evidence Platform System), et ensemble ils se concentrent sur la collection des *real world data*[55], afin de transformer cette manne d'informations en *real world evidence*[56].

L'institut de recherche Scripps participe à un effort national (National COVID Cohort Collaborative N3C), mené par le NIH et financé par le National Center for Advancing Translational Research. Le but est de développer l'approche analytique des données issues des dossiers médicaux, afin d'améliorer la prise en charge et de prédire le devenir d'un patient particulier. Mais pour que la démarche aboutisse, ils insistent sur la nécessité impérieuse d'avoir un enregistrement standardisé des données médicales.

Cette volonté d'accéder et de partager les données avec les chercheurs se retrouve aussi chez des acteurs privés. Cerner et Amazon Web Services (AWS) ont décidé de collaborer pour mettre à disposition les données stockées et anonymes sur la plateforme HealtheDataLab (hébergée par AWS). Il s'agit de données multiples et variées (pas simplement les données cliniques ou les résultats de laboratoire). En enrichissant cette base avec des notions socio-économiques par exemple, on anticipe que les modèles d'IA seront à même de prédire le devenir d'un patient, en tenant compte de son environnement social et économique.

La variabilité des données, une plus-value

Collecter des quantités de données considérables permet aussi de mettre en exergue des observations inattendues. Le NHS anglais, en collaboration avec des centres académiques (l'université d'Oxford et la London School of Hygiene & Tropical Medicine), a analysé le contenu des dossiers médicaux de 17,4 millions de résidents afin d'évaluer les facteurs de risque d'aggravation de maladie. L'utilisation des données provenant de la plateforme OpenSAFELY (utilisée par les généralistes) permet de confirmer des facteurs de risque connus, comme le genre, l'âge, le diabète non contrôlé et l'asthme sévère. Les chercheurs ont observé un point particulier: le risque de mourir à l'hôpital est largement plus important pour les Asiatiques et les Noirs, et cette majoration significative du risque n'est que partiellement attribuable aux facteurs de risque précités.

Un autre élément est apparu pendant cette crise : la surveillance des maladies par *crowdsourcing*[57], c'est-à-dire la récolte des données mises à disposition par des volontaires via des réseaux sociaux. Les problèmes liés à cette approche sont, d'une part, la représentativité des participants (cette tranche de la population peut être différente de celle qui nous intéresse); d'autre part, la qualité des données obtenues par ce biais ; et enfin, bien entendu, la protection des données.

Il devient de plus en plus évident qu'il faudra appliquer les principes de la science des réseaux au monde de la santé. Un précurseur dans ce domaine médical est le professeur Albert-László Barabási, physicien hongrois et directeur du Centre pour la recherche sur les réseaux complexes à l'université Northeastern, et membre associé du Centre de la biologie des systèmes cancéreux du prestigieux institut du cancer Dana-Farber, à l'université Harvard. Les interactions entre les nœuds d'un système peuvent être interprétées par des modèles mathématiques, et cette approche est aussi d'application dans le domaine de la santé. Cette théorie a été utilisée par Barabási et son équipe pour identifier, par exemple, des protéines humaines qui se lient potentiellement aux 26 protéines du coronavirus. Ce type d'approche permet de rechercher, dans l'arsenal pharmacologique à notre disposition, les molécules qui peuvent altérer cette interaction. Ce faisant, ils ont identifié plusieurs candidats qui n'interagissent pas directement avec les protéines, mais comme ce nœud fait partie d'un réseau plus large, l'influence sur un nœud adjacent à ce dernier peut quand même l'altérer. Cette science des réseaux nous apprend aussi que l'explication de la maladie et de son devenir peut dépendre d'une multitude de facteurs qui font partie des nœuds d'un réseau, ce qui souligne l'importance de la quantité et surtout de la variabilité des données.

La protection des données, une condition

En plein milieu de cette crise, des débats politiques ont émergé aux quatre coins du monde concernant la sensibilité des données personnelles. En France, le Health Data Hub, qui est destiné à remplacer le Système national des données de santé, a été attaqué devant le Conseil d'État par plusieurs associations et personnalités qui estiment que cette démarche de création de base de données centralisée est une atteinte grave et irréversible aux droits des citoyens. Cette plateforme à terme doit centraliser toutes les données, dans le cadre d'un acte remboursé par l'assurance maladie, et permettre de développer des algorithmes d'apprentissage automatique. Pas étonnant que la CNIL ait émis un avis plutôt sévère sur l'accélération de la mise en place d'une telle plateforme, critiquant la précipitation et surtout la possibilité d'un transfert des données vers les États-Unis pour y être stockées et traitées. Il est vrai que, conformément au Cloud Act[58], les autorités américaines peuvent y avoir accès.

Aux États-Unis aussi, des sénateurs du Parti républicain ont introduit un projet de loi (COVID-19 Consumer Data Protection Act) qui vise l'augmentation de la transparence en matière de gestion de données sensibles. Ils veulent exiger un consentement formel des consommateurs afin qu'ils autorisent l'utilisation de leurs données personnelles, tout en ayant été éclairés sur les modalités de stockage et d'utilisation. Le consommateur a le droit à tout moment de sortir du système. Cela ressemble très fortement au RGPD en vigueur dans l'Union européenne.

En Belgique, Sciensano s'est retrouvé en pleine tempête à cause de l'illégalité de la récolte centralisée des données. L'Autorité de protection des données a relevé de nombreuses infractions au RGPD et dénonce une centralisation injustifiée, par ailleurs certaines données récoltées n'ont a priori pas de lien direct avec la crise sanitaire en cours, comme le numéro de la Banque-Carrefour des entreprises (qui est une base de données du Service public fédéral Économie). Les pro- et anti-RGPD sont à couteaux tirés sur la problématique des données de géolocalisation. Mais, selon les experts juridiques, du moment qu'il s'agit de données anonymes, la réglementation du RGPD n'est plus de mise. Il est utile à cet effet de rappeler le contenu du règlement 26 :

> *Il n'y a pas lieu dès lors d'appliquer les principes relatifs à la protection des données aux informations anonymes, à savoir les informations ne concernant pas une personne physique identifiée ou identifiable, ni aux données à caractère personnel rendues anonymes de telle manière que la personne concernée ne soit pas ou plus identifiable. Le présent règlement ne s'applique, par conséquent, pas au traitement de telles informations anonymes, y compris à des fins statistiques ou de recherche*[59]. CQFD.

De toute façon, ce débat est loin d'être clos, car en cas de pandémie nous devons savoir, pour le bien de la société, qui est atteint et avec qui la personne infectée a été en contact afin d'éviter efficacement la propagation de la maladie virale. Il est plus que probable que cette crise sanitaire mondiale bouge les lignes en matière de récolte et de gestion de données, car il faut trouver un juste équilibre entre l'avantage indiscutable de partage des données et la protection souhaitée et souhaitable de la vie privée et des données personnelles. Selon Petra Wilson, le directeur du programme européen du Personal Connected Health Alliance (alliance entre différentes parties prenantes qui visent la mise en place accélérée d'un écosystème de soins connecté), il est clair que les données deviendront un critère fondamental du bien commun, si elles forment le pilier des structures institutionnelles.

Le dossier médical informatisé actuel, un outil obsolète

La pandémie mondiale a permis d'éclairer les défaillances existantes dans les dossiers médicaux informatisés (DMI). Ces logiciels sont taxés par certains de « monolithes inébranlables », qui ne s'adaptent ni au flux des patients, ni aux nouveaux besoins (en qualité et durée de soins, par exemple), particulièrement ceux qui émergent en temps de crise. Ils sont souvent très adaptés à un site particulier et ne sont pas suffisamment souples pour permettre d'exporter les données vers d'autres sites. L'information médicale (pour autant qu'elle soit variée et fiable) et organisationnelle doit s'échanger rapidement, cependant force est de constater que les DMI actuels ne répondent pas à ce besoin. L'information médicale n'y est pas, ou peu, structurée, et rarement standardisée dans un format aisément interchangeable. Ce qui empêche l'exploitation des données regroupées, donc la récolte de connaissances essentielles pour la compréhension de la maladie, de la réponse aux traitements et de la gestion optimale des ressources. Ces lacunes connues ont été maintes fois mises en lumière par les professionnels de soins. L'American Medical Association a d'ailleurs fait part d'une liste de six éléments essentiels à modifier pour réduire la crise de *burn-out* auprès des médecins, et le DMI figure en haut du classement. On admet que 40 % du *burn-out* médical est attribuable au fait que la priorité dans le DMI a été donnée aux démarches de facturation, au détriment de la gestion des soins. Ces dossiers ne sont absolument pas adaptés, ni aux demandes du corps soignant, ni aux besoins des utilisateurs. L'accélération exponentielle de la mise en place d'interfaces de programmation d'application facilite la transition du DMI classique vers une solution de type plateforme, et cela représente une première étape dans l'intégration standardisée de diverses applications. La crise a donc fait sauter une des principales barrières qui faisait obstruction à la mise en place aisée et rapide de nouvelles technologies dans le secteur médical. Ces anciens DMI, installés depuis de nombreuses années, ne sont pas non plus adaptés, par exemple, à la mise en place rapide de contrôle à distance des patients (renvoyés chez eux avec un diagnostic d'infection, mais considérés comme suffisamment stables), moyennant le suivi rapproché et continu de signes vitaux. Le succès des vendeurs de DMI dépendra de la rapidité et de l'efficacité avec laquelle ils vont négocier ce virage, et surtout rendre l'utilisation de ces plateformes intuitives. Le flux de données diverses, multiples et variées devra être transformé en information utile. Devant la quantité, la seule approche réaliste est l'utilisation de l'IA. L'information utile et contextualisée devra être présentée sous un format ergonomique pour les médecins.

L'intelligence artificielle, utile pour la prochaine pandémie

On ne peut être qu'impressionné par le logiciel BlueDot qui, parmi d'autres, est capable d'annoncer une pandémie à venir. Pour autant, cet avertissement ne nous a pas préservés de la crise sanitaire mondiale. Serons-nous en mesure d'agir plus vite la prochaine fois ? Encore faut-il que nous tirions les leçons de la crise actuelle et que nous procédions à des changements majeurs.

Pour être efficace, l'IA doit avoir accès aux données, et c'est justement là que le bât blesse. Les données doivent être le plus possible rassemblées, ce qui est loin d'être le cas aujourd'hui. Quand il s'agit de pandémie mondiale, la collecte et la centralisation des données ne doivent pas se limiter aux confins régionaux ni nationaux. Les citoyens de la plupart de nos pays ne font déjà pas confiance à leurs propres gouvernements. Comment, dès lors, peuvent-ils faire confiance à des instances supra-gouvernementales, régulièrement décriées pour leur trop grande ingérence sur les territoires nationaux respectifs ? Et pourtant, le nombre de décès de la prochaine crise sanitaire mondiale va essentiellement dépendre de notre capacité à faire confiance à cette centralisation de données sanitaires individuelles au bénéfice de tous.

La télémédecine, feu de broussaille ou démarche pérenne ?

La télémédecine, plébiscitée pendant la crise sanitaire, présente plusieurs avantages :

- Déterminer si le patient est à risque d'infection et effectuer un triage en toute sécurité pour le soignant ;
- Superviser les patients chroniques, qui sont assez fréquemment ceux les plus à risque en matière de mortalité secondaire à la COVID-19 ;
- Réduire significativement le risque d'exposition pour le personnel soignant ;
- Minimiser le nombre de déplacements automobiles (500 000 par jour en Île-de-France, soit environ 1 % de l'ensemble des déplacements).

Une comparaison internationale montre qu'aux États-Unis, 63 % des professionnels de soins ont recours à la téléconsultation, contre 44 % en Europe et, étonnamment, seulement 26 % en Asie (Chine et Japon). La majorité des médecins (60 %) estime qu'ils vont continuer à l'utiliser, et 20 % intensifieront son utilisation dans leur routine journalière. Les patients vont-ils continuer dans la voie de la téléconsultation ? Les sociétés qui proposent ce type de solutions vont-elles pouvoir fidéliser la clientèle ? Selon le directeur de l'assurance maladie en France, Nicolas Revel, la télémédecine n'en est qu'à ses débuts. Dans l'Hexagone, 5 000 médecins utilisaient ce procédé avant la crise, aujourd'hui ils sont 40 000, dont 30 000 généralistes. En Belgique, en plein milieu de l'été, l'Institut national d'assurance maladie-invalidité comptabilise déjà plus de 3 millions de consultations à distance, essentiellement par téléphone. Dix mille médecins ont fourni 656 000 avis par téléphone concernant le triage. Ces chiffres seraient globalement sous-estimés. Que restera-t-il de cet engouement après la fin de la crise ? Les acteurs principaux augmentent déjà leurs capacités, dans la perspective de la pérennisation de la demande.

Seront-ils capables de proposer une solution durable à des patients qui préfèrent avoir un seul interlocuteur ? Les grandes plateformes proposent effectivement un accès n'importe où et à n'importe quel moment, mais le patient ne sait pas qui va le prendre en charge.

En effet, ne pas communiquer avec le même thérapeute peut être un facteur limitant. C'est le constat qui ressort d'un rapport publié par Sykes (multinationale américaine spécialisée dans l'externalisation des processus commerciaux) : 23 % des Américains ne sont pas confortables à l'idée d'être confrontés à un prestataire de soins non familier. Fort heureusement, de plus petites compagnies de téléconsultation, comme Hopdoc, essaient de résoudre ce problème pour réinstaurer une relation de confiance entre le soignant et le soigné, en proposant aux médecins généralistes des solutions techniques simples, accessibles, flexibles et adaptées à leurs pratiques médicales, et qui répondent par ailleurs aux nouvelles demandes des consommateurs-patients qui veulent garder leur médecin habituel, y compris en télémédecine.

L'enquête menée par Primary Care Collaborative rapporte que 20 % des cabinets médicaux de première ligne pourraient fermer. Hormis les généralistes qui ont été touchés, toutes les interventions électives non urgentes ont également été retardées. L'annulation de ces interventions a d'ailleurs été demandée par les autorités afin de préserver la capacité de lits en soins intensifs et d'épargner le matériel de protection personnel. De toute façon, des enquêtes menées auprès des patients montrent qu'au moins 40 % d'entre eux se disent tellement inquiets qu'ils évitent de passer par les hôpitaux et les urgences, et que 10 % sont tellement stressés qu'ils n'envisagent même pas de consulter en présentiel. Une autre enquête menée aux États-Unis signale par ailleurs – et le constat est de mauvais augure pour la couverture médicale du pays déjà en difficulté – que 18 % des médecins interrogés vont ou envisagent de remettre leur plaque plus rapidement que prévu, à cause des pertes financières accumulées pendant le *lockdown*.

La firme McKinsey estime que le nombre de consommateurs potentiels dans le monde est passé de 11 % en 2019 à 76 % en 2020. Les professionnels de soins déclarent faire de 50 à 175 fois plus de téléconsultations qu'avant la crise de la COVID-19, et leurs impressions sont en majorité positives. Les analystes de la firme pensent que ce *shift* imposé par l'urgence sanitaire a le potentiel d'améliorer la qualité des soins, par le biais d'un meilleur accès, une meilleure expérience patiente, de meilleurs résultats et un coût moindre, donc une approche globalement plus efficiente. Il reste à déterminer comment associer de façon optimale les modalités de communication (présentielle et virtuelle), partant du principe que chacune a sa propre valeur ajoutée selon Joe Kvedar, le président de la Société de télémédecine américaine. Les professionnels de soins vont devoir définir les conditions particulières qui nécessitent la présence physique du patient, créer de nouveaux trajets de soins et se former à ces nouvelles manières de travailler. La nécessité de redéfinir la prise en charge, en considérant que tout ne sera pas possible en téléconsultation, explique peut-être pourquoi un rapport rédigé par le Commonwealth Fund signale un plateau dans cette croissance de consultations en ligne. La majorité des prestataires de soins restent néanmoins intimement convaincus qu'un retour vers une activité en présentiel est peu probable.

Pour que cette solution perdure, les barrières doivent être levées : elles sont culturelles (au niveau des soignants et des soignés, ainsi qu'au niveau des payeurs), techniques (tant au niveau de la couverture du territoire afin de permettre une accessibilité ubiquitaire, qu'en matière de possibilité d'acquérir et de manipuler les outils digitaux, particulièrement dans les groupes socialement et économiquement fragiles et défavorisés), ainsi qu'économiques (le remboursement de tels actes doit être repris dans la nomenclature). Il faudra donc plus que la possibilité de se connecter en vidéo. Un des mots-clés de ce nouvel écosystème est la « sécurité » en matière d'échanges. Le déploiement ultrarapide de certaines solutions techniques a eu lieu sans se préoccuper des vulnérabilités des dispositifs proposés, ouvrant la porte aux piratages informatiques. Quand on entend qu'un utilisateur de la plateforme Babylon, voulant un renouvellement de prescription, est tombé accidentellement sur une cinquantaine de vidéos de consultations connectées ne le concernant pas, on se pose quelques questions sur la protection des données relatives à la vie privée !

Cette solution ne contente pas tous les médecins, du moins selon le président du syndicat des généralistes en France, le docteur Jacques Battistoni. Il demande, un peu à contre-courant, un arrêt immédiat du remboursement et un retour en arrière en matière de téléconsultation. L'Association des entreprises de télémédecine rétorque que le plus important est d'apporter sur le territoire national une composante médicale qui semble faire défaut dans nombre de régions. Des enquêtes menées par les chercheurs de la Mayo Clinic démontrent que les patients y voient une valeur ajoutée : ils sont satisfaits du contact interpersonnel et de la construction d'une relation avec le soignant, même par écran interposé. La plupart des répondants ont d'ailleurs demandé aux investigateurs la raison pour laquelle les soins en première ligne ne pouvaient être organisés de cette façon. N'en déplaise aux responsables syndicaux des corporations médicales !

Cette télémédecine demandée par une grande majorité des patients va transformer profondément le monde des soins, tout comme d'autres applications du monde numérique (le traçage de contact, le monitoring à distance, l'utilisation d'objets connectés pour le suivi en continu de paramètres vitaux). L'implémentation de cette technologie dans le monde des soins vient seulement de démarrer. Elle est visiblement poussée par la demande conjointe des soignés et des soignants. Il faut veiller à ce que son utilisation, pour tous les acteurs impliqués, reste simple, accessible et que l'interopérabilité entre différentes plateformes soit assurée. La firme McKinsey estime que 250 milliards de dollars du financement de l'approche classique pourraient passer vers ce modèle de soins en virtuel. Certains clament que 80 à 90 % des consultations pourraient être virtuelles. Pour obtenir un tel succès, il faudra former les soignants à l'utilisation optimale de ces nouveaux outils. Ce que font déjà les associations professionnelles et les sociétés savantes, comme l'American Medical Association, qui établissent des formations et des guides pour aider les professionnels des soins à mettre en place de telles pratiques. En Angleterre, le NHS, qui recommande une adoption bien plus large de ces technologies, plaide pour une formation et envisage la réalité virtuelle pour l'appliquer.

Révolution de la santé connectée : le suivi du patient optimisé

La téléconsultation a connu un essor foudroyant pendant la crise sanitaire. Hormis l'anamnèse à distance, la prescription et le renouvellement des médicaments, l'écosystème connecté permet d'aller plus loin et de fournir des paramètres physiologiques objectifs et mesurables[60]. Le but est de garder le patient à domicile et de ne pas surcharger le secteur hospitalier en pleine crise. Nombre de ces applications sont excessivement simples à l'emploi et permettent au patient de récolter lui-même ces données (de façon continue ou non). Il peut aisément les transmettre à son médecin généraliste ou les faire parvenir sur des plateformes sécurisées, qui pour certaines d'entre elles permettent d'effectuer un suivi automatisé et de générer des alertes personnalisées. Des initiatives nationales ont été lancées, comme en Irlande avec la plateforme patient-Mpower.

Des groupes hospitaliers comme l'AP-HP mettent à disposition gratuitement l'application Covidom : le patient testé positif, confiné chez lui et sélectionné préalablement par le médecin, est introduit dans le système de surveillance à distance. Une fois que le patient a téléchargé l'application, il reçoit régulièrement des questionnaires et, en fonction des réponses, des alertes sont générées Celles-ci initient un processus qui vise une mise en contact entre le professionnel de soin et le patient. En Suisse, l'hôpital universitaire de Genève a développé et mis en place une plateforme digitale similaire en collaboration avec Kaiku Health. Sur base journalière, elle effectue une vérification à distance des symptômes mentionnés par les utilisateurs, dans le but de trier les patients les plus à risque de dérapage respiratoire.

Dispositifs de mesures des paramètres physiologiques à domicile

Toute la technologie est disponible pour doter les patients à domicile de dispositifs biométriques, capables de mesurer des paramètres comme la température, la fréquence cardiaque, la saturation en oxygène, le poids ou le taux de glucose dans le sang. Le capteur est souvent connecté par Bluetooth au téléphone portable, et l'information est envoyée au médecin généraliste ou à d'autres membres de la famille. Idéalement, un logiciel analyse l'évolution des différents paramètres, et génère automatiquement un message d'alerte. Citons quelques exemples de ces nouvelles technologies.

> *Les montres connectées*

Ces objets intéressent de près le monde médical. Des chercheurs de l'institut de recherche Scripps, en Californie, ont publié une étude rétrospective, à partir de la collection de données provenant de multiples utilisateurs de Fitbit (qualité de sommeil et fréquence cardiaque au repos) et ont établi un lien entre ces données physiologiques et le nombre de patients qui signalent un état grippal. Ils ont donc logiquement demandé aux utilisateurs de ces dispositifs (Fitbit, Apple Watch, Garmin, Oura et autres) de partager leurs paramètres afin d'établir un possible lien avec la COVID-19. Ils espèrent que ce type d'approche permette de déboucher sur un signe d'alerte précoce, utilisable également à l'échelle d'une population pour découvrir un foyer épidémique.

Apple a annoncé que sa prochaine montre connectée sera à même de mesurer la saturation en oxygène (technique basée sur 4 LED de couleurs différentes et des diodes qui mesurent la réflexion de la lumière). Ce dispositif permet de mesurer de façon régulière le taux d'oxygène dans le sang, y compris la nuit, quand le sujet dort. Cette saturation est un des paramètres utilisés quand on décide d'hospitaliser un patient qui se trouve en quarantaine chez lui, et pour lequel on suspecte une aggravation de son état clinique.

> *Le thermomètre digital*

Si on se contente de la mesure de la température uniquement, le thermomètre digital connecté développé par Kinsa donne une vue régionale et nationale de la température mesurée par des individus connectés. Ce type de technologie permet de voir apparaître des clusters infectieux et donne l'opportunité aux responsables de santé publique de réagir immédiatement, afin de contenir l'épidémie à sa naissance. À New York, un groupe constitué d'hôpitaux et d'organisations, qui vise l'amélioration de la santé dans la région d'Albany, a distribué 7 500 de ces thermomètres connectés, en priorité à des travailleurs sociaux et à des populations fragiles, car peu médicalisées. Le but est de le tester au niveau local avant d'effectuer éventuellement un déploiement plus large, voire national. VivaLNK, société californienne, collabore avec un hôpital public à Shanghai pour mesurer en continu la température corporelle, sans nécessité de contact entre soignant et soigné. iWEECARE, société à Taïwan, utilise une technologie semblable pour la mesure en continue de la température des patients hospitalisés. Sentinel Healthcare, une compagnie initialement spécialisée dans le suivi digital de patients chroniques à domicile (maladies cardiaques, nerveuses, rénales et pulmonaires), a élargi son offre en y incluant le suivi des patients à risque d'être infectés par la COVID-19, et qui se mettent spontanément en quarantaine à domicile. Les patients utilisent un thermomètre digital connecté et l'algorithme détecte un changement de température ou l'apparition de symptômes, et alerte le personnel médical afin qu'il puisse intervenir.

> *Le patch*

Un produit bien connu par les observateurs du marché des applications biométriques est Vital Patch (de la société VitalConnect). Le dispositif de la firme, positionné sur le thorax du patient, est capable d'enregistrer le rythme cardiaque en temps réel et de façon continue. Il est donc conçu pour déceler la présence de troubles de rythme et informe également sur la température, la fréquence respiratoire et la saturation en oxygène. Il peut aussi s'intégrer à d'autres dispositifs, qui mesurent par exemple la pression artérielle et le poids. La firme le propose autant pour les soins à domicile que pour le suivi continu de patients hospitalisés, mais dans un état non critique. La FDA a octroyé une EUA pour Vital Patch.

Un consortium de sept entreprises a travaillé d'arrache-pied sur un concept de patch comparable à celui de Vital Connect, qui mesure la respiration, la fréquence cardiaque et la température (COVID-19 smart patch). Prioritairement destiné au suivi des patients à domicile, et aux pensionnaires dans les maisons de repos, il est actuellement en test dans un environnement clinique. Une application similaire est BioButton. Ce dispositif posé sur la peau mesure la température corporelle, la fréquence respiratoire et cardiaque au repos, la position du corps, le sommeil et le niveau d'activité journalière. BioButton a une autonomie de fonctionnement de quatre-vingt-dix jours. C'est un dispositif médical à usage unique qui envoie les données vers un serveur central sécurisé, où des algorithmes analytiques sont capables de détecter des anomalies et des tendances, et ainsi générer des alertes.

> *La bague connectée*

La société OURA d'origine finlandaise, dans laquelle Google a investi, s'est alliée à l'université de Californie à San Francisco

(USCF) pour tester sa bague connectée, capable d'enregistrer rythme cardiaque, activité journalière et température. Baptisée TemPredict, l'étude consiste à équiper les soignants du centre médical de l'UCSF et de l'hôpital public général Zuckerberg de San Francisco. Ils proposent également aux 150 000 personnes déjà propriétaires du dispositif de prendre part à cette étude. Les participants partagent des données de santé par le biais de questionnaires journaliers transmis sur leurs smartphones. Le but de cette approche : détecter les signes avant-coureurs de l'infection. Un outil obligatoire pour les joueurs et les membres du staff technique de la NBA : le dispositif leur signale s'ils passent plus de six secondes à une distance inférieure à 1 mètre par rapport à une autre personne également équipée.

> *L'enregistrement ambulatoire*

Même l'analyse de l'enregistrement de la toux est utilisable. C'est une démarche de la société HealthMode en Californie, qui se lance dans l'évaluation de 1 000 personnes à qui on a demandé d'enregistrer leurs toux, qu'elles soient atteintes par la COVID-19 ou non. L'idée est de distinguer un profil de toux indicatif de maladie, et pour ceux dont on sait qu'ils sont infectés tout changement éventuel qui les prédisposerait à une forme grave de la maladie.

> *Le monitoring*

En obstétrique, plusieurs solutions ont été proposées pour prodiguer des conseils, par exemple en matière d'allaitement mais aussi pour le suivi à domicile des paramètres physiologiques de la mère et du fœtus (Avera eCare, ViTel Net). Pour le CEO de Vitel Net, société spécialisée dans le suivi à distance, les barrières ne sont plus techniques mais politiques. La société INVU, basée à Tel-Aviv, a reçu le précieux sésame de la FDA pour la commercialisation d'un système qui permet de suivre de près le rythme cardiaque du fœtus à la maison, sans nécessité de se déplacer chez l'obstétricien. Cette approche à distance répond également à une pénurie prononcée. Aux États-Unis, moins de 1 400 obstétriciens sont comptabilisés dans le pays, et 98 % d'entre eux sont basés dans les villes.

Une étude a été menée auprès de personnes souffrant de pathologies chroniques. Il en ressort que trois quarts de ces personnes sont disposées à porter de tels dispositifs connectés, si ceux-ci sont bien adaptés et prescrits par leur médecin. Seuls 20 % d'entre elles ont reçu une telle prescription et la moitié d'entre elles admet par ailleurs qu'être équipé d'un tel dispositif, et partager cette information avec les soignants, réduirait de façon significative leurs consultations en présentiel. La tendance est donc devenue une nécessité, et les moyens connectés facilitent la transition.

Dispositifs de mesures des paramètres physiologiques aux soins intensifs

Hormis l'évident effet protecteur pour le personnel soignant, on peut aisément imaginer que, du moment où des centaines de patients sont branchés sur des ventilateurs, les spécialistes ne savent plus où donner de la tête. Des hôpitaux, déjà embarqués avant la crise sanitaire dans la recherche de solutions pour une surveillance à distance de patients ventilés (dans la perspective d'une vague liée à la prochaine grippe saisonnière), ont donc accéléré la démarche pour rendre opérationnelle la technologie qui permet cette surveillance à distance, y compris pour le suivi de patients hospitalisés dans des sites satellites géographiquement distants du site mère.

> *Les ventilateurs*

À Yale New Haven Health, situé en plein épicentre de l'épidémie, les ventilateurs – outils qui ne sont pas prévus pour fonctionner comme dispositifs connectés – l'ont été grâce à la technologie de Capsule Technologies. Les spécialistes de la ventilation, les pneumologues ou les médecins spécialisés en soins intensifs ont vu cette innovation d'un très bon œil.

Circadia Health a développé un genre de radar qui mesure la fréquence respiratoire: posé à côté du lit du patient, il ne nécessite aucun contact physique et mesure accessoirement la qualité du sommeil et la fréquence de la toux.

> *La vidéosurveillance*

À Tel Aviv, le centre médical Sheba et l'hôpital Ichilov se sont équipés d'une plateforme de télésurveillance, destinée aux soins intensifs (CLEWICU). Ils ont franchi le pas en plein milieu de la crise. L'IA de la plateforme est entraînée pour détecter en avance les patients qui vont potentiellement se détériorer.

GE Healthcare propose le logiciel Mural Virtual Care, un système qui permet de suivre à distance une centaine de patients hospitalisés aux soins intensifs, sur un ou plusieurs sites. La surveillance «rapprochée», vingt-quatre heures sur vingt-quatre, s'exerce par seulement trois infirmier-ère-s et deux médecins. Le logiciel est mis à disposition gratuitement sur le *cloud* Azure (grâce à une collaboration avec Microsoft) jusqu'à janvier 2021.

Dans le souci de ne pas exposer inutilement les soignants, le Mount Sinai à New York a installé plus de 100 caméras Google Nest dans les chambres des patients atteints par la COVID-19. Ces caméras suivent de façon continue et en temps réel tous les patients, et limitent drastiquement le nombre et la durée d'interventions nécessaires en chambre.

> *Le patch*

Philips General Care a développé un patch cutané pour détecter rapidement toute détérioration de la respiration. Le dispositif mesure la fréquence respiratoire et cardiaque, et ces deux paramètres s'altèrent visiblement largement avant tout changement de la saturation sanguine en oxygène. Approuvé par la FDA, il est essentiellement utilisé quand le patient quitte les soins intensifs pour une autre unité de soins. Il est apposé sur le sternum et peut être maintenu pendant cinq jours. L'information est envoyée par technologie Bluetooth à la solution IntelliVue Guardian de Philips, et l'information est analysée afin de produire un message d'alerte dans le dossier électronique du patient et sur le mobile du médecin en charge.

> *La réalité augmentée*

Des médecins de trois hôpitaux britanniques ont adopté le casque HoloLens 2. Il arbore deux fonctionnalités très intéressantes : la réalité augmentée (visualisation de notes médicales et d'images radiologiques au chevet du patient) et la télé-expertise (celui qui est au chevet partage ce qu'il voit avec d'autres à distance). On estime que l'utilisation de casques de réalité augmentée permet de réduire de 83 % le temps passé au chevet d'un patient et d'économiser significativement le matériel de protection individuel.

Les experts de la société Frost & Sullivan dans un rapport intitulé « Advanced Non-contact Patient Monitoring Technologies : A New Paradigm in Healthcare Monitoring » prédisent un bel avenir à la surveillance vidéo et aux plateformes mobiles, au détriment, selon eux, des technologies basées sur l'utilisation d'objets connectés, au contact du patient. Ils citent dans ce rapport des applications comme l'analyse de sons (toux), la vidéosurveillance pour la détection des troubles mentaux (dépression, colère et excitation), l'utilisation de radar (suivi de la respiration et fréquence cardiaque).

La robotique au service de l'humain

Hormis la télémédecine et la télésurveillance, les experts s'accordent pour dire que la robotisation va indéniablement devoir progresser dans le monde des soins. Certains pays, dont la Belgique, ont déjà été épinglés par l'OMS pour leur manque de soignants. Cette situation ne s'améliorera pas dans les années à venir. Les robots ont pour vocation de remplacer l'humain, particulièrement si le travail est dangereux et sale.

Dans le monde des soins, la robotisation de certaines tâches permet de ne pas exposer le personnel humain au risque infectieux.

Un des experts mondiaux en robotique, Guang-Zhong Yang, signale que l'on pourrait demander beaucoup plus à la communauté internationale de la robotisation, par rapport à ce qui se fait actuellement. Cette communauté internationale planche très activement sur l'automatisation de différents processus dans le secteur des soins de santé, mais, selon lui, des lacunes persistent en matière de communication et de coordination entre ceux qui développent les techniques robotiques et les experts du monde médical qui doivent les utiliser. Les experts de la Maison Blanche partagent cet avis et identifient trois domaines d'applications possibles: les soins (télémédecine et décontamination), la logistique (livraison et manipulation de déchets contaminés) et le suivi du confinement. Au niveau hospitalier, on peut envisager leur utilisation pour effectuer de multiples tâches administratives (prise de rendez-vous et rappels automatisés, renouvellement d'ordonnances), pour fidéliser la patientèle par des chatbots intelligents, pour optimiser les flux et l'utilisation des ressources disponibles dans l'optique prioritaire d'améliorer le vécu du patient, pour effectuer du triage rapide et en toute sécurité, et pour individualiser les trajets de soins. On a vu leur application dans l'accueil des patients avec l'exemple du sympathique petit robot Pepper, qui signale aux personnes qui rentrent dans l'institution la nécessité de se désinfecter les mains et de porter un masque.

Cette crise sanitaire est un formidable banc d'essai pour l'industrie de l'informatisation et de la robotisation. Compte tenu du confinement strict, les géants technologiques chinois se sont lancés dans l'utilisation de drones roulants pour apporter du matériel médical aux soignants, ils ont doté des drones volants de caméras thermiques pour détecter des personnes fébriles dans les lieux publics, et ils ont mis leur puissance informatique au service de la recherche d'un vaccin. En outre, ils ont ouvert un Smart Field Hospital, où le triage est effectué par des robots de la société CloudMinds. Ces robots effectuent plusieurs mesures : la température, la fréquence cardiaque et la saturation en oxygène. Aux États-Unis, c'est le fabricant de robots Boston Dynamics, connu pour le développement de drones militaires, qui a utilisé son robot quadrupède Spot Mini. Il est équipé d'un iPad pour aider les soignants à faire du tri à distance. Au Danemark, des ingénieurs ont développé un système robotisé qui permet de faire des frottis de la gorge. Sans couardise aucune, je n'aimerais pas me porter volontaire pour le tester, même si les concepteurs affirment qu'il a été programmé pour le faire « gentiment ».

Un aspect non négligeable de la crise sanitaire, particulièrement pendant la période du *lockdown*, a été l'isolement et la solitude de certaines personnes. La possibilité de robotiser une approche sociale laisse certainement dubitatif. C'est pourtant le sujet d'un projet très sérieux provenant du National Robotarium, situé à l'université Heriot-Watt en Écosse. En quatre ans, les chercheurs ont la ferme intention de développer des « robots d'assistance sociale ». Ils veulent simplement que ceux-ci soient capables d'engager des conversations avec de multiples humains. Et sans étonnement, ces robots sont destinés en priorité à la gériatrie, pour briser cette solitude épidémique.

Les dommages collatéraux de la pandémie

Les maladies chroniques, une nouvelle vague post-COVID

Outre la deuxième vague virale, une autre vague nous attend : celle des patients chroniques qui se présenteront enfin à nouveau aux consultations et aux urgences, mais cette fois avec une nette détérioration de leur état de santé. Ce « dommage collatéral » lié à la pandémie s'exprime par une « surmortalité » par rapport à la moyenne calculée sur les cinq dernières années. Les soins non liés directement à l'infection virale ont été mis entre parenthèses. Les campagnes de dépistage des maladies chroniques ont été arrêtées de façon abrupte. Toute urgence non-COVID a été reportée dans la mesure du possible, les consultations de surveillance pour les maladies chroniques et mentales ont été annulées. Selon Sciensano, 65 % des personnes ont renoncé à un traitement pendant la période du confinement et, pour les maladies mentales, 60 % des rendez-vous ont été annulés chez les psychiatres et les psychologues.

En Belgique, une enquête a été menée par l'UCL auprès de 2 000 personnes : 1 personne sur 5 a renoncé à des visites chez son médecin généraliste ; plus de 30 % des patients ont annulé des soins dentaires ou des soins paramédicaux ; plus de 8 patients sur 10 n'ont pas pu effectuer l'examen médical planifié avant le début de la pandémie et la période de confinement. Quasiment 40 % des répondants affirment que leur état de santé s'est détérioré, ils n'ont pas donné suite aux consultations médicales par peur d'être contaminés. Dans le groupe de personnes qui souffrent de maladies chroniques, 1 sur 5 estime que le confinement a fortement dégradé son état de santé. Tous ces chiffres sont une sous-estimation de la réalité, car il y a un biais de réponse : ceux ou plutôt celles qui ont répondu à l'enquête sont en majorité des femmes bien éduquées et en bonne santé.

En Angleterre et en Irlande du Nord, les salles d'attente des généralistes se sont vidées au point que 4 généralistes sur 10 se sont retrouvés désœuvrés. Les urgences ont vu un taux d'occupation d'à peine 50 %, du jamais vu !

Cigna, payeur de soins aux États-Unis, a annoncé une baisse de 35 % des hospitalisations pour une fibrillation auriculaire, de 31 % pour une attaque ischémique transitoire, de 28 % pour l'épilepsie et de 24 % pour un saignement gastro-intestinal. Les centres de chirurgie ambulatoire ont vu fondre leur activité de 80 à 90 % pendant la première vague. Pas certain que le retour progressif et partiel (40 à 60 % de l'activité normale) observé pendant l'été résistera à la deuxième vague. Il faudra probablement attendre 2021 et l'avènement d'un vaccin pour un retour à un niveau d'activité habituel. Quelles seront les conséquences financières d'une telle crise ? Les prestataires de soins pourraient vite se retrouver en difficulté si les marges bénéficiaires s'amenuisent de façon significative.

Dès le début de l'automne, la situation dérape à nouveau, et face à la recrudescence de l'épidémie, les hôpitaux sont amenés à prendre des mesures pour limiter les interventions en chirurgie, afin de préserver un nombre de lits minimal aux soins intensifs. Le 24 septembre, l'AP-HP se dit contraint d'effectuer des déprogrammations face à l'afflux des nouveaux cas de la COVID-19. Le taux d'occupation en soins intensifs par des cas positifs au virus dépasse 25 %. En Belgique, cette décision est prise quelques semaines plus tard. Une fois encore, les hôpitaux du royaume sont en phase d'alerte, avec l'obligation de réserver une partie de leurs lits en unités de soins intensifs, et cette proportion augmente de jour en jour. Cela n'arrange pas la reprise de l'activité hospitalière normale et bouleverse les programmes de chirurgie élective. Les spécialistes alertent l'opinion publique et conjurent les personnes de consulter et de ne pas laisser traîner une situation médicale qui nécessite une prise en charge circonstanciée.

Le monde médical doit inévitablement s'attendre à la progression de la maladie et à l'avènement d'épisodes aigus, qu'il aurait été à même de prévenir s'il avait pu continuer un suivi rapproché. Le confinement, le manque de ressources humaines (mobilisées ailleurs pour faire face à l'urgence sanitaire), la peur de la contamination virale, le manque d'argent exacerbé par la crise sanitaire et le chômage, doublés par une crise économique mondiale... tous les ingrédients sont réunis pour créer une situation sans précédent et un véritable drame humain. Il va falloir répondre à un tsunami de demandes de soins dès que la reprise de l'activité médicale se normalisera.

Les acteurs de l'industrie pharmaceutique se sont eux aussi trouvés en pleine débâcle, avec une baisse de 40 % des prescriptions médicamenteuses utilisées pour des situations aigües. Toutefois, l'effet est nettement moindre (baisse seulement de 2,3 %) pour les génériques, utilisés essentiellement dans les maladies chroniques, tout simplement parce que les patients se sont constitué des stocks en prévision du *lockdown*.

Ce manque de suivi rapproché se traduit en un potentiel de complications, voire en une augmentation de la mortalité. Le pire est à craindre dans certaines spécialités, comme la cardiologie et l'oncologie. Une étude observationnelle, menée en Île-de-France, signale un doublement des arrêts cardiaques extra-hospitaliers pendant la période pandémique, accompagné d'une réduction de la survie. Au Danemark, le diagnostic de nouveaux cas de fibrillation auriculaire a diminué de moitié au cours des trois premières semaines du confinement. Même si d'autres raisons expliquent cette baisse, le chiffre reste inquiétant. Patrizio Lancellotti, chef du service de cardiologie au CHU de Liège, partage cette inquiétude : les insuffisances cardiaques se seront forcément péjorées, et il sera nettement plus compliqué de les rééquilibrer. Des phénomènes de ré-oblitération (sténose) de stents n'auront pas été pris en charge en temps voulu et auront certainement provoqué un infarctus potentiellement fatal chez certains malades. Il déplore que le message des autorités n'ait pas été clair. Il aurait fallu insister : toute nouvelle symptomatologie doit inciter le patient et son médecin généraliste à demander une consultation dans un service spécialisé. Ces services sont de toute façon restés accessibles, même en temps de crise. Quand on sait, par exemple, que le taux de mortalité est de 23 % à six mois pour un patient qui attend le remplacement de sa valve aortique, il va falloir réfléchir et prioriser certaines activités plus que d'autres à la relance de l'activité hospitalière. Cela implique un choix, particulièrement difficile dans un monde où tout a toujours été disponible et possible. Ces choix seront moralement et éthiquement difficiles à faire, et il ne faut pas oublier que ceux qui ont le plus besoin de soins de santé sont les personnes issues de classes socio-économiques défavorisées.

Les délais de prise en charge sont aussi observés dans le domaine de l'oncologie. Selon certains oncologues, la baisse des nouveaux diagnostics de cancer serait de l'ordre de 30 à 35 %. Ce chiffre est confirmé par le HealthVerity Patient Confidence Index[61] qui, à la mi-mai, signale aux États-Unis une baisse des consultations en oncologie de 36 %. En Belgique, dès le 14 mars, toutes les consultations et les examens «non essentiels» sont temporairement interrompus, y compris les programmes de dépistage des cancers du sein et du col utérin. Pour le cancer du sein, le dépistage a été réduit de moitié dans le groupe cible des femmes de 50-69 ans (classe d'âge la plus à risque). Grâce aux chiffres issus du registre du cancer, qui collectionne les données nationales provenant des différents laboratoires d'anatomo-pathologie à travers le pays, on confirme que la diminution des diagnostics de cancer varie entre 16 et 65 % pour le mois d'avril. Une des pathologies où la baisse est la plus marquée est justement le cancer du sein. La plateforme All.Can Belgium a lancé une enquête afin de déterminer l'impact de cette pandémie sur les traitements et la santé des patients. Les patients oncologiques risquent de payer le prix fort en se présentant plus tardivement aux consultations avec une maladie potentiellement localement plus avancée, voire métastatique. C'est exactement le constat que font les auteurs d'un article publié dans la revue médicale *Annals of Oncology*, dans lequel ils soulignent qu'un retard, même modeste, dans la prise en charge chirurgicale d'un cancer provoque une réduction significative de la survie (30 % à six mois). Dans *The Lancet*, les experts expriment leurs inquiétudes et disent s'attendre à une baisse globale de 5 à 10 % en termes de survie.

À ces constats dramatiques en cardiologie et en oncologie s'ajoute le devenir précaire d'une autre fraction de patients, ceux qui souffrent de maladies rares. En temps normal, ces patients sont vus très régulièrement par les équipes médicales, parfois même de façon hebdomadaire. Il s'agit souvent de patients totalement démunis qui attendent déjà en moyenne cinq à sept ans afin que l'on pose enfin un diagnostic. Dans seulement 5 % des cas, ce diagnostic aboutit à la prescription d'un traitement reconnu par la FDA. En Europe, 9 personnes sur 10 atteintes de ces maladies dites « orphelines » n'ont pas eu accès aux soins, et 6 sur 10 signalent que cette discontinuation de la prise en charge a été délétère pour leur état de santé.

Une fois de plus, il serait utile de faire appel aux nouvelles technologies afin de déterminer sur la base d'une multitude de facteurs (cliniques et socio-économiques) les patients les plus à risque. Pour absorber cette vague de patients délaissés, le monde des soins va devoir recourir à la télé-expertise et au suivi à distance. Vu la différence entre la demande et l'offre, il faudra bien délocaliser certains soins spécialisés et ramener une partie de la prise en charge au niveau de la première ligne et au domicile du patient. Il serait extrêmement dommageable de ne pas saisir la conjoncture favorable à une adoption accélérée du nouvel écosystème. Cela ne nous affranchit pas d'une évaluation formelle des avantages et inconvénients que nous apportent ces nouvelles technologies.

Les questions éthiques vont indubitablement se poser et risquent d'être exacerbées dans un monde médical où la valorisation financière des prestataires se fait aux nombres d'actes perpétrés. Le débat sera pour le moins animé entre les spécialistes, chacun estimant que sa patientèle doit être considérée comme prioritaire. Les salles d'opération vont sans aucun doute être prises d'assaut. Quand on réalise que les chirurgiens du genou n'ont effectué que 3 % de leurs interventions pendant la période du confinement, on comprend leur impatience de rattraper un retard accumulé de plus de 6 000 opérations et de 50 000 consultations. Et le débat se crispe encore plus du moment où, après l'été, les programmes opératoires sont à nouveau réduits pour sauvegarder une capacité d'hospitalisation suffisante aux soins intensifs à la reprise des contaminations.

S'il n'est pas question de licencier du personnel soignant dans nos structures sanitaires secouées par les conséquences financières de la crise – du moins, personne ne le clame haut et fort – il n'en est pas de même aux États-Unis. Le professeur Howard Markel, qui enseigne l'histoire de la médecine à l'université du Michigan, a déclaré cyniquement que les assurances maladies, quelles qu'elles soient, paient quand « on met un tube dans un patient ». Vu le confinement, des centaines de milliers d'Américains ont perdu leur emploi dans le secteur des soins, dont 135 000 dans les hôpitaux. Cette réduction du personnel s'explique par la chute vertigineuse des revenus, essentiellement constitués d'examens et de soins non urgents, mais qui habituellement apportent des bénéfices. Ce type de soins n'est plus la priorité pour de nombreux citoyens du pays, confrontés à une baisse significative de leur pouvoir d'achat et parfois à la perte de leur assurance maladie.

Cette crise révèle les limites du système des soins de santé. Nous avons, en tant que société et professionnels des soins, failli à la prise en charge des patients non atteints par la COVID-19. Nous devons nous poser la question suivante : la souffrance chronique, associée aux pathologies de longue durée (cardiaques, métaboliques, cancer) et aux maladies orphelines, est-elle moins importante que la prise en charge des patients souffrant de formes graves de la COVID-19 ? N'est-il pas opportun aujourd'hui de réfléchir à un nouveau modèle de soins, d'innover en profondeur pour assurer l'accessibilité aux soins, y compris aux personnes fragiles et démunies, de réinventer un nouveau modèle de financement qui n'est plus transactionnel ? Cette dernière question ne plaira pas forcément aux chantres d'une médecine ultralibérale...

Quand il s'agit de changer le système de soins réputé hyperconservateur, on constate qu'il est tout à fait possible de le faire rapidement s'il est poussé par une crise sans comparaison. Aujourd'hui, il est devenu évident que des disparités majeures existent en matière de prise en charge. Des groupes entiers de patients n'ont pas eu accès aux soins indispensables, sous prétexte qu'il fallait sauvegarder les capacités hospitalières pour les patients atteints gravement par la COVID-19. Les soins de première ligne ne peuvent pas survivre financièrement dans un modèle qui valorise les consultations en présentiel et le nombre d'actes. Les nouveaux modèles financiers se doivent de valoriser une approche holistique, et veiller à ce que les patients les plus à risque de se détériorer soient correctement pris en charge. Le centre de gravité doit se déplacer vers une approche centrée sur les soins en première ligne et préventive, en réservant les soins complexes au monde hospitalier. Trois éléments clés sont constitutifs de ce changement : faciliter le travail des soignants, afin qu'ils puissent passer plus de temps avec leur patient ; aider les patients à naviguer à travers les trajets de soins adaptés et à leurs pathologies et à leurs environnements sociaux ; et surtout, promouvoir la collaboration entre la première ligne et les autres prestataires de soins dans une approche résolument holistique.

La santé mentale en temps de pandémie

Les psychiatres et psychologues ont sonné l'alerte concernant les dangers du confinement pour la santé mentale individuelle. Le *lockdown* de 2,6 milliards d'individus à travers le monde est la plus grande expérience psychologique que le monde ait jamais connue. Et les conséquences de ce confinement massif sont majeures : 1 adulte sur 2 affirme que sa santé mentale a été impactée par le stress, les soucis et l'incertitude provoqués par la crise sanitaire, selon une enquête menée par Kaiser Family Foundation. La ligne d'écoute pour les violences familiales en Flandres (le 1712) a enregistré une hausse spectaculaire de 79 % du nombre d'appels, comparativement à l'année dernière. Petite note étonnante dans cette situation plus que morose : les fans des films d'horreur semblent moins souffrir de la situation. Selon le psychologue Cotan Scrivner de l'université de Chicago, les amateurs de fiction terrifiante sont capables de mieux gérer leurs émotions que les autres.

Les professionnels de la santé mentale ont demandé aux décideurs politiques de divulguer des messages plus clairs, avec des échéances temporelles précises. L'incertitude et le manque de perspectives, couplés à l'impossibilité de faire des nouveaux projets, sont générateurs de morosité, de dépression, d'anxiété, de troubles du sommeil, de symptômes psychotiques, d'agressivité et de violence (conjugale et maltraitance infantile). À cela s'ajoutent les effets dévastateurs du confinement et de la solitude, générant, outre les altérations psycho-pathologiques, des maladies somatiques comme le cancer, les troubles cardiaques et le déclin cognitif des personnes âgées, cela par le biais de mécanismes non élucidés.

La couverture médiatique de la pandémie, qui tourne en boucle quasiment vingt-quatre heures sur vingt-quatre, n'arrange pas la situation. L'inconfort que la plupart ressentent est, selon David Kessler[62], assimilable à un sentiment de deuil. Nous comprenons que le monde change, et a déjà changé fortement depuis le début de cette année 2020, et nous savons que cette crise est « temporaire », mais nous n'en voyons pas la fin. La normalité se perd, les conséquences économiques sont désastreuses et les contacts humains et sociaux sont chamboulés par les règles de distanciation sociale et physique. Ce phénomène de deuil est généralisé, et nous n'y sommes ni habitués ni préparés. Cinq phases classiques définissent le processus du deuil, et nous les traversons de façon cyclique et dans un ordre aléatoire (dépression, colère, marchandage, acceptation et déni). Pour Kessler, il faut ajouter le phénomène du deuil par anticipation, provoqué justement par les incertitudes quant à l'avenir. Et cette incertitude pourrait même resurgir très rapidement et s'amplifier au moindre soubresaut de l'épidémie. Un retour vers un confinement strict, comme celui mis en place pendant la première vague, serait pour ces experts nettement plus éprouvant émotionnellement.

Cette crise qui perdure majore également le risque de suicides. L'enquête Sciensano, effectuée dans la population belge entre mars et juin 2020, montre que 8 % des personnes interrogées de plus de 18 ans ont sérieusement envisagé de mettre fin à leur vie, et 0,4 % ont effectivement tenté de le faire.

Le prestigieux *Journal of the American Medical Association*, a publié une analyse de 24 études sur les effets psychologiques de la mise en quarantaine. L'essentiel de ces travaux date des épidémies antérieures (SRAS, MERS, Ebola, grippe H1N1). Les problèmes qui apparaissent sont colère, peur, dépression et abus de substance (médicaments et alcool). Ils soulignent l'importance de définir une date de fin de confinement, pour réduire l'impact psychologique. Ils relèvent également que les séquelles psychologiques peuvent persister dans le temps, et que dans certains cas elles amènent les patients au suicide. Pour le personnel soignant, par exemple, les symptômes de stress post-traumatique peuvent durer trois ans, et les enfants sont également soumis à un risque élevé.

Une enquête, menée par des chercheurs des universités de Louvain et d'Anvers, pendant la première semaine du confinement belge, auprès de 25 000 concitoyens, démontre que 1 citoyen sur 2 souffre très rapidement du *lockdown*. La fréquence du mal-être dans la population a triplé par rapport à une période dite « normale ». Le mal-être dépend aussi de la maladie COVID-19 : de 67 % quand un proche est atteint par le virus, il passe à 73 % quand on est soi-même touché. Les plus concernés sont les 15-25 ans. Deux tiers des jeunes gèrent mal la morosité ambiante. C'est aussi une des raisons pour lesquelles nos forces de l'ordre ont tant de mal à faire respecter les règles de confinement auprès des jeunes adultes. Cette lassitude vis-à-vis de ce confinement prolongé pendant la première vague se traduit, par exemple, par l'augmentation progressive et objectivée du trafic sur les routes et l'utilisation des transports en commun. On ne peut pas oublier l'interview d'une femme prenant le bus à l'heure de pointe, non parce qu'elle doit se rendre à son lieu de travail, mais parce qu'elle s'ennuie chez elle.

L'obligation du confinement, la peur de la contamination obligent les patients à chercher d'autres options que la consultation en présentielle. Les échanges sur les réseaux sociaux permettent de chercher soutien et réconfort, mais en cas de besoin d'une aide professionnelle, la téléconsultation est l'option de choix. Les psychiatres se sont dits agréablement surpris par cette transition forcée vers la télémédecine, mais ils en ont vite compris les limites, surtout quand s'il s'agit d'un appel téléphonique sans vidéo. Dans de telles conditions, ils perdent toute l'information contenue dans le langage non verbal. Par ailleurs, il n'est pas toujours évident pour un patient de s'isoler des autres occupants de la maison, ce qui restreint forcément sa liberté d'expression.

Devant les besoins en soins mentaux, la FDA a assoupli sa réglementation en matière d'appareils de thérapies comportementales et a communiqué sur un nombre d'éléments réglementaires, qui sont provisoirement abandonnés, pour autant que l'utilisation de ces applications digitales et connectées ne provoque pas en elle-même un risque indu. Une de ces applications qui a réellement profité de cet assouplissement temporaire est Pear-004. Destinée aux patients qui souffrent de schizophrénie, elle offre une prise en charge cognitivo-comportementale et permet d'entraîner les compétences sociales.

Face à une pénurie choquante en matière de professionnels de santé mentale et de sous-financement chronique dans le domaine, une réforme s'impose. Le monde médical ne répond pas ou prou aux demandes de prise en charge aigües, comment dès lors envisager de suivre à long terme une multitude de nouveaux patients ? Rappelons qu'en 2018 au World Innovation Summit for Education, tenu à Doha au Qatar, l'ancien ministre de la Santé du Royaume-Uni signale que dans les pays les mieux dotés – et en temps normal, en dehors d'une crise sanitaire –, 80 % de la demande en santé mentale n'est déjà pas rencontrée, et cela peut grimper à 95 % en fonction du pays étudié. En Inde, par exemple, le nombre de psychiatres est de 0,3 pour 100 000 habitants. Le FEM estime, en 2019, que 300 millions d'individus dans le monde souffrent de dépression et que le suicide est la cause principale de décès chez les jeunes. Pour le ministre anglais, la seule solution face à un tel besoin est la mise en place de la technologie connectée, particulièrement pour la jeune population, probablement plus prédisposée et apte à l'utiliser. C'est aussi un moyen indispensable pour rendre accessibles les soins de santé mentale, y compris dans les zones rurales. Il faut très certainement élargir le concept de santé mentale et comportementale, car un stress et une anxiété prolongée – non prise en charge adéquatement – impactent la santé mentale ultérieure. Des facteurs qui ne peuvent qu'augmenter la pression sur un système de soins largement sous-doté en la matière. La santé mentale est devenue une priorité en matière de santé. Avant l'arrivée du SARS-CoV-2, on estime qu'en 2030, la morbidité et mortalité liée aux maladies mentales vont coûter la coquette somme de 16 trillions de dollars au niveau mondial.

Les outils numériques de prévention et de dépistage

Plusieurs solutions techniques existent déjà pour poser le diagnostic d'une altération mentale. Des solutions techniques sophistiquées existent, comme ces plateformes qui mettent à disposition des patients des applications destinées à les soutenir psychologiquement, à atteindre la pleine conscience, à renforcer les outils personnels pour gérer la colère émotionnelle. Ces outils peuvent être adaptés aux besoins individuels afin de personnaliser et d'améliorer la gestion du stress et de l'anxiété.

> *Le smartphone*

C'est l'utilisation que l'on en fait qui permet de quantifier notre santé mentale (principe d'un biomarqueur digital, comme Mindstrong Health de Verily). D'autres exploitent la reconnaissance faciale, couplée à de l'IA qui, en analysant 68 points repères sur le visage du patient, détecte l'anxiété ou le stress post-traumatique. Ces outils peuvent être une aide indéniable dans le diagnostic de la maladie mentale, mais également servir au processus de suivi à long terme. Rappelons que seuls 10 % des patients bénéficient d'un diagnostic correct en matière de santé mentale aujourd'hui, et donc 90 % des patients ne reçoivent pas un bon traitement.

> *Docteur Google*

Imaginons que vous faites une recherche sur Dr Google concernant les symptômes de dépression ou de stress post-traumatique. D'office, Google vous propose un test validé qui vous aide à déterminer si vous êtes réellement souffrant (application en partenariat avec la Mayo Clinic et Harvard Medical School). Google collabore aussi avec le département des Anciens combattants des États-Unis, habitué à gérer ce type de problème mental chez les soldats qui reviennent d'une zone de conflit armé, marqués par les horreurs militaires. Puisqu'il s'agit d'un état de stress, et que ce stress modifie un certain nombre de paramètres physiologiques, on propose de les mesurer objectivement en utilisant divers capteurs. Ce genre d'information est utile dans le contexte du *screening*, du diagnostic et du suivi de la maladie mentale.

> *La réalité virtuelle*

Compte tenu de la pénurie en ressources humaines, il va falloir mettre en place des techniques pour les personnes souffrantes à distance. L'hôpital de Schiavonia, en Italie, a déjà anticipé l'augmentation de la demande en dotant son personnel de casques de réalité virtuelle (VR), afin d'améliorer le bien-être psychique et émotionnel de son personnel fortement sollicité pendant la crise de la COVID-19. Ils ont bien l'intention de l'appliquer à une échelle beaucoup plus large, en dehors du monde des soignants. Pourquoi ça marche ? La réalité virtuelle fait appel à la mémoire d'événements positifs et sert de guide à des exercices de respiration. Dans le cas du soignant, la question se pose s'il a réellement envie de se brancher après des journées harassantes d'un combat énergivore et sans relâche contre le virus et la mort ?

Une start-up suédoise promeut l'utilisation de son casque Flow, capable de combattre la dépression par stimulation transcrânienne directe. Selon la firme, il est aussi efficace que les antidépresseurs, et cela semble confirmé par des études parues dans *The New England Journal of Medicine.*

> *Applications bien-être*

Les employeurs se rendent compte désormais des problèmes mentaux auxquels sont confrontés leurs employés. C'est le cas des dirigeants de la chaîne Starbucks aux États-Unis. Ils offrent 20 séances gratuites de psychothérapie à leurs employés et à leurs familles. L'application Lyra Health, dont le slogan est « Transformer la santé mentale grâce à la technologie, avec une touche humaine », enregistre les plaintes et symptômes et redirige l'utilisateur dans son propre réseau de professionnels de soins mentaux.

Une initiative semblable a été lancée en Belgique, par l'université de Mons (Home Stress Home), mais elle cible essentiellement les jeunes (3-25 ans, divisés en catégories d'âge). Le principe est similaire : on évalue d'abord le niveau de stress par un questionnaire spécifique, et ensuite un programme adapté de prise en charge est proposé. Quant à l'assureur Aetna International, il met à disposition le chatbot Wysa. Ce dernier permet aux utilisateurs de gérer eux-mêmes l'anxiété et le sentiment d'isolement. L'application stimule l'utilisateur à utiliser des techniques telles que la méditation, l'exercice de respiration et le yoga afin d'augmenter sa résilience face à la crise.

Pour combattre les sentiments d'incertitude et d'anxiété, plusieurs applications populaires de médiation en ligne ont été mises gracieusement à la disposition du grand public pendant la crise, telles que Calm et Headspace (disponibles en plusieurs langues). En Belgique, l'application Everyone OK a été lancée par l'équipe de la Vrije Universiteit Brussel pour venir en aide à des personnes qui souffrent du confinement.

> *Solutions ludiques*

À titre d'illustration, citons ces adorables petits bébés phoques en peluche, commercialisés par PARO Robots et truffés d'électronique, qui permettent de réduire le stress, brisent l'isolement et facilitent l'interaction entre les soignés et les soignants.

La prise en charge en santé mentale peut coûter très cher, particulièrement dans les pays où ce type de soins n'est pas remboursé. Le calcul est simple : si une session de quarante-cinq minutes chez un thérapeute qui exerce aux États-Unis coûte en moyenne 200 dollars, et que le patient requiert deux sessions par semaine, avec un salaire moyen de 3 174 dollars il ne peut tout simplement pas se l'offrir. À titre de comparaison, le traitement virtuel coûte entre 35 et 70 dollars par semaine, souvent avec un accès illimité ne serait-ce que par messages au conseiller choisi. À l'ère des abonnements en ligne à tout-va, le consommateur aura vite compris le bénéfice qu'il peut en tirer...

Le *burn-out* des soignants

À la fragilité et l'épuisement mental de nos concitoyens s'ajoute la fatigue morale des soignants, confrontés à cette interminable bataille contre le virus, un vrai marathon. Ils doivent gérer stress, émotions et frustrations. Certains médecins urgentistes comparent la situation actuelle à un état de guerre ou à un volcan qui a grondé à maintes reprises au préalable et qui aujourd'hui est en pleine éruption. Et même si certains d'entre nous pressentaient une catastrophe de ce genre, elle nous laisse tous en état de choc et de stress, et de *burn-out* émotionnel. Le taux d'anxiété et de dépression est d'ailleurs particulièrement prononcé dans les secteurs cruciaux, comme les soins de santé et le secteur de l'alimentation.

Un peu plus de la moitié des employés (56 %) desdits secteurs disent en souffrir.

Les experts de la santé mentale sont unanimes: stress post-traumatique et *burn-out* vont exploser chez les soignants après la crise sanitaire. Déjà en temps normal, une majorité d'infirmières disent souffrir du *burn-out*, il ne sera pas étonnant de voir les soignants, mobilisés en première ligne contre la pandémie, payer un lourd tribut mental, d'autant plus important que cette période perdure dans le temps. Même s'ils ont apprécié les gestes fort médiatisés du soutien populaire, ils ont été confrontés à l'indescriptible horreur de cette première vague, avec des pertes journalières de patients et parfois de collègues. À cela s'ajoute le stress personnel provoqué par la peur de contracter soi-même la maladie ou, pis encore, de la transmettre involontairement à son entourage proche. Ces professionnels sont donc soumis à une double pression. La discrimination, fort heureusement exceptionnelle, qu'ils ont pu subir doit nous faire réagir car elle est scandaleuse et inacceptable. Certains politiciens belges n'ont pas hésité à déclarer qu'elle devait être condamnée, au même titre que la xénophobie et l'homophobie.

Une étude internationale, RECOVID[63], a été lancée, à laquelle un certain nombre d'hôpitaux belges participent activement. On veut évaluer le bien-être mental des professionnels de soins, qu'ils soient à l'hôpital, acteurs en maison de repos ou indépendants. Il est important d'évaluer les effets mentaux sur tous les soignants, et pas seulement ceux qui ont été en première ligne dans les unités de soins intensifs. Il s'agit d'une étude prospective basée sur un questionnaire que le soignant est amené à remplir à quatre reprises.

La société va devoir se souvenir de ce formidable élan d'humanité, d'empathie, de sens du devoir et de cet esprit de sacrifice du personnel soignant. Il a parfois payé de sa vie cette volonté inébranlable de venir en aide. Cela doit passer par des décisions politiques qui remettent au centre du débat la dotation en personnel, la valorisation salariale et la mise à disposition de moyens, adéquats, à l'opposé des politiques restrictives menées ces dernières années. Dans l'immédiat, on a vu certains pays mettre en place des lignes d'assistance téléphonique pour ces soignants, physiquement et moralement épuisés, tellement démoralisés qu'ils envisagent le suicide comme solution ultime. Impossible d'oublier Lorna Breen, chef des urgences au New York-Presbyterian Allen Hospital, à Manhattan, et qui s'est donné la mort à l'âge de 49 ans. Son chef a déclaré que les équipements de protection peuvent réduire les chances de contamination, mais ne protègent pas les héros, comme le docteur Lorna Breen ou les secouristes, contre les ravages émotionnels et mentaux causés par la maladie.

Les indispensables mutations structurelle et organisationnelle

Une nouvelle dynamique pour la réglementation de la technologie

Autre constat lapidaire: la différence marquée entre la rapidité de la progression de la maladie au niveau mondial et la lenteur des institutions à s'adapter à un tout nouvel environnement. L'incapacité des différents gouvernements à faire face à une crise de cette ampleur a été mise au jour. Ce genre de crise sanitaire requiert une approche autrement plus réactive et dynamique que celle que nous connaissons. Des instances comme la FDA et la Commission européenne se sont retrouvées assaillies d'une multitude de demandes à gérer de façon quasi simultanée.

La FDA, stigmatisée, a mis en place un programme d'accélération du traitement des coronavirus (CTAP[64]). Elle a effectué dans l'urgence un redéploiement en interne des ressources humaines disponibles pour les y assigner. Elle a aussi rationalisé ses procédures de fonctionnement. Des EUA ont été octroyées à maintes reprises, tout en essayant d'assurer que les produits et services concordent aux «standards» de la FDA. Du jamais vu pour cette vénérable institution ! Toutefois, la FDA a été vertement critiquée pour certaines de ses décisions d'octroi d'EUA, dont celle relative à l'utilisation de la chloroquine et l'hydroxychloroquine. Certains y ont vu une velléité de plaire à tout prix au principal occupant de la Maison Blanche qui en a fait la promotion. Cette décision, parmi d'autres, a été désignée comme purement politique et contraire à l'approche scientifique usuelle.

Malgré cela, la FDA fournit un travail phénoménal quand elle accélère la validation d'applications déjà présentes avant la crise, où quand elle en élargit le domaine d'application. Livongo en est un exemple : la société obtient une EUA pour la mesure de glycémie – habituellement utilisée au domicile du patient – en environnement hospitalier. L'argument avancé par la FDA est la pénurie des moyens de protection personnels. Il faut donc impérativement rationaliser et ne pas utiliser des ressources matérielles rares pour effectuer un acte qui ne nécessite pas de contact direct avec le patient, puisque ce dernier est déjà tout à fait capable de le faire seul chez lui. Restera à déterminer si les EUA vont se transformer en autorisations fermes et définitives après la crise sanitaire. Mais, quelle que soit la décision, on constate que la lourdeur administrative peut singulièrement se simplifier quand il y a une nécessité sociétale impérieuse.

L'évolution d'un système archaïque, une nécessité absolue

La crise sanitaire a imposé une pression considérable sur le monde hospitalier, qui a été fortement malmené. Il a dû s'adapter quasiment du jour au lendemain. Admettons qu'il a su faire preuve d'une souplesse et d'une capacité d'adaptation que nous n'aurions jamais pu soupçonner.

Certaines organisations hospitalières peuvent être citées en exemple, parce que, d'une part, elles étaient préalablement préparées et, d'autre part, parce qu'elles ont été très réactives dès l'apparition des premiers signes de la crise sanitaire. C'est le cas du Tan Tock Seng Hospital, du National Healthcare Group, à Singapour. Il abrite le Centre national des maladies infectieuses (NCID[65]). Le gouvernement avait, largement avant l'éclosion de la pandémie, décidé de construire une telle structure afin d'être « prêt », le cas échéant. Pas étonnant que, dès le niveau orange d'alerte atteint, tout ce qui était prévu dans le plan d'intervention DORSCON[66] ait été mis en place sans tarder. Patients et visiteurs ont immédiatement été soumis à des tests de dépistage à l'entrée de l'hôpital. Les soignants ont été invités à renseigner systématiquement les autorités hospitalières sur leur état de santé, les voyages effectués, via une banque de données dédiée (S3[67]). Ces mêmes employés font un suivi de leur température de façon journalière et alimentent le S3. D'emblée, les techniciens de l'hôpital ont planché sur la conception et la fabrication d'un masque de protection couvrant l'intégralité du visage. Tout individu rentrant dans l'hôpital (patients, visiteurs et personnel hospitalier) est doté d'un système qui le localise afin que l'on puisse enregistrer tous ses contacts. Les dispositifs qui distribuent des solutions hydroalcooliques ont été équipés de capteurs, afin de définir la fréquence d'utilisation, et donc permettre une gestion proactive des stocks. L'hôpital a entamé cette démarche de préparation dès 2019, avec la mise en service de son 3C (Command/Control/Communication), véritable centre névralgique, qui permet de déterminer en temps réel les flux et les soins. Cet outil est devenu par la suite incontournable pour manager la crise. En même temps, les professionnels sur le terrain ont été formés et préparés à un tel événement par des capsules vidéo accessibles en ligne.

Admettons humblement que nous sommes loin d'une telle culture et d'un tel niveau de préparation dans nos hôpitaux. Nos services techniques hospitaliers, et particulièrement ceux impliqués dans la gestion des stocks de matériel stratégique, ont été totalement dépassés. Les chaînes d'approvisionnement ont connu des problèmes inouïs. Les responsables hospitaliers ont vite fait le constat que l'approvisionnement en matériel stratégique est un élément clé tout aussi important, qui influence directement la qualité des soins. Cet approvisionnement des hôpitaux est aujourd'hui encore loin d'être complètement automatisé, bien que la technologie existe et qu'elle soit largement répandue dans d'autres domaines d'activité. Cela est particulièrement vrai pour les pharmacies hospitalières, qui ont rencontré des difficultés pour la gestion de leurs stocks. Dans certains hôpitaux, la gestion de médicaments est encore pour le moins archaïque. Il est grand temps de faire appel à la technologie existante pour mieux comprendre et gérer la chaîne d'approvisionnement, afin de répondre de façon efficiente aux besoins dans les unités de soins. L'adage universel « Mesurer pour gérer » implique l'obtention de données en continu et en temps réel, incontournable si on souhaite une approche rationnelle, holistique et prédictive.

Dans les chapitres précédents, nous avons mis en exergue la télémédecine, les objets connectés, l'IA (dans les domaines du dépistage, du diagnostic, du choix thérapeutique, du pronostic et du management optimal des ressources), l'interopérabilité (au-delà du clivage privé/public et confessionnel) et l'accès aux données. Parmi tous ces éléments, c'est l'IA qui aura un impact comparable à ce que fut celui du programme Apollo sur la conquête spatiale. C'est du moins l'avis de Kevin Scott, le directeur de la technologie chez Microsoft, l'auteur de *Reprogramming the American Dream*. Pour lui, la COVID-19 est un catalyseur qui accélère les investissements et les innovations en biotechnologie qui changeront en profondeur le secteur des soins dans les années à venir, un peu à l'image de ce qui s'est passé après la seconde guerre mondiale.

Cette vague technologique a été accompagnée par des changements en matière de réglementation et de financement sans précédent. Et même si, aujourd'hui, il est prématuré d'en tirer des conclusions, faisons le pari qu'un retour vers le point de départ, le statut avant la crise (un hospitalo-centrisme exacerbé) est très peu probable. Il est peut-être temps – enfin – de réserver nos infrastructures hospitalières, lourdement équipées et faisant appel à une force de travail spécialisée, à ces patients qui en ont vraiment besoin. Une grande partie de l'activité des soins peut raisonnablement retourner en première ligne et vers les soins à domicile. C'est un virement de cap radical, particulièrement parce que nos institutions hospitalières dépendent à ce jour de cette activité « basique » pour des raisons bassement « alimentaires ».

Cette crise sanitaire mondiale est une menace existentielle pour le monde des soins tel que nous l'avons connu. Pas certain que les patients aient encore envie de prendre leur voiture, d'affronter un trafic dense, de tourner en rond sur des parkings bondés, de faire la queue devant des guichets d'inscriptions, dans l'unique but d'obtenir un service, qui n'est ni commode ni de qualité. Pas certain non plus que les professionnels de soins se contentent de revenus moins importants, particulièrement quand l'acte de téléconsultation est moins bien payé. Les hôpitaux, qui vivent en grande partie de la rétrocession des honoraires médicaux, seront tout autant impactés. Le constat est clair : le financement des soins actuel est totalement inadapté pour le nouveau type de fonctionnement !

La cybercriminalité, le défi de la sécurité informatique

En temps normal, le secteur des soins est déjà une proie facile pour les hackers et fraudeurs en tout genre. L'augmentation exponentielle du télétravail et l'utilisation à large échelle de moyens connectés ne font qu'augmenter les opportunités d'attaques et de corruption. C'est d'autant plus vrai que l'implémentation plus que rapide de ces nouvelles modalités de fonctionnement s'est faite de façon accélérée dans une infrastructure non adaptée, qui souffrait déjà singulièrement de désuétude, vu le sous-investissement chronique.

Les conséquences désastreuses des cyberattaques

Non seulement ces actes malveillants peuvent avoir des conséquences gravissimes en matière de finances dans des structures de soins au bord de l'épuisement, mais il a aussi été démontré, par une étude menée dans 58 pays par la firme spécialisée en consulting antifraude Nemexis, à Berlin, le lien très inquiétant entre corruptions et fraudes dans le secteur des soins et capacités de service. Cela se traduit *in fine* en majoration de la mortalité par la COVID-19. Cette étude a identifié plusieurs types de fraudes dans les domaines suivants : le matériel de protection personnel, les ventilateurs, les kits de dépistage, l'existence d'un marché noir pour les médicaments (avec des produits contrefaits et dangereux, et souvent inefficaces), le détournement de certains soins ou de matériel (rétention de matériel de protection par certains États, quand des avions étaient obligés d'y faire escale), les attaques informatiques en tout genre, souvent accompagnées de demandes de rançon, et les pots-de-vin. Dans 50 % des pays étudiés, des représailles à l'encontre des lanceurs d'alerte ont été relevées. Le problème est tellement important que les auteurs de ce rapport estiment que les institutions de soins doivent se doter d'un plan à mettre en œuvre pour répondre au mieux à ces diverses menaces.

On comprend les citoyens qui, à la recherche d'un test de dépistage ou de médicament déclaré comme « solution miracle » par des politiciens inconscients et mal informés, se tournent désespérément vers le marché noir du Web. Ils y trouvent sans trop de problème de l'hydroxychloroquine par exemple, mais sur ces mêmes sites on peut aussi se procurer de la méthamphétamine et de l'héroïne. Rappelons que le principe de la prescription médicale est de préserver la santé du consommateur. Celle-ci doit se faire de façon réglementée et contrôlée, et elle vise à assurer qualité, conseil et sécurité pour le patient.

Pléthore d'attaques informatiques ont été répertoriées. Celles-ci, de plus en plus sophistiquées, sont de plus en plus difficiles à contrer. Et l'urgence sanitaire change l'échelle des priorités pour les services informatiques de l'hôpital. Les conséquences de telles attaques peuvent être désastreuses, particulièrement si une interruption de service ou de soins en résulte. S'il y a certainement eu de nombreux progrès en matière de défense contre la cybercriminalité, il n'en reste pas moins que le monde de la santé est loin derrière d'autres secteurs d'activité. Le décalage entre les moyens à disposition des hackers et ceux dont sont dotées nos institutions de soins reste problématique. Les alertes fusent de toute part. Ne commettez pas l'erreur de penser que notre petit pays n'intéresse pas les pirates informatiques ! La Belgique, comme l'Inde, le Brésil, la Turquie et la Suède, fait partie des mauvais élèves en matière du nombre d'attaques avec demande de rançon. À titre d'illustration, plusieurs quotidiens flamands ont mentionné qu'après la décision du gouvernement fédéral d'introduire les traceurs de contact (personnel spécialement engagé pour effectuer cette tâche), des hackers ont essayé d'extorquer des données personnelles en téléphonant aux personnes, feignant d'être des employés de cette centrale. La police fédérale a alerté la population en signalant que les vrais enquêteurs ne font pas état des résultats du test (information fournie uniquement par le médecin) et qu'ils ne demandent jamais des données sensibles, comme le numéro de compte bancaire.

La sécurité informatique est devenue excessivement complexe à maintenir. Une portion non négligeable des collaborateurs est en télétravail, ils sont connectés au réseau, et certainement moins bien protégés chez eux à domicile que sur leur lieu de travail. Le nombre d'objets connectés, destinés à la surveillance des patients à la maison, multiplie les portes d'entrées dans les réseaux. Selon les experts en sécurité informatique, la fuite en avant et la rapidité avec laquelle les organisations de santé ont dû passer sur la technologie *cloud*, sans diligence raisonnable, ont certainement ouvert de larges brèches pour des attaques d'envergure à venir, même après la fin de la crise sanitaire.

Un autre problème majeur réside dans le manque de transparence en matière de stockage et d'utilisation des données. Selon un rapport, seules 20 % des applications de traçage mentionnent que les données sont stockées de façon anonyme, et il n'est pas toujours très clair si ces données sont partagées avec une tierce partie, et si oui de qui il s'agit. Il n'est pas non plus établi si les données sont transmises sous formes agrégées ou personnelles.

Toutes les techniques possibles et imaginables sont bonnes à prendre, comme les escroqueries par phishing (hameçonnage) qui appâtent les particuliers en leur proposant du matériel de protection personnel, cruellement manquant dans les institutions de soins et dans la société civile, ou les demandes de rançons adressées à des institutions gouvernementales et/ou des structures de soins (après avoir préalablement figé leurs structures informatiques et rendu leurs banques de données inaccessibles). Les firmes spécialisées en sécurité informatique signalent d'ailleurs une augmentation significative des tentatives de rançonnement. Payer la rançon multiplie le coût de l'attaque par un facteur 2, car la clé de chiffrement requise pour la remise en fonction du système ne suffit pas, dans la grande majorité des cas, à restaurer toutes ses fonctionnalités et à récupérer les données chiffrées.

Dans le chaos provoqué par la pandémie, la sécurité opérationnelle est loin d'être un luxe. Toute crise génère des faiblesses dans n'importe quel système et peut provoquer des brèches béantes. Pas étonnant que les agences d'IA, de sécurité informatique et les acteurs de la technologie numérique mettent sérieusement en garde les utilisateurs contre ce nouveau monde connecté. Google décuple ses efforts pour nous préserver des tentatives d'hameçonnage et affirme filtrer et dévier en spams 99,9 % des attaques de type phishing.

Les multiples cibles des cyberattaques

Selon l'agence Reuters, l'INPS en Italie subit une attaque de grande ampleur au moment où le pays est touché de plein fouet par les effets dévastateurs de la première vague de la pandémie dans la péninsule. L'INPS est obligé de fermer son site web en pleine crise sanitaire, du jamais vu chez les Transalpins. Le moment est particulièrement mal choisi pour les milliers de travailleurs italiens, qui entrevoient avec soulagement les instances officielles venir à leur secours avec une aide providentielle et exceptionnelle de 600 euros, mais pour cela le site web doit être pleinement opérationnel.

Le traçage des citoyens par des moyens connectés exacerbe les besoins en sécurité informatique. Celle-ci n'est pas souvent assurée à 100 %, et le Qatar l'a appris à ses dépens. Les autorités qataries ont instauré une application de traçage obligatoire pour tous les résidents du pays. Personne ne peut s'y soustraire, sous peine d'une amende de 50 000 dollars ou de trois ans de prison. Amnesty International a toutefois démontré une défaillance dans ce système, qui ouvre largement la porte aux hackers. Le gouvernement qatari est intervenu immédiatement pour corriger le tir, mais il est probable que des données personnelles et sensibles aient été exposées.

Personne n'échappe aux pirates informatiques, pas même les plus grands comme le ministère de la Santé aux États-Unis. En plein milieu du mois de mars, celui-ci a été victime d'une attaque dite «par déni de service» (DoS[68]), et en particulier distribuée (DdoS[69]). Le principe est simple: on surcharge un serveur ou un réseau par un tsunami de requêtes, afin de le «planter». Historiquement, ce genre d'attaque provenait d'un seul attaquant (DoS), relativement facile à identifier et à contrer. Par la suite, on a vu apparaître des attaques impliquant une multitude de «soldats» (principe du DDoS). On parle souvent d'une attaque asymétrique, tellement la différence est grande entre l'ampleur des moyens informatiques de la cible et le peu de moyens utilisés par les pirates. Le gouvernement a résisté aux attaques, et il a évoqué une nation étrangère comme source potentielle.

Les gouvernements ne sont pas les seules cibles. Sans vergogne, les hackers ont aussi attaqué les hôpitaux qui, en pleine crise et asphyxiés par la demande en soins aigus, se débattaient avec les moyens médicaux de bord. En République tchèque, à l'hôpital universitaire de Brno, centre de référence en matière de dépistage du coronavirus, une attaque sévère a nécessité l'arrêt immédiat de l'infrastructure informatique les 12 et 13 mars. Toutes les interventions ont dû être interrompues, et des patients ont été immédiatement transférés vers d'autres infrastructures de soins. La base de données a été bloquée pendant une semaine et une rançon a été exigée. L'AP-HP, qui regroupe 39 hôpitaux en région parisienne, a été victime d'une attaque de type DOS le 22 mars. Elle a bloqué l'accès aux e-mails sur la totalité du réseau et a coupé momentanément les outils de télétravail.

Les gouvernements, les hôpitaux, les instances internationales (comme l'OMS), toutes ces organisations sont régulièrement la cible d'attaques. La présidente de la Commission européenne a accusé des acteurs externes, voire des États, d'être à l'origine de certaines de ces attaques dirigées contre des structures hospitalières en Europe. L'exécutif européen, dans un rapport intitulé « Fighting disinformation » (« Lutter contre la désinformation »), accuse par exemple la Chine et la Russie et dénonce la volonté de « saper le débat démocratique et à exacerber la polarisation sociale », en menant des opérations d'influence ciblées et des campagnes de désinformation dans l'Union européenne. Des structures plus modestes n'y échappent pas non plus, surtout si elles ont une fonction stratégique dans la gestion de la crise. C'est le cas, par exemple, du Hammersmith Medicines Research, une structure britannique de recherche médicale impliquée dans l'évaluation des vaccins. Le groupe de pirates informatiques impliqué dans cette attaque s'était préalablement formellement engagé à ne pas cibler les structures sanitaires pendant la pandémie et à ne pas demander de rançon.

L'élan de solidarité des secteurs numérique et industriel

La mobilisation des acteurs de la fabrication additive

Des séances de *brainstorming* ont été lancées dans la communauté des acteurs de l'impression 3D, dans le but d'unir les forces disponibles pour venir à la rescousse du monde des soins. Au niveau régional, les fablabs[70] wallons, qui sont des lieux privilégiés de fabrication numérique et de prototypage, s'unissent à cet effort et proposent, par exemple, des solutions pour des visières de protection (Fab-C à Charleroi), des respirateurs (Makilab à Louvain-la-Neuve) et des pousse-seringues (Trakk à Namur). Ces fablabs promeuvent à l'ère du digital une nouvelle économie et un nouveau modèle basés sur le partage des logiciels et des solutions techniques disponibles en *open source*. Les réseaux sociaux, comme Google et Twitter, se sont mis en ordre de marche pour diffuser ces plans numériques pour programmer la fabrication 3D (*blueprints*) aux différents acteurs du monde de la fabrication additive.

L'Association européenne des industries de la machine-outil CECIMO a répondu à la demande de la Commission européenne d'aider au plus vite le monde hospitalier en pénurie, en produisant en 3D du matériel médical manquant. Les membres de l'association ont fait remarquer qu'il y a des contraintes légales en matière de production et ont proposé à la Commission de renoncer temporairement à la réglementation en vigueur. Aux États-Unis, le HHS, et en particulier la BARDA, a édité des amendements afin de faciliter la réponse industrielle à la pénurie. La société italienne CRP Technology, qui fabrique des masques respiratoires et des valves, précise bien qu'ils ne sont pas certifiés, ni l'un ni l'autre, et que, par conséquent, leur utilisation s'inscrit dans une situation particulière d'urgence sanitaire. Le patient doit en être averti.

L'AP-HP s'est équipée de 60 imprimantes 3D, pour combler immédiatement les besoins en matériel médical cruellement manquant, comme les pièces de rechange des respirateurs artificiels, les lunettes de protection et les masques de réanimation. Parfait anachronisme, lesdites imprimantes ont été installées dans la salle capitulaire de l'abbaye de Port-Royal, dans le 14e arrondissement parisien. Ce bâtiment, fondé au XVIe siècle est inscrit au patrimoine national comme monument historique français. D'y voir installées toutes ses imprimantes 3D est quelque peu détonnant !

Les hôpitaux italiens, devant le flux incessant de patients qui nécessitent une ventilation assistée, se sont retrouvés à court de composants et de valves de remplacement. L'hôpital de Brescia, qui fait partie de la région la plus sévèrement touchée en Italie, a fait appel à des ingénieurs volontaires afin de les fabriquer en 3D. Les ingénieurs italiens, n'ayant pas accès aux *blueprints* des pièces en question, ont utilisé des techniques de rétro-ingénierie afin de produire plusieurs prototypes. Ils ont finalement produit 100 valves en vingt-quatre heures, au coût dérisoire de 1 dollar l'unité, infiniment moins cher que le matériel commercial devenu une denrée rare. Même si cette approche n'est pas très orthodoxe (matériel non homologué), elle a certainement contribué à sauver des vies. Le fabricant anglais Photocentric affirme être capable de produire 40 000 de ces valves par semaine en impression 3D.

Les grands industriels ont mis à disposition leur savoir-faire en matière d'impression 3D, exprimant de cette façon une profonde solidarité avec le monde médical totalement dépourvu par l'ampleur de la tâche. C'est le cas du groupe Hewlett Packard (HP), qui s'est lancé dans la fabrication de masques de protection pour le personnel hospitalier. Ils ont fait appel à leur technique de Multi Jet fusion, plutôt qu'à la fabrication additive par dépôt de fil, et ce, afin de garantir la parfaite étanchéité des pièces plastique des masques de type CIIRC RP95-3D (certifié FFP3), dans lequel est inséré le filtre (par exemple, P3 R de SIGMA Lutin).

Pour fabriquer un masque de protection personnel, l'imagination n'a pas de limites. Le projet « CroResp » en est l'illustration parfaite. Ce masque ressemble à un masque de plongée couvrant l'entièreté du visage. Il est facile à produire en impression 3D et offre l'avantage de couvrir les yeux, porte d'entrée reconnue de l'infection virale. La respiration se fait à travers un tuba, qui est intégré dans le masque. Ce tuba se trouve au sommet du visage et peut être équipé d'un filtre.

Un groupe d'innovateurs israéliens a créé en quelques semaines seulement le produit ViriMASK. Comme le projet « CroResp », il couvre également les yeux. Il doit être complété par un filtre en face de la bouche. Une fois en place, il permet d'obtenir une capacité de filtration équivalente à un masque N95 (équivalent FFP2). La production se fait en Chine, à raison de 100 000 unités par jour, mais les filtres nécessaires sont produits en Israël, en Europe ou en Amérique du Nord. Ils ont fait la démarche pour le certifier et veulent le vendre au prix de 50 dollars l'unité pour le masque, et 2 dollars pour un paquet de recharge de filtres. L'idée est de les fabriquer en différentes tailles, afin de s'adapter au mieux aux différences morphologiques entre les individus.

Une start-up à Montpelier en France va plus loin encore, et désire adapter la forme et la taille du masque en fonction de l'anatomie de celui qui le porte. Avant la crise, AnatoScope était spécialisée dans le domaine de la fabrication additive de matériel dentaire et orthopédique. Ils sont partis d'une idée très simple: mettre à disposition un logiciel gratuit capable d'effectuer un scan 3D du visage avec un smartphone. L'information anatomique ainsi obtenue est envoyée à AnatoScope, qui constitue, pour une somme de 100 à 150 euros, un fichier personnel numérique prêt à l'emploi. L'utilisateur qui possède une imprimante 3D peut alors fabriquer son propre masque personnalisé et lavable, dans lequel il ne lui reste plus qu'à insérer un filtre.

Stratasys, fabricant d'imprimantes 3D, s'est lancé dans l'élaboration de visières de protection. Le groupe iMakr, qui a démarré à Londres en 2013 avec un premier magasin de matériel pour impression 3D et qui a initié UrbanManufacturing en 2016 (service qui va de la phase de conception à la réalisation de l'impression 3D), suit le même créneau et offre ces visières de protection aux hôpitaux de New York.

D'autres secteurs de l'industrie se mobilisent tout autant, comme celui de la fabrication automobile : le groupe italo-américain Fiat Chrysler transforme un des sites de sa production en Chine afin de fabriquer des masques. Même l'agence aérospatiale allemande a réorienté ses capacités d'impression 3D de façon à fabriquer du matériel médical (masques et valves). N'ayant pas de maquettes de conception assistée par ordinateur (CAO) certifiées à disposition, elle les a recherchées en ligne, testées en interne, et elle a lancé la production du modèle finalement sélectionné. Les autorités allemandes ont rapidement certifié le matériel produit par l'agence spatiale.

Une multitude d'applications sont possibles, également hors matériel médical. En Chine, la société Winsun s'est lancée dans la fabrication par impression 3D de cabines de quarantaine, équipées d'eau et d'électricité, et ces dispositifs sont plus solides que des constructions traditionnelles. En Belgique, la société Materialise a conçu un dispositif à rajouter à la clinche d'une porte afin de l'ouvrir sans la toucher avec les mains. La CAO en *open source* permet à quiconque possède une imprimante 3D de le fabriquer.

Les respirateurs, une denrée rare

Dans les lignes qui suivent, seules sont reprises les annonces faites pendant les premiers mois de l'épidémie. Elles illustrent l'immense élan de solidarité du monde industriel à l'égard du monde de la santé. Même si, je l'accorde bien volontiers, se cache certainement une part d'opportunisme, ne boudons pas le plaisir d'observer que la volonté génère les solutions.

Dès le début de la crise, plusieurs consortiums ont été créés, regroupant différents partenaires issus de multiples domaines pour fabriquer rapidement un respirateur prêt à l'emploi. Un premier exemple est le respirateur catalan, Leitat 1, développé par un groupe qui compte parmi ses membres un des spécialistes mondiaux de l'impression 3D, la société HP, et de grands groupes industriels comme Seat et Airbus. Après avoir testé la version 1.0 en clinique, le groupe planche sur des versions améliorées.

L'industrie automobile répond globalement présente à l'appel des autorités gouvernementales, qui ne demandent rien de moins que de transformer certaines lignes de production, afin de les détourner de leur but initial et de produire à l'échelle industrielle des respirateurs artificiels. C'est le cas de Ford, Tesla et General Motors aux États-Unis. Tesla collabore avec Medtronic, un fabricant bien connu de matériel médical. Son CEO, Elon Musk, s'est engagé via Twitter à les fabriquer dès qu'il sera autorisé à rouvrir son usine géante en Californie, et que le besoin se fera sentir au niveau national. En attendant, il a fait don de 1 255 respirateurs de fabrication chinoise aux hôpitaux de Los Angeles. Pour concevoir et construire un respirateur, les ingénieurs de Tesla ont utilisé certaines parties existantes de la Tesla modèle 3, comme l'écran tactile, l'ordinateur destiné à l'infodivertissement et différents composants du système de ventilation. L'écran tactile a été reconverti pour les besoins de la cause en système d'affichage pour la teneur en oxygène de l'air inhalé, et le contenu en CO_2 de l'air exhalé. Reste à déterminer si, d'un point de vue industriel, ils ont la volonté et la capacité de produire ce respirateur à large échelle, pour autant qu'il soit certifié par la FDA. General Motors, pour sa part, met à disposition ses capacités logistiques, commerciales et industrielles afin d'aider un autre fabricant de matériel médical, Ventec Life Systems. Outre-Manche, ce sont les groupes Jaguar, Vauxhall, Ford et Rolls-Royce qui ont été approchés par le gouvernement britannique. En Italie, c'est le constructeur de voitures Lamborghini qui s'y attelle et qui produit par ailleurs des visières de protection en polycarbonate, fixées sur une structure porteuse en carbone et imprimée en 3D. Ce matériel de protection personnel est destiné au personnel soignant d'un hôpital à Bologne.

Des salariés de General Electric (GE) ont protesté en plein milieu de la crise sanitaire contre le sacro-saint principe du *business as usual*. Le journal *The Independent* signale qu'ils ont interrompu le travail afin de se mobiliser pour l'intérêt général et fabriquer des respirateurs. Cette grève mue par la solidarité coïncide avec le moment où le président américain évoque le Defense Production Act, ce qui l'autorise à obliger les industriels à produire ce qui est considéré comme prioritaire par le gouvernement en temps de crise. Un ouvrier syndiqué à l'arrêt chez GE relève la contradiction selon laquelle GE est autorisé à fabriquer des machines sur des avions empruntés par des millions de personnes quotidiennement (100 000 vols par jour et 100 passagers par seconde dans le monde), mais non habilité à fabriquer des respirateurs.

Quant à la société Protolabs, spécialiste en prototypage et fabrication digitale, elle a décidé d'annuler les frais liés à des demandes urgentes de prototypage provenant de ses clients habituels, pour autant qu'ils soient actifs dans la lutte contre la pandémie, et met par ailleurs à disposition sa technologie de moulage par injection, qui permet de produire des dizaines de milliers d'unités en un temps record. La société Formlabs autorise l'impression de pièces pour convertir des dispositifs prévus pour l'apnée en respirateurs artificiels. Elle espère en produire 3 000 par jour dans l'usine de Somerville aux États-Unis. Et comme les *blueprints* sont disponibles gratuitement, n'importe quel hôpital doté d'une imprimante 3D peut se lancer.

L'industrie de l'espace se mobilise également pour les respirateurs. La NASA a développé un tel objet en un temps record. Il aura fallu trente-sept jours aux ingénieurs du laboratoire des propulseurs pour en arriver à bout. Leur système s'appelle VITAL[71]. Le directeur du laboratoire a admis qu'ils n'ont pas vocation à se spécialiser en matériel médical, mais leur savoir-faire en ingénierie, leurs capacités à développer très rapidement des prototypes et leur approche rigoureuse en matière d'essais ont largement contribué à son succès. L'administrateur de l'agence gouvernementale, Jim Bridenstine, a par la suite déclaré que l'EUA obtenue de la FDA est fondamentale dans le processus et représente le meilleur de l'action gouvernementale en période de crise.

Des institutions de recherche prestigieuses s'y sont également attelées. C'est le cas du MIT aux États-Unis. Le produit de leurs efforts est un montage constitué d'un ballon basique de ventilation (l'Ambu-Bag, qui est disponible dans tous les hôpitaux et toutes les ambulances), combiné à un dispositif électromécanique de leur cru. Le tout a été soumis à la FDA pour obtenir une EUA. Le dessin du dispositif E-Vent du MIT a même été rendu public sur les réseaux, et d'autres ingénieurs sont invités à le commenter et à faire des propositions d'amélioration. L'université du Minnesota a aussi proposé sa solution, comparable à celle du MIT, simple à produire et peu onéreuse.

Une équipe de l'université d'Oxford et du King's College de Londres a pris comme point de départ des pièces détachées existantes et disponibles dans tous les hôpitaux et laboratoires. Puis elle les a combinées à quelques éléments aisément fabricables sur place par un procédé de fabrication additive. En assemblant le tout, ils ont créé le respirateur OxVent. Ils ont reçu l'autorisation des autorités anglaises pour le tester. Un industriel a même été sollicité pour la production immédiate des différentes pièces requises, afin de venir en aide au plus vite au NHS.

Au sein de l'institut de technologie Georgia Tech (États-Unis), de l'université Emory (États-Unis) et de l'université Cranfield (Royaume-Uni), les ingénieurs ont développé à partir d'un Ambu-Bag un système capable de ventiler de façon indépendante deux patients simultanément. Un consortium irlandais a eu la même idée: partager un ventilateur sur deux patients avec le dispositif VentShare. Ils affirment que le système est suffisamment sécurisé pour être appliqué à deux patients, et qu'il est bien entendu doté de filtres à virus pour empêcher la transmission d'un patient à l'autre. Dans le Connecticut, des étudiants de la Yale School of Medicine, en collaboration avec le Yale New Haven Hospital, ont déposé une demande de brevet pour un système capable de dupliquer un respirateur qui peut subvenir aux besoins très différents en ventilation des deux patients connectés. Ce Vent Multiplexor a obtenu une EUA de la FDA – c'est plus qu'une belle réussite pour des étudiants en médecine! Signalons quand même que des experts de l'American Society of Anesthesiologists et de la Society of Critical Care Medicine, parmi d'autres sociétés savantes et professionnelles, ont alerté le milieu médical sur les dangers des systèmes de ventilation partagée, en expliquant qu'il était impossible à leurs yeux de ventiler deux patients correctement et en toute sécurité dans de telles conditions. Ils pensent qu'il vaut mieux faire le choix – extrêmement difficile humainement parlant – entre le patient qui va bénéficier d'un système respiratoire et celui qui ne sera finalement pas connecté, en tenant compte des probabilités de survie de chacun et de leurs comorbidités.

Dans notre pays aussi, les universités de Louvain et de Mons, en collaboration avec le laboratoire de la Haute École provinciale de Hainaut – Condorcet, à Tournai, avec les ingénieurs en mécatronique de la société belge MachineSight, ont développé un respirateur pour moins de 300 euros. Ils ont mis cette invention en *open source* pour qui aimerait la reproduire.

La société Materialise, société de Louvain qui s'est fait connaître par des logiciels capables de convertir des piles d'images 2D en modèle 3D et qui se spécialise à présent dans l'optimisation de l'impression 3D, a développé en fabrication additive un dispositif capable d'obtenir une pression expiratoire positive (PEP) au niveau pulmonaire, sans pour autant devoir faire appel à un respirateur classique. La pression dans la cage thoracique influence l'hémodynamie (les propriétés physiques de la circulation sanguine en mouvement). En conditions physiologiques, à l'inspiration, la pression thoracique négative augmente le retour du sang veineux au cœur droit, et cela augmente la fréquence cardiaque. À l'expiration, la pression dans le thorax augmente, et cela diminue le retour veineux et donc la fréquence cardiaque. L'échange gazeux dépend de la pression partielle d'oxygène dans l'air des alvéoles et la pression partielle d'oxygène dans le sang. Il y a donc un niveau de PEP optimal, ne causant pas de dépression hémodynamique mais qui maintient une pression partielle en oxygène suffisante au niveau des alvéoles pour l'échange gazeux.

Il ne suffit pas de produire des respirateurs artificiels à la chaîne. Encore faut-il que les soignants déplacés dans de telles unités puissent les manipuler efficacement et en toute sécurité. Afin de permettre ce redéploiement des forces sanitaires, et les assigner aux unités de soins intensifs en peine, le NHS (en collaboration avec l'Imperial College London et l'Imperial College Healthcare NHS Trust) a mis en place une application en ligne (FundamentalVR) qui permet une expérience immersive pour entraîner le personnel médical reconverti à la hâte. D'ailleurs, la réalité virtuelle, comme la télémédecine, a explosé en cette période de crise. Devenant incontournable, elle s'applique à des domaines variés et multiples : la gestion du stress et de la douleur, la prise en charge de la solitude chez nos aînés et la formation en général. Cette crise va permettre d'en faire connaître ses avantages : simple à l'utilisation, efficace, facile d'accès, assez bon marché et amusante, voire addictive.

Chapitre 10

Questions éthiques

Plusieurs questions délicates sont apparues au moment du pic de la pandémie, quand nos unités de soins étaient sous pression maximale. Les voici en substance.

Jusqu'où un soignant doit-il s'exposer personnellement à un risque infectieux majeur, sachant qu'il n'a pas à disposition les moyens de se protéger efficacement ? Sachant également qu'ainsi, il risque de contaminer ses proches en retournant chez lui ? Comment doit-on allouer les ressources humaines et techniques limitées ? Faut-il, dans des conditions d'urgence sanitaire, donner la priorité absolue aux professionnels de soins quand il s'agit de matériel de protection personnel, au détriment des autres soignants (dentistes, kinésithérapeutes, soignants en maison de repos) ? Faut-il effectuer un tri des patients critiques que l'on va tenter de sauver, au détriment des autres, et sur quels critères « objectifs » ? Le personnel des soins intensifs, pourtant rodé à l'exercice difficile de prendre en charge des patients critiques, n'a jamais été confronté à des choix aussi cornéliens. Ces choix sont-ils uniquement déterminés par le bénéfice potentiel que l'on peut éventuellement anticiper pour un patient ? Existe-t-il une approche rationnelle, transparente et équitable qui permette de faire de tels choix, et donc de condamner une personne non sélectionnée pour un traitement intensif ? En tant que médecins et soignants, ne sommes-nous pas aussi censés utiliser ces ressources limitées de façon réfléchie et rationnelle, afin que leur utilisation soit la plus efficiente possible au niveau sociétal, et surtout au bénéfice du plus grand nombre ? Il est parfois difficile de faire des choix thérapeutiques en temps normal, car nous sommes souvent pris entre les intérêts de l'individu et ceux de la société. Dans l'intérêt de tous, certaines approches plus simples, moins invasives, peuvent tout autant alléger les souffrances individuelles et améliorer – parfois très temporairement, je l'accorde – la qualité de (sur)vie tout en respectant plus les ressources communes limitées. N'est-il pas plus que moral d'abolir toutes les différences sociales et économiques, afin de rendre l'accessibilité aux soins équitables, quelle que soit la capacité du patient de payer une partie ou l'entièreté d'un tel traitement ? Ce questionnement éminemment éthique a essentiellement lieu dans les pays où la médecine est pratiquée de façon ultralibérale, ce qui n'est heureusement pas le cas chez nous. Dans le même ordre d'idées, ne serait-il pas humainement logique de venir en aide, quelle que soit la forme de cette aide (financière, technologique, expertise médicale, disponibilité gratuite du vaccin), aux pays moins bien lotis que nous et souvent désarmés face à une crise sanitaire d'une telle ampleur ?

Le manque de matériel médical, et en particulier des respirateurs, mais également le manque de ressources humaines ont rapidement ouvert le débat délicat et très animé du triage des patients. Comment décider qui aura accès à une ventilation mécanique salvatrice, et qui sera laissé de côté ? Dans nos pays riches, où nous sommes habitués à proposer toutes les modalités techniques et thérapeutiques possibles parce qu'elles sont disponibles et non parce qu'elles peuvent raisonnablement augmenter les chances de survie, nous avons été mis brutalement devant un choix moral peu familier. Des journaux médicaux prestigieux, comme *The New England Journal of Medicine*, se sont invités dans l'arène de cette discussion non dénuée d'émotions. Certains auteurs évoquent une sélection étonnante sur la base de valeur instrumentale rétrospective et prospective : le principe est d'assigner un ordre de priorité aux individus, parce qu'ils ont apporté quelque chose à la société (valeur instrumentale rétrospective) ou parce qu'ils devraient encore contribuer significativement à l'avenir (valeur instrumentale prospective). Reste à savoir comment sont définis les critères de cette « méritocratie » et qui décide finalement de l'ordre des « valeurs ». Il est clair que la décision délicate doit reposer sur l'espérance de vie. Si un choix difficile doit se faire entre deux patients au pronostic équivalent (pour autant que nous soyons capables de le déterminer avec précision, et à ce type d'exercice nous ne sommes pas infaillibles, loin de là), il faudrait peut-être que cette décision, ô combien lourde de conséquences, se prenne par un comité multidisciplinaire qui ne soit pas directement impliqué dans la prise en charge clinique des patients concernés. D'autres avancent encore un autre argument, en soi compréhensible et recevable : si le choix doit être fait entre deux patients au pronostic égal, que l'on choisisse plutôt les patients qui acceptent de rentrer dans une étude clinique, ou les soignants malades, en particulier ceux qui font partie des secteurs en pénurie, et qui en cas de guérison seront fortement utiles d'un point de vue sociétal.

On peut raisonnablement se réjouir de voir le personnel soignant applaudir la sortie d'un(e) centenaire d'un service des soins intensifs, mais est-ce vraiment une victoire ? Pour le philosophe des sciences médicales Ignaas Devisch, il est plus que judicieux d'éviter les soins « inutiles » en temps de crise. À ses yeux, il faut donc déterminer systématiquement, et a priori, l'intention thérapeutique (le souhait individuel en matière de réanimation). Par exemple, un entretien avec une personne âgée (et éventuellement ses proches) mérite d'être fait de façon sereine, en dehors d'une crise sanitaire et son résultat doit figurer dans le dossier médical. Il mérite également une remise à jour régulière et concertée, car rien n'est immuable, l'intention thérapeutique peut changer au fil du temps.

Le droit de mourir, c'est aussi ce que clame haut et fort le philosophe français André Comte-Sponville. Selon lui, la jeune génération a été sacrifiée, et au passage sa liberté, pour sauvegarder la santé des personnes âgées ; il rappelle que généralement ce sont les parents qui se sacrifient pour leurs enfants, et non l'inverse. Des affirmations qui détonnent dans le paysage social. Ironiquement, il rappelle que le taux de mortalité individuelle est de toute façon de 100 % et que l'âge moyen des décès liés au coronavirus avoisine les 80 ans. Ce nombre de décès provoqués par le SARS-CoV-2 est infiniment plus petit comparé au lourd tribut payé à des pathologies comme le cancer. Nous allons de toute façon tous mourir (« [C'est] le but de notre carrière », disait Montaigne), mais la plupart d'entre nous ne succomberont pas à la COVID-19. À ceux qui lui répondent qu'il condamne la vie pour sauver l'économie, il rétorque que la médecine moderne coûte très cher, et que pour la financer il faut une économie en bonne santé. Philosophiquement parlant, il s'oppose donc radicalement à ce phénomène du « panmédicalisme » ambiant et bien-pensant, caractéristique d'une civilisation qui a mis la santé sur l'échelon le plus élevé de ses valeurs. Il rappelle que nous avons tous oublié la finitude de la condition humaine et s'indigne que la société ne considère pas plus les victimes innocentes des conflits armés, de la malnutrition ou de la migration. Pour lui, les plus grandes libertés et valeurs sont la justice, l'amour, la générosité, le courage et la liberté. Il redoute donc plus que jamais le « sanitairement correct », au même titre que le « politiquement correct », qui découle de toutes les règles mises en place, même s'il admet que le confinement – assignation à résidence – est concevable uniquement s'il est de courte durée. Il s'irrite de l'effusion des bons sentiments des médias, des médailles de l'héroïsme... Et à ceux qui lui demandent si nous allons changer notre société suite à cette crise sanitaire, il sous-entend que l'économie gardera ses contraintes et ses exigences.

Une fois de plus, notre mémoire risque bien de nous faire défaut quand il s'agira de tirer des conclusions sur notre vivre ensemble et nos valeurs prioritaires. Qui se souvient encore des centaines de milliers de morts des pandémies de 1957 (grippe asiatique) et de 1968 (grippe de Hong Kong) ? Dans ce monde hyperconnecté, où l'information est devenue un bien à consommation immédiate, les médias n'en ont-ils pas trop fait en nous inondant d'informations sans cesse répétitives? Les décomptes journaliers et anxiogènes du nombre de nouveaux cas, du nombre d'hospitalisations et de transferts aux soins intensifs, et *in fine* de décès, n'ont-ils pas provoqué la panique parmi la plupart de nos concitoyens? Pendant de longues semaines, aucune autre information ne trouvait grâce à leurs yeux. Les journaux télévisés étaient vidés de leur substance, hormis la COVID-19. En Belgique, la longue durée de l'absence d'un gouvernement est devenue une information somme toute banale, ne méritant même plus que l'on y prête attention. Nous avons dû subir l'intrusion agressive dans nos foyers d'un cortège d'experts venant expliquer à la télévision tout et son contraire, illustrant la parfaite ignorance ambiante et les incertitudes scientifiques par rapport à ce nouveau pathogène venu du fin fond de l'Asie. Nos institutions ont été ébranlées, emportées par cette vague d'informations et parfois même de désinformations. Elles ont fait montre d'organisation insuffisante, de manque d'anticipation, d'incompréhension de la dynamique même d'une épidémie et surtout – et c'est là le pire – d'un manque de solidarité au-delà des confins régionaux et nationaux.

Conclusion

La situation de notre système de soins est plus que problématique, au bord de la rupture pour de multiples raisons : vieillissement de la population, manques de ressources humaines et inefficience généralisée. La résistance au changement du système est compréhensible car l'humain a une peur viscérale du changement[72]. Soyons honnêtes, certains se complaisent dans le maintien de la situation, car ils y trouvent malheureusement encore un avantage financier (maintien du financement à l'acte, donnant la priorité au nombre de prestations au détriment de la qualité des soins, et multiplication des actes, y compris inutiles). Il était alors impossible d'imaginer qu'un trouble-fête provenant d'une obscure et lointaine province de Chine allait bouleverser notre société, notamment l'écosystème des soins de santé, ancré dans ses convictions et ses certitudes politiques, administratives et médicales. Se pose alors la question : et si la COVID-19 était le « disrupteur » de notre société ? Il reste à déterminer si les changements observés sont superficiels ou profonds, temporaires ou pérennes. Quoi qu'il en soit, certains observateurs déclarent d'ores et déjà que le génie est sorti de sa bouteille et qu'il sera impossible de l'y remettre.

Dans le monde entier, on essaie d'affronter la pandémie en faisant appel aux nouvelles technologies. Mais on oublie que ces technologies étaient déjà à notre disposition, les décideurs politiques et les soignants ne s'y sont tout simplement pas ou peu intéressés. Le docteur Charles Alessi, propriétaire du site en ligne MobiHealthNews, nous rappelle que les consultations virtuelles ne représentaient seulement que 1 % des consultations médicales avant la crise. Une déferlante est passée par là, poussée par le besoin ! Alors, chers responsables du monde des soins de santé, il ne s'agit plus désormais d'une utopie lointaine. Réveillez-vous ! Si ces technologies n'ont pas été mises en place avant la crise de la COVID-19, c'est uniquement par manque de clairvoyance, de courage politique et de changements financiers.

La télémédecine recrute de nouveaux adhérents à tour de bras. Les patients craignent d'être infectés s'ils se déplacent dans les salles d'attente des généralistes ou dans nos services d'urgence débordés. L'adoption du suivi à distance se propage à une vitesse telle que nous n'aurions jamais pu l'imaginer il y a encore quelques mois. Les patients chroniques ne se rendent plus aux consultations de suivi. Ils sont bien obligés de se prendre en main, accélérant la vague de responsabilisation, que certains d'entre nous appelaient de leurs vœux. Les prélèvements à domicile se multiplient, effectués par le patient lui-même ou par une tierce personne, sans pour autant que ni l'un ni l'autre n'ait reçu une formation particulière. Les moyens connectés se généralisent sur le terrain et permettent une remontée de données en masse. Pour transformer ces *big data* en informations utiles, il faut de l'IA. L'importance des données éclate aux yeux des utilisateurs : on ne peut gérer que ce que l'on est à même de mesurer. L'interopérabilité et l'échange des données sont devenus essentiels entre hôpitaux publics et privés, généralistes et spécialistes, médecins et autres prestataires de soins, monde médical et organisations gouvernementales. C'est le seul moyen efficace pour faire face, de façon concertée, organisée, rationnelle et pragmatique, à la multitude des problèmes posés par la crise sanitaire. Même les règles de remboursement sont changées en urgence, afin de permettre la délocalisation (loin des structures sanitaires habituelles) de la prise en charge des soins. L'approbation pour l'utilisation clinique de moyens techniques ou thérapeutiques, par l'octroi du label FDA et CE, est adaptée à l'urgence du moment. La manière de recruter des patients pour les essais cliniques et la conduite même de ces essais sont remises en question.

Tous les problèmes n'ont pas été résolus en un tour de main pour autant. L'interopérabilité, l'accessibilité et la protection des données personnelles sensibles méritent une attention plus que soutenue, afin d'éviter toutes les dérives totalitaires et financières possibles. Le grand public semble avoir compris la valeur des données personnelles qui, quand elles sont colligées de façon adéquate et sécurisée, peuvent servir au bien de tous.

Est-ce l'avènement souhaitable d'un écosystème plus efficient ? Les pandémies ont souvent servi de détonateur pour des changements sociétaux majeurs. L'innovation prend sa source dans le chaos. La crise actuelle n'est rien d'autre qu'un phénoménal « test grandeur nature » qui indubitablement laissera des traces. La COVID-19 pourrait forcer ce renouveau, tuer l'hôpital tel que nous l'avons connu et imposer une nouvelle norme en ramenant les soins des patients chroniques au domicile de celui-ci. L'hôpital que nous avons connu a vécu ! La transformation ne se fera pas du jour au lendemain, ni sans douleur, car il faudra mettre en place la réglementation et l'environnement technologique qui la permette. L'adaptation de l'environnement technique et informatique doit s'accompagner par une formation des soignants et des soignés, afin qu'ils adhèrent au nouveau modèle. Nous devons nous motiver pour mettre en place cette réforme majeure dès maintenant, car le secteur des soins ne pourra plus se permettre de galvauder les moyens techniques, humains et financiers. La société est incapable de payer la note après une crise sanitaire doublée d'une crise économique sans précédent, et elle doit à tout prix miser sur l'efficience. La pénurie annoncée du personnel de soins dans différents pays européens, y compris en Belgique (d'ailleurs pointée du doigt dans les recommandations de la Commission européenne en mai 2020), et le manque de coopération entre les différents niveaux de pouvoirs sont des obstacles qu'il va falloir lever impérativement. La « douloureuse » finale (en mortalité et en coûts) de la crise sanitaire de la COVID-19 est encore une inconnue, nul besoin d'être devin pour prédire un taux de mortalité mondial qui dépassera largement le million et un coût qui, pour la Belgique seule, s'élèvera très probablement au-delà de 10 milliards d'euros. Même si le gouvernement annonce une avance de 3 milliards (avance récupérable ou non) pour le secteur des soins, le monde hospitalier exprime son inquiétude, car des temps sombres sont à prévoir.

La crise sanitaire est un catalyseur puissant pour le développement d'une nouvelle culture. Elle met aussi en pleine lumière des problématiques profondes, comme l'inégalité en matière de l'accessibilité aux soins de qualité, l'importance des déterminants sociaux de la santé et, pour nos aînés, elle est « la pandémie de la profonde solitude » provoquée par la distanciation physique et sociale. Elle permet de redéfinir ce qui est le plus important : l'humain, les contacts sociaux, l'aide au prochain et la confiance. Elle nous offre l'opportunité de distinguer les contours de la profession médicale de demain. Les soignants vont pouvoir se débarrasser de toutes ces tâches répétitives, à faible valeur ajoutée, et ainsi focaliser leur attention sur l'humain. Ces soignants vont devoir maîtriser plusieurs compétences, des soins infirmiers aux aptitudes techniques spécifiques en passant par la psychologie et l'assistance sociale, la communication et l'aide émotionnelle. Elle permet aussi de mettre en valeur tous les autres acteurs oubliés dont le rôle essentiel a été éclairé pendant la période de confinement. Espérons que le débat ouvert sur la revalorisation de ces métiers essentiels au bon fonctionnement de nos sociétés ne sera pas une fois de plus tronqué. Il ne faudrait pas que ces personnes qui, sans compter et sans se préoccuper de leur propre santé, ont répondu à l'appel parce que nous avions besoin d'elles passent aux oubliettes de l'Histoire dès que les médias cesseront de pérorer sur le nombre de décès journaliers.

Certains économistes de la santé pensent que la COVID-19 va influencer les réformes prévues. Lieven Annemans, auteur de l'excellent livre *L'économie de la santé pour non économistes*, souligne qu'il n'est plus acceptable d'observer des différences tellement marquées entre les revenus des prestataires médicaux, des disparités qui s'expliquent uniquement par une nomenclature obsolète : on ne peut moralement plus défendre la moindre rétribution des généralistes et médecins de soins intensifs par rapport à certains spécialistes. Il met également en exergue l'importance de la collaboration entre tous les corps de métiers, avec respect et appréciation des compétences de chacun, trop souvent galvaudés par quelques nostalgiques de la toute-puissance médicale. Une véritable révolution est à venir dans le monde professionnel ! Le Premier ministre du Québec, François Legault, partage certainement le même avis quand il va jusqu'à demander à 2 000 médecins de venir laver et nourrir les patients dans les centres hospitaliers de soins de longue durée, désertés par une partie du personnel sous-payé et anxieux de contracter la maladie. Et cette pénurie de ressources humaines pourrait bien persister, car des acteurs comme Amazon et Apple, qui lorgnaient déjà sur le monde des soins, vont mener une bataille féroce pour attirer les talents. Le secteur hospitalier est à mille lieues de l'expérience de ces acteurs industriels, quand il s'agit de créer une culture et une expérience sortant du « commun » qui attire les talents.

Comme nous allons être confrontés à une nouvelle pandémie, dans un avenir plus ou moins proche, il serait utile de se souvenir de ce que nous traversons et de ce que nous avons appris sur le terrain. Il faut se préoccuper de la santé de nos aînés, en les protégeant au mieux de l'infection, tout en veillant à ne pas les tuer par l'isolement imposé. Des efforts doivent être fournis et soutenus à long terme pour prendre en charge les séquelles mentales immédiates et chroniques d'une telle crise sanitaire. Une approche holistique de la santé s'impose, qui prenne également en considération les déterminants sociaux de celle-ci. Ce qui frappe, et c'est remarquable, c'est notre capacité à accomplir rapidement un changement, si on fait fi des contraintes administratives et financières. Le conservatisme séculaire du monde des soins semble vaciller devant les progrès prometteurs mis en lumière par l'irruption des techniques connectées et l'IA. Nous allons peut-être enfin regarder ces nouvelles technologies avec intérêt et bienveillance.

Gageons que le monde industriel et technique va tirer plus rapidement que nous les conclusions qui s'imposent après cette période unique. Certains n'attendent d'ailleurs pas la fin de la crise : ils vont diversifier et multiplier leurs partenaires et fournisseurs, modifier les modes de fabrication pour les rendre plus résistants aux crises, mettre en place une politique qui leur permette de continuer l'activité pendant un *lockdown*, même si les ressources humaines sont limitées, mais surtout instaurer un management qui leur donne les moyens de reprendre rapidement le devant de la scène dès la fin de la quarantaine. Extrême souplesse et rapidité décisionnelle sont de mise, car cela permet de développer une résilience, de nouvelles approches et produits, plus aptes à répondre aux nouvelles demandes des consommateurs.

Le manque de politique unifiée et concertée, réelle caractéristique de la gestion de la crise actuelle, est un luxe que l'on ne peut plus se permettre, compte tenu des conséquences désastreuses, tant au niveau financier que sanitaire. La crise liée au SARS-CoV-2 illustre bien la nécessité de cette collaboration transrégionale, transfrontalière et transcontinentale : il s'agit finalement d'un problème commun au genre humain. Il nécessite par conséquent une approche globale. Une fois encore, il serait utile de s'en souvenir quand on réfléchira tous ensemble aux différentes stratégies à mettre en place afin de mitiger les séquelles dramatiques sur les plans sociétal, économique, psychologique et personnel. Si une seule leçon est à tirer aujourd'hui au niveau international, c'est justement la nécessité d'une collaboration et d'une solidarité générale pour combattre une pandémie. J'ose naïvement espérer que le slogan « *Yes we can* » de l'ancien président américain Barack Obama sera le maître-mot de cette nouvelle culture. Gageons qu'une approche unifiée sera celle qui nous permettra de résoudre par la même occasion d'autres problèmes majeurs et existentiels, auxquels l'humanité va rapidement devoir faire face, comme le réchauffement climatique.

Notes

1 Mauss (M.), *Essai sur le don. Forme et raison de l'échange dans les sociétés archaïques*, édition électronique réalisée par Jean-Marie Tremblay, professeur de sociologie au Cégep de Chicoutimi. En ligne : http://classiques.uqac.ca/classiques/mauss_marcel/socio_et_anthropo/2_essai_sur_le_don/essai_sur_le_don.html (p. 102).

2 Thys (F.) et Kokoska (V.), De l'urgence à la crise : quelques leçons de l'entre-deux-mondes, dans Buchter (S.), Odier (C.) et Frick (E.), *Soins et spiritualités en temps de pandémie*, Montpellier, Éditions Sauramps Médical, 2021, p. 363-371.

3 Corona Virus Disease, apparu en 2019.

4 Petite vérole dont l'agent pathogène est un virus à l'origine d'un état pseudo-grippal suivi d'éruptions cutanées.

5 Éruption cutanée rougeâtre, souvent aigüe mais transitoire.

6 Inflammation ganglionnaire qui finit par s'ulcérer à la peau.

7 Syndrome d'immunodéficience acquise.

8 En particulier la souche VIH-1, la VIH-2 étant plus rare et moins infectieuse.

9 SIV : Simian Immunodeficiency Virus (VIS : virus d'immunodéficience simienne).

10 Reverse Transciption Polymerase Chain Reaction (réaction en chaîne par polymérase).

11 Virus transmis par des moustiques.

12 Centers for Disease Control and Prevention.

13 Middle East Respiratory Syndrome.

14 Severe Acute Respiratory Syndrome Coronavirus 2.

15 Agiotensin-Converting Enzyme 2.

16 Massachusetts Institute of Technology.

17 Équilibre entre le sodium et l'eau (homéostasie).

18 Protéase transmembranaire à sérine 2.

19 Nombre de nouveaux cas sur une période donnée.

20 Nombre de cas de maladie à un temps donné, comptabilisant les anciens et les nouveaux cas.

21 Présence d'anticorps spécifiques dans le sang.

22 Une affinité pour infecter le système nerveux.

23 Protéine C-réactive, marqueur sanguin d'un état inflammatoire, plus rapidement évolutif que la vitesse de sédimentation.

24 Emergency Use Authorization.

25 Food and Drug Administration.

26 Couche interne des vaisseaux sanguins, en contact avec le sang.

27 Inflammation des vaisseaux sanguins.

28 Sting Associated Vasculopathy with onset in Infancy (Sting: Stimulator of Interferon Genes – ce qui équivaut à une surproduction de l'Interferon et de cytokines inflammatoires).

29 Multisystem Inflammatory Syndrome associated with Coronavirus.

30 E-cigarette, or Vaping, product use-Associated Lung Injury.

31 Enzyme-linked immuno assay (technique biochimique sur base de l'utilisation d'anticorps. Le premier anticorps reconnaît l'antigène, le deuxième reconnaît le complexe anticorps/antigène et provoque l'activité enzymatique qui est mesurée.

32 Google, Apple, Facebook, Amazon – Baidu, Alibaba, Tencet.

33 The United States Department of Health and Human Services.

34 Loop-mediated isothermal AMPlification.

35 Clustered Regularly Interspaced Short Palindromic Repeats. Familles de séquences répétées et courtes, de 21 à 37 paires de bases, et espacées par des séquences généralement uniques constituées de 20 à 40 paires de base.

36 Clinical Laboratory Improvement Amendments.

37 National Health Service.

38 COUCKE (P.), *Médecine du futur. L'intelligence articielle au chevet des patients*, Bruxelles, Mardaga, 2019.

39 Pre-test probability for SARS-CoV-2-related Infection Score.

40 National Institute of Allergy and Infectious Diseases.

41 La liste entière et mise à jour de ces approches est publiée par l'OMS.
42 Biomedical Advanced Research and Development Authority.
43 Vector-Adjuvant-Antigen Standardized Technology.
44 WOODWARD (B.), *Rage*, New York, Simon & Schuster, 2020.
45 European Centers for Disease Control and Prevention.
46 COUCKE (P.), *op. cit.*
47 Seattle Coronavirus Assessment Network.
48 Graphic Processing Unit (circuit intégré qui assure les fonctions de calcul de l'affichage).
49 National Aeronautic and Space Administration.
50 Artificial Intelligence Multiprocessing Optimized System.
51 COUCKE (P.), *op. cit.*
52 Intergovernmental Science-Policy Platform on Biodiversity and Ecosystem Services.
53 Norwegian Data Protection Authority.
54 Porcine Reproductive and Respiratory Syndrome virus.
55 Données du monde réel en matière de traitements et de vaccins.
56 Preuves issues du monde réel.
57 Production participative.
58 Loi fédérale du 23 mars 2018, sur l'accès aux données de communication, notamment dans le *cloud*.
59 Règlement (UE) 2016/679 du Parlement européen et du Conseil du 27 avril 2016, relatif à la protection des personnes physiques à l'égard du traitement des données à caractère personnel et à la libre circulation de ces données, et abrogeant la directive 95/46/CE (RGPD).
60 COUCKE (P.), *op. cit.*
61 Indice de confiance établi par la société HealthVerity, spécialisée en matière d'échanges de données protégées entre les différentes parties prenantes en soins de santé, comme les assureurs et l'industrie pharmaceutique.
62 KESSLER (D.) et KÜBLER-ROSS (E.), *Sur le chagrin et sur le deuil*, Paris, JC Lattès, 2009.
63 Recovering Emotionally after COVID.
64 Coronavirus Treatment Acceleration Program.

65 National Centre for Infectious Diseases.
66 Disease Outbreak Response System Condition.
67 Staff Surveillance System.
68 Denial of Service attack.
69 Distributed Denial of Service attack.
70 Contraction de *fabrication laboratory*.
71 Ventilator Intervention Technology Accessible Locally.
72 COUCKE (P.), *op. cit.*

Bibliographie

ANNEMANS (L.), *L'économie de la santé pour non économistes*, Gand, Academia Press, 2008.

CHRISTAKIS (N. A.), *Apollo's Arrow: The Profound and Enduring Impact of Coronavirus on the Way We Live*, New York, Little, Brown Spark, 2020.

COUCKE (P.), *Médecine du futur. L'intelligence artificielle au chevet des patients*, Bruxelles, Mardaga, 2019.

DIAMOND (J.), *Guns, Germs, and Steel. The Fates of Human Societies*, New York, W. W. Norton & Company, 2017.

MESKO (B.), *The Guide to the Future of Medicine. Technology and the Human Touch*, Budapest, Webicina Kft, 2014.

PORTER (M. E.) et OLMSTED-TEISSBERG (E.), *Redefining Health Care. Creating Value-Based Competition on Results*, Boston, Harvard Business School Press, 2006.

THYS (F.) et KOKOSKA (V.), De l'urgence à la crise : quelques leçons de l'entre-deux-mondes, dans BUCHTER (S.), ODIER (C.) et FRICK (E.) (dir.), *Soins et spiritualités en temps de pandémie*, Montpellier, Éditions Sauramps Médical, 2021.

THYS (F.) et KOKOSKA (V.), Pandémie et traçage des contacts : éthique et démocratie sanitaire au temps du Covid, *Ethica Clinica*, n° 98, juin 2020.

TOPOL (E.), *The Creative Destruction of Medicine* (2e édition), New York, Basic Books, 2013.

TOPOL (E.), *The Patient Will See You Now*, New York, Basic Books, 2015.

WADMAN (M.), *The Vaccine Race: Science, Politics and the Human Costs of Defeating Disease*, New York, Viking, 2017.

Table des matières